Dietrun Lübeck
Psychologie für die Arbeit mit Erwachsenen mit psychischen Problemen

Psychologie für Soziale Berufe

Herausgegeben von
Eva Wunderer | Christiane Heigermoser

Psychologie ist die Lehre vom Verhalten, Erleben und den mentalen Prozessen des Menschen. Sie schaut auf das Individuum, begreift den Menschen jedoch auch in seinen sozialen Zusammenhängen, als aktiven Teil eines größeren Systems. Psychologie beschreibt und erklärt, wie Menschen denken, fühlen, handeln und sich in Gruppen und Systemen bewegen; wie sie Probleme zu lösen versuchen und sich daraus möglicherweise Störungsbilder ergeben. Sie entwickelt Interventionen und versucht Vorhersagen über zukünftiges Verhalten zu treffen.
In Sozialen Berufen Tätige haben mit Menschen zu tun – was also liegt näher als die Psychologie? Sei es in der Diagnostik, in der Erklärung von Erleben, Verhalten, Problemen und Störungen, in der Beratung und Behandlung, in der Anwendung von Forschungsmethoden oder bei der professionellen Selbstsorge, überall fließt psychologisches Wissen ein.
Neben der Lebenslage nehmen Soziale Berufe die Lebensweise ihrer Klient*innen in den Blick. Diese Reihe führt beide Sichtweisen gewinnbringend zusammen und macht die Psychologie für Soziale Berufe nutzbar. Dies geschieht durch die Auswahl der Bände der Reihe wie auch durch didaktische Mittel: Anknüpfungen an die Praxis, Fallskizzen und Handlungsempfehlungen als Grundlage für Reflexionsanstöße für in Sozialen Berufen Tätige.

Und so hoffen wir als Reihenherausgeberinnen, dass Sie als Leser*in psychologische Sachverhalte, die Sie aus dem Berufs- oder Studienalltag kennen, einordnen können, zugleich aber neue entdecken und neugierig werden, Menschen zu verstehen; dass Sie Erlebnisse und Ereignisse aus verschiedenen psycho-sozialen Perspektiven betrachten, reflektieren und hinterfragen; dass Sie Ihre „professionelle Brille“ durch eine psychologische Färbung anreichern.

Dietrun Lübeck

Psychologie für die Arbeit mit Erwachsenen mit psychischen Problemen

Die Autorin

Dietrun Lübeck, Dr. phil., ist Professorin im Studiengang Soziale Arbeit der Evangelischen Hochschule Berlin. Ihre Arbeitsschwerpunkte sind Einführung in die Psychologie für Sozialarbeiter/innen, Erwachsene in besonderen Lebenslagen, Sozialpsychiatrie und gemeindepsychiatrische Versorgung sowie psychosoziale Beratung und Online-Beratung.

Dieses Buch ist erhältlich als:
ISBN 978-3-7799-6166-6 Print
ISBN 978-3-7799-5469-9 E-Book (PDF)

1. Auflage 2022

in der Verlagsgruppe Beltz · Weinheim Basel
Werderstraße 10, 69469 Weinheim

Herstellung: Ulrike Poppel
Satz: text plus form, Dresden
Druck und Bindung: Beltz Grafische Betriebe, Bad Langensalza
Beltz Grafische Betriebe ist ein klimaneutrales Unternehmen (ID 15985-2104-100)
Printed in Germany

Weitere Informationen zu unseren Autor_innen und Titeln finden Sie unter: www.beltz.de

Inhalt

1. Einleitung: Zur Verortung psychologischer Zugänge in der Unterstützung von Erwachsenen mit psychischen Problemen

Psychologische Zugänge bereichern die psychosoziale Praxis, da sie einen breiten, gut erforschten Fundus an Theorien und empirischen Befunden beisteuern können, um fachlich begründete und professionell reflektierte Arbeit zu ermöglichen. Dabei muss berücksichtigt werden, dass Menschen mit psychischen Problemen nicht in einer „intrapsychischen Blase" existieren, sondern Problemlagen stets aus dem Wechselspiel zwischen Individuen in ihren jeweiligen Umwelten resultieren. Daher müssen Fachkräfte sowohl die sog. Verhaltensebene als auch die Verhältnisse und Systeme, innerhalb derer Menschen ihr Leben führen, im Blick behalten. Hinzu kommt, dass das menschliches Denken, Erleben und Verhalten nur ganzheitlich, d. h. biopsychosozial angemessen verstanden werden kann. Vor diesem Hintergrund stellen psychologische Zugänge einen sehr gewichtigen, aber nicht den einzigen Zugang dar.

1.1 Fallbeispiel

In einer Beratungsstelle für alleinerziehende Frauen meldet sich Frau P. für ein Erstgespräch an. Sie ist Mitte 30, arbeitslos und hat drei Töchter im Schulalter, die sie allein erzieht. Die Väter der Kinder zahlen nur unregelmäßig Unterhalt, sodass sie mit ihren Kindern kaum über die Runden kommt. Seit der letzten Mieterhöhung hat sie Schulden. Die jüngste Tochter verweigert den Schulbesuch, weil sie Probleme mit dem Lernklima in der Klasse hat. Die älteste Tochter ist vor zwei Wochen mit 16 zu ihrem zehn Jahre älteren Freund gezogen. Frau P. hatte dem Auszug aus finanziellen Gründen zwar zugestimmt, leidet aber sehr unter der Distanz zu ihr. Die letzten beiden Jobs hat sie verloren, weil diese nicht mit der Kinderbetreuung vereinbar waren und weil sie zunehmend unter Ängsten leidet, aus dem Haus zu gehen, „endgültig" zu verarmen und von ihrem letzten gewalttätigen Partner heimgesucht zu werden. Zu Hause habe sie ihre Ruhe und Sicherheit und werde nicht mit angstmachenden Situationen konfrontiert. Sie kann nachts nicht mehr schlafen und konsumiert seit längerem vermehrt Alkohol „zum Runterkommen". Frau P. ist sehr niedergeschlagen, geht nicht davon aus, dass sich dieser Zustand jemals ändern könnte, und glaubt, dass alle anderen sie als Versagerin sehen und ablehnen.

1.2 Praxis profitiert von Theorie: Der transformative Dreischritt

Seit jeher treibt die Frage um, wie Fachkräfte in sozialen Berufen am besten von wissenschaftlichen Erkenntnissen theoretischer und empirischer Art profitieren können und wie diese Lücke zwischen „Elfenbeinturm" und „Vor-Ort-Arbeit" praxiskompatibel überwunden werden kann, um für Adressat*innen psychosozialer Angebote gute und angemessene Strukturen anzubieten. Professionelles Wissen bewegt sich dabei zwischen praktischem Handlungswissen (mit permanentem Entscheidungsdruck) und systematischem Wissenschaftswissen (mit gesteigertem Begründungszwang).

In der Praxis der Begleitung, Beratung und Therapie von Erwachsenen mit psychischen Problemen brauchen Praktiker*innen verschiedene Formen von Wissensbeständen (vgl. von Spiegel, 2013, S. 45 ff.): Beschreibungswissen, Erklärungswissen, Wertwissen (i. S. v. denkbaren Zielen) und Veränderungswissen (i. S. v. denkbaren Vorgehensweisen). „Gute" und „schlechte" Praxis unterscheidet sich ihr zufolge oft anhand ihrer Begründungen und Rechtfertigungen (ebd., S. 247). *Begründungen* sollten vor allem auf wissenschaftliches Erklärungswissen zurückgreifen und *Rechtfertigungen* sollten insbesondere im Zusammenhang mit Wertwissen entstehen und sich entsprechend durch (bestenfalls gemeinsam) ausgehandelte Ziele formieren. Aus der Berücksichtigung von theoretisch und empirisch abgesichertem Erklärungswissen und dem Einbezug von fachlich begründbaren Zielen (bzw. dahinterstehenden Werten) kann Veränderungswissen generiert werden, *um mit konkreten Handlungsproblemen begründet und reflektiert umzugehen.*

Zur Erschließung von wissenschaftlichem Wissen für den Umgang mit konkreten Handlungsproblemen und für den angemessenen Einbezug von Erklärungswissen hat Staub-Bernasconi (2012) einen sog. *transformativen Dreischritt* vorgeschlagen (praxisnahe Erläuterung in von Spiegel, 2013, S. 57 ff.):

1. Kenntnisnahme des Forschungsstands (z. B. zu einer klassischen lernpsychologischen Theorie der Entwicklung von Angststörungen, wonach Ängste durch klassische Konditionierung erworben und durch operante Konditionierung aufrechterhalten werden, die Zwei-Faktoren-Theorie nach Mowrer, 1947).
2. Formulierung handlungstheoretischer Hypothesen (Wenn …, dann; z. B. Wenn Frau P. nach angstauslösenden Situationen diese anschließend vermeidet, dann besteht eine hohe Wahrscheinlichkeit, dass sich dieses Ver-

meidungsverhalten verfestigt. Wenn sie sich angstauslösenden Situationen nicht stellt, dann besteht eine hohe Wahrscheinlichkeit, dass sie keine Bewältigungserfahrungen sammeln kann.)

3. Ableitung professioneller Handlungsleitlinien (als positive oder negative Regeln; z. B. Um zu verhindern, dass Frau P. nicht mehr aus dem Haus geht, sollte beispielsweise die Sozialarbeiterin planen und erreichen, dass sie außerhalb der eigenen vier Wände motivierende, bestärkende Erfahrungen sammelt. Um zu erreichen, dass sie erlebt, dass sie in herausfordernden Situationen Kontrolle haben kann und sich dadurch selbstwirksam erlebt, sollte die Sozialarbeiterin mit ihr solche Situationen besprechen, planen, zunächst gemeinsam angehen, später … usw.)

Zu berücksichtigen ist auch, dass nicht nur die Praxis von der Wissenschaft profitiert, sondern auch die Wissenschaft von der Praxis: Sie braucht letztendlich die Fragestellungen aus den Problemstellungen „vor Ort“, um praxisrelevante Theoriebildung und Forschung zu betreiben. Ein interessantes Projekt zur Begegnung der *„scientific community“* und *„professional community“* findet sich unter https://schluesselsituationen.net/, wo Schlüsselsituationen aus der Praxis als Ausgangspunkt genommen werden, um sie unter Rückgriff auf theoretische Wissensbestände zu durchdenken. Dadurch dienen diese *„communities of practice“* neben der Anregung für Praktiker*innen auch der optimierten Ausbildung von in sozialen Berufen Tätigen, nämlich über die modellgeleitet strukturierte und theoretisch angebundene Aufarbeitung von konkreten Schlüsselsituationen aus der Praxis.

Der vorliegende Band stellt insbesondere

- Beschreibungswissen (v. a. psychologische Klassifikationen und Diagnostik, Fallverstehen),
- Erklärungswissen (v. a. psychologische Erklärungsansätze),
- Wertwissen (v. a. psychologische Ansätze zur Entwicklung einer Berufsethik in der Arbeit mit Erwachsenen mit psychischen Problemen) und
- Veränderungswissen (v. a. psychologische Methoden, Wirkfaktoren) zusammen.

Diese psychologisch fundierten Wissensbestände versorgen die Praxis mit einem spezifischem Fokus: das *mentale Erleben und Handeln* von Menschen in psychischen und psychosozialen Problemlagen.

1.3 Person-in-Environment: Verhalten und Verhältnisse

Im Fokus psychologischer Zugänge für die Arbeit mit Erwachsenen mit psychischen Problemen stehen Prozesse des Denkens, Erlebens und Handelns. Unbenommen davon leben auch Menschen mit psychischen Problemen nicht im ereignislosen und/oder sozialen Vakuum. Diese Erkenntnis ist nicht neu, sondern hat auch in der sozialen und psychosozialen Arbeit zur Etablierung verschiedener Modelle und Konzeptionen geführt, die diesem Umstand Rechnung tragen: Zum Beispiel der *Person-in-Environment*-Ansatz (Kondrat, 2008) und der ökologisch-systemtheoretische Ansatz (Bronfenbrenner, 1981), die die Erkenntnis aufgreifen, dass menschliches Erleben und Handeln nicht allein über intrapsychische Vorgänge erklärbar und nur im Wechselspiel mit seinen Umgebungsbedingungen sinnvoll zu verstehen ist.

Während die Psychologie insbesondere psychische Probleme zum Gegenstand hat, stehen beispielsweise in der Sozialen Arbeit soziale Probleme im Vordergrund. Beide Problemlagen sind häufig miteinander verknüpft: So führt Arbeitslosigkeit als soziales Problem (z. B. Wegfall von materiellen und sozialen Ressourcen) häufig auch zu psychischen Problemen (z. B. Vereinsamungserleben, Verlust von Kompetenzerfahrungen, Demotivation, Ängste). Oder Betroffene einer psychischen Störung (z. B. Substanzgebrauchsstörung) bekommen zusätzlich soziale Probleme (z. B. durch Beschaffungskriminalität, unangemessenes Verhalten). Daraus ergibt sich die Zielstellung, soziale und psychische Probleme auf *Probleme der Verhältnisse* und auf *Probleme des Verhaltens* zurückzuführen (vgl. Röh, 2013, S. 15).

Da sich die Psychologie insbesondere mit menschlichem Denken, Erleben und Handeln befasst, sind ihre Beiträge stärker mit sozialpädagogischen, psychosozialen und „rein" psychologischen Anliegen verknüpft. Ziel ist also, menschliches Handeln so zu begleiten und/oder zu verändern, dass weniger psychische und psychosoziale Probleme auftauchen oder entstehen. Hier wird vorrangig an Problemen des Verhaltens und an der Lebensführung angeknüpft. Jedoch sind die Ungerechtigkeit und Exklusion hervorrufenden Probleme der Verhältnisse auch mit psychologischen Fragestellungen untrennbar verbunden: Durch sie sind die individuellen Erlebens- und Verhaltensaspekte der jeweiligen Individuen geprägt (vgl. Anhorn & Balzereit, 2016).

Auf diesen Umstand hat insbesondere die Kritische Psychologie nachdrücklich hingewiesen. Hier steht die Handlungs- und Erlebnisfähigkeit des Individuums als praktische Verfügung des Menschen über seine Lebensbedingungen im Fokus unter Maßgabe der gesellschaftlichen Rahmungen, in denen der Mensch lebt (vgl. Holzkamp, 2012).

Im vorliegenden Band werden psychische Probleme als Probleme des Denkens, Erlebens und *Verhaltens* thematisiert[1]. Unbenommen davon ist jedoch die Mitberücksichtigung der problematischen Verhältnisse sowie Wechselwirkungen dazwischen für gelingende Hilfe notwendig.

Das Handeln von Frau P. ist beispielsweise durch die Entwicklung ihrer depressiven Gedanken, ihren Alkoholkonsums, ihre Ängste, ihre Beziehung zu ihren einzelnen Töchtern sowie entsprechende psychologische und psychosoziale Unterstützungsmöglichkeiten geprägt. Eine angemessene Begleitung, Beratung, Therapie oder andere Formen der Unterstützung kann jedoch nur unter Mitberücksichtigung der *problematischen Verhältnisse* (Umwelten als vielschichtige Systemvarianten) sowie *Wechselwirkungen* dazwischen erfolgen. Im Fallbeispiel von Frau P. dürften beispielsweise die Bearbeitung von Erziehungsherausforderungen, die Beendigung der Beschäftigungslosigkeit und die Bedrohung durch den Ex-Partner usw. eine maßgebliche Rolle spielen. Dass und in welcher Weise auch kulturelle Aspekte als Ausdruck der umweltseitigen Verhältnisse von hoher Relevanz sind, haben Kizilhan und Klett (2021) in dieser Buchreihe – exemplarisch für ausgewählte psychische Erkrankungen mit Blick auf die Zielgruppe von Migrant*innen – herausgearbeitet.

Problemlagen ergeben sich also aus dem problematischen Wechselspiel der Komponenten Gesellschaft – Gemeinschaft – Mensch sowie den mehr oder weniger verfügbaren Ressourcengefügen, die einem Menschen seine eigenständige Problembearbeitung möglich machen oder einer professionellen Unterstützung bedürfen. Psychische Probleme können letztendlich nur sinnvoll in ihrer Reichweite und für den jeweiligen Einzelfall erfasst werden, wenn sie auch als soziale Probleme bzw. damit verknüpft behandelt werden (Ortmann, 2018):

- Der *Mensch* mit seiner individuellen genetischen und entwicklungsbedingten Ausstattung und seinen Fähigkeiten, seiner Gesundheit, seiner körperlichen und psychischen Verfassung, Beeinträchtigungen, Pflege- und Schutzbedürftigkeit usw., befindet sich immer

1 Anmerkung: In der psychologischen Literatur wird überwiegend der Begriff Verhalten verwendet (historische gewachsen, in Anlehnung an biologistische Vorstellungen von auf Umweltreize reagierende Lebewesen) und daher häufig entsprechend übernommen. Passender wäre der nicht ganz synonyme Begriff des *Handelns,* weil er stärker mit dem mehr oder weniger bewussten, potenziell willentlich beeinflussbaren, mindestens reflektierbaren, sichtbaren und aktiven Tun eines Individuums auf der Grundlage seiner Lernerfahrungen, aber auch Denkprozesse, assoziiert ist. Verhalten wird stärker von außen beschreibend und auf mehr Objektivität bedacht verstanden, Handeln eher als subjektive, individuelle Dimension des Tuns (die Verhalten beinhaltet).

- in gegenseitiger Beeinflussung mit der *Gemeinschaft* als soziale Ressource, in der er lebt (z. B. Familie, Freund*innen, Nachbarschaft, Gemeinde, soziale Gruppen wie Vereine, Selbsthilfegruppen, Religionsgemeinschaften), und
- der *Gesellschaft,* die auch seine Gemeinschaftsbezüge ausmacht (z. B. ermöglichte Teilhabechancen, Be-Hinderung und Chancengleichheit, vgl. Hermes, 2022, Existenz- und Sozialversicherung, Bildung, kulturelle Errungenschaften usw.).

1.4 Biopsychosoziale Rahmung und soziopsychosomatische Problemlagen

Insbesondere für die multidimensionale Betrachtung psychischer Probleme hat eine weitere Dimension maßgebliche Bedeutung, die biologische Ebene. Hiermit sind genetische, epigenetische, hirnorganische, endokrine, neurologische – vergangene und aktuelle, akute und langanhaltende – körperliche Zustände gemeint. Sie beeinflussen parallel zur psychischen und sozialen Dimension das Entstehen, die Aufrechterhaltung sowie Erholung, Wiederkehr und Prävention psychischer Probleme mit. Psychische Probleme drücken sich demzufolge nicht nur im Erleben und Verhalten der betroffenen Menschen und über ihre sozialen Beziehungen sowie Lebenslagen (im Sinne sozialer Verhältnisse) aus, sondern auch über ihre körperliche Verfassung. Diesem Umstand trägt insbesondere das Biopsychosoziale Rahmenmodell Rechnung (Engel, 1977; Pauls, 2013a), das Menschen als biopsychosoziale Einheiten auffasst und diese Dimensionen als gleichrangiger betrachtet als üblicherweise praktiziert: Häufig kümmert sich „der Mediziner“ um die körperlichen Belange (z. B. Medikamente bei angstbedingten Schlafstörungen), „die Psychologin“ um die psychischen Probleme (z. B. Therapie einer Angststörung oder Depression) und „die Sozialarbeiterin“ um die die sozialen Probleme (z. B. Mietschulden, Arbeitslosigkeit, physische Sicherheit, Kindeswohl). Dass es in der Praxis häufig an einer individualisierten, bedürfnisangepassten Zusammenarbeit mit Blick auf eine ganzheitliche biopsychosoziale Versorgung mangelt, ist hinlänglich bekannt und neben der „Kurzsichtigkeit“ der jeweiligen Professionen auch der bisherigen Kostenübernahmelogik der Sozialgesetzgebung geschuldet (z. B. Prävention und Behandlung psychischer Störungen nach SGB V, Rehabilitation, Teilhabe, Eingliederungshilfe nach SGB IX). Dadurch ist ein multiprofessionelles Zusammenarbeiten erschwert, auch wenn es hier und da Ausnahmen gibt: z. B. die unterfinanzierte Soziotherapie oder die Einführung stationsäquivalenter Leistungen. Dennoch ist es möglich, für Menschen mit psychischen Problemen biopsychosozial vernetzte Unterstützungsstrukturen anzubieten (beispielsweise innerhalb gut miteinander abgestimmter Sozialpsychiatrischer Dienste und Gemeindepsychiatrischer Verbünde). Menschen mit schweren psychischen Problemen sind oft mit unübersichtlichen, gravierenden und langwierigen Problemgefügen mit sozialen, psychischen und biologischen Anteilen konfrontiert. Aus beispielsweise sozialpsychiatrischer und auch sozialarbeiterischer Perspektive ist es aufgrund der mangelnden sozialen Eingebundenheit und Teilhabe bis hin zu sozialer Exklusion angemessener, hier von *soziopsychosomatischen Problemlagen* (Ortmann, 2018, S. 29 f.) zu sprechen, um die biologischen Anteile nicht durchgehend in den Vordergrund zu stellen. So oder so: Für Tätige in sozialen Berufen stellt die Arbeit mit psychischen Problemen „nur" einen Ausschnitt ihrer Herausforderungen dar und ist die Arbeit mit verschiedenen Berufsgruppen unabdingbar.

Insbesondere in der Arbeit mit Erwachsenen mit psychischen Problemen wird mitunter eine Erweiterung der biopsychosozialen Rahmung um eine spirituelle Dimension diskutiert (Berghändler, 2010; Egger, 2013), da der meist positive Einfluss von Spiritualität auf psychische Gesundheit und persönliches Wohlbefinden vielfach festgestellt wurde (z. B. Armbruster, Petersen & Ratzke, 2013). Entsprechend kann Spiritualität auch in der Begleitung und Behandlung von Menschen mit psychischen Problemen genutzt werden (z. B. Utsch, Bonelli & Pfeifer, 2018). Im Sinne eines weiten, psychologisch-psychosozialen Verständnisses kann *Spiritualität* mindestens als Verbundenheit verstanden werden, zum einen horizontal mit der sozialen Mitwelt, der Natur und dem Kosmos und zum anderen vertikal mit einem den Menschen übersteigenden, alles umgreifenden Letztgültigen, Geistigen, Heiligen (für viele Gott) (Bucher, 2014, S. 40; Lübeck 2020, S. 193 ff; Lübeck & Grohn, 2021). Bucher (2014, S. 32) spricht hier von Einssein *(connectedness)* als Erfahrung allumfassender Einheit. Voraussetzung hierfür sei, dass der Mensch zur Selbsttranszendenz fähig sei und vom eigenen Ego absehen könne (S. 69). Da es sich hierbei um psychologische Aspekte handelt – spirituelle Erfahrungen, Wahrnehmungen, Empfindungen als Erlebensqualitäten sowie spirituelle Praktiken als Handlungen – kann die Auffassung vertreten werden, dass Spiritualität eine Variante des Psychischen darstellt und keiner gesonderten Beachtung bedarf. Da sich Spiritualität in ihrer Qualität dennoch vom Mainstream psychologischer Konstrukte abhebt und sich transzendente Ebenen in Abgrenzung zu den anderen drei Dimensionen der wissenschaftlichen Forschung entziehen, kann sie aber auch als eigene Dimension angenommen werden. Unbenommen davon ist festzustellen, dass insbesondere die „säkularisierte Soziale Arbeit" in ihren gängigen Leitgedanken und -modellen spirituelle Zugänge weitgehend ignoriert. Dadurch schränkt sie jedoch ihre Offenheit gegenüber der Vielfalt an individuellen Lebensführungsentwürfe sowie kontextueller Rahmungen und damit einhergehenden Ressourcen ein (vgl. Dhiman & Rettig, 2018; Lübeck & Böhmer, 2017; Lübeck & Böhmer, 2018). In anderen sozialen Berufen, beispielsweise in der Pflege und Hospizarbeit (spiritual care), aber auch in der Psychotherapie lässt sich hier mehr Offenheit feststellen (z. B. Heller & Heller, 2018; Utsch et al., 2018).

1.5 Praxis- und Selbstbezüge

Mit Blick auf die Abbildung 1 lassen für die eingangs geschilderte Fallkonstruktion (Kap. 1.1) folgende Überlegungen zusammenfassen:

Wie Frau P. mit ihren derzeitigen Herausforderungen (z. B. Verschuldung, Arbeitslosigkeit, Erziehungsthemen, potenzielle Bedrohung durch Gewalt) umgeht, hängt zum einen von ihrer Lebensweise ab, d. h. wie sie damit umgeht (z. B. Rückzug, Substanzkonsum), welche Gedanken ihr Handeln begleiten (z. B. Aussichtslosigkeit) und welche Emotionen sie dabei erlebt (z. B. Niedergeschlagenheit, Angst, Belastungserleben).

Die Antworten auf diese Fragen lassen sich sehr ausdifferenziert in der Psychologie finden, können aber nur durch den Einbezug der Lebenslage (Verhältnisse), in der sich Frau P. befindet, angemessen beantworten. Ihre Lebensweise und Lebenslage bedingen sich wechselseitig – in förderlicher wie im hinderlicher Weise.

Daher sind Unterstützungsangebote auf individueller Ebene angezeigt (z. B. psychosoziale Beratung, Schuldnerberatung, Hilfen zur Erziehung), aber auch die Einbindung gemeinschaftlicher Teilhabe- und Selbstermächtigungsoptionen (z. B. Selbsthilfegruppen, nachbarschaftliche Angebote im Gemeinwesen). Die Palette an Unterstützungsangeboten ist immer ausbau-, überarbeitungs-, anpassungsbedürftig. Diese Prozesse mit zu unterstützen, ist auch gesell-

Abbildung 1

Zur praktischen Arbeit mit jedem individuellen Einzelfall
als „person-in-environment"

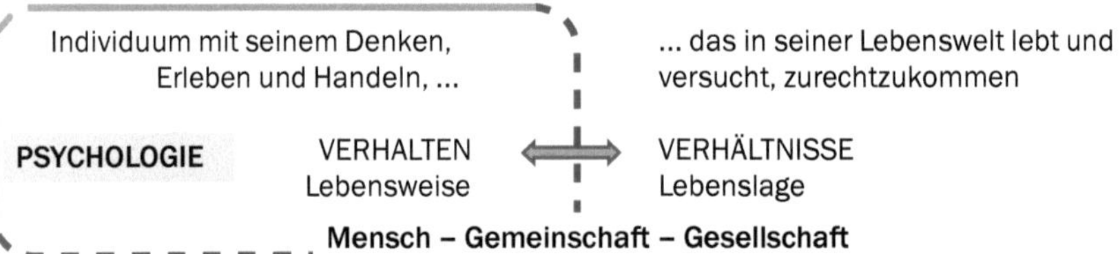

Bio*psycho*soziales Bedingungsgefüge
Sozio*psycho*somatische Problemlagen
psycho-sozial-spirituell-körperliches Wohlbefinden

Transformativer Dreischritt
⇨ Wie kann ich mein Handeln fachlich begründet herleiten?

1. Was weiß ich aus der Forschung?
(beispielsweise psychologische und soziologische Theorien & empirische Studien)
2. Welche handlungstheoretischen Hypothesen kann ich *entsprechend* fallbezogen formulieren?
3. Welche professionellen Handlungsleitlinien kann ich *daraus* fallbezogen ableiten?

schaftspolitische, professionenübergreifende Aufgabe von in sozialen Berufen Tätigen. Um fachlich gut begründet und rechtfertigbar zu handeln, sollten sie auf eine individuell passende Auswahl an psychologischen, aber auch beispielsweise soziologischen und sozialarbeitswissenschaftlichen Theorien und Studien zurückgreifen, dabei theoriegeleitet hypothesengeleitet vorgehen und daraus konkrete Handlungsschritte ableiten. Voraussetzung hierfür ist, mit Frau P. eingangs zu klären, welche soziopsychosomatischen Bedürfnisse bei ihr aktuell im Vordergrund stehen und welche Unterstützungsbedarfe sich daraus unmittelbar, aber auch langfristig ergeben.

Anregungen zur (Selbst-)Reflexion

1. Welche wissenschaftlich fundierten Modelle, Theorien und Methoden nutzen Sie in Ihrer Praxis? Für welche Problemsituationen fehlen Ihnen wissenschaftlich fundierte Zugänge? Inwiefern funktioniert Ihr persönlicher Theorie-Praxis-Transfer?
2. Wie prägt der Spagat zwischen der Arbeit an der Lebensweise und an der Lebenslage von Menschen mit psychischen Problemen Ihren Arbeitsalltag?
3. Mit welchen biopsychosozial(spirituell)en Problemlagen sind Sie in Ihrer Berufspraxis befasst, mit wem arbeiten Sie wie gut zusammen? Welche Dimension hat für Sie praktisch und persönlich besonders viel Gewicht?

2. Psychologische Grundlagen

Die Psychologie hat vielfältige Zugänge bereitgestellt, die für die Arbeit mit Menschen mit psychischen Problemen nützlich sind. Eine Auswahl davon wird in diesem Kapitel aufgegriffen. Das 4+1-Modell dient als umsichtige Rahmung dessen, was es alles zu berücksichtigen gilt, wenn Fachkräfte das aktuelle Erleben und Verhalten eines Menschen verstehen wollen: seine aktuellen psychischen Vorgänge, seine Persönlichkeit, seinen Entwicklungsstand, Situationsfaktoren sowie zusätzlich seine interpersonalen Bezüge. Darüber hinaus ist das Erleben von psychischen Problemen auch abhängig von der Befriedigung psychischer Grundbedürfnisse nach Bindung, Orientierung und Kontrolle im Leben, Selbstwertschutz und -erhöhung sowie Lustgewinn und Unlustvermeidung. Die Programmatik der Positiven Psychologie unterstützt in sozialen Berufen Tätige in der Fokussierung auf gelingende Prozesse in der Lebensbewältigung, der Ausrichtung auf Wachstum, Entfaltung und positiver Bewältigung auch im Umgang mit psychischen Problemen. Sämtliche psychologische Zugänge sind nur sinnvoll einzubringen, wenn in der Praxis der Einfluss kultureller Aspekte erkannt und angemessen gewürdigt wird und wenn Fachkräfte sich mit diesen Zugängen auch in Bezug auf die eigene psychische Verfassung und Selbstfürsorge auseinandersetzen.

2.1 Fallbeispiel

Als Mitarbeiterin eines Sozialpsychiatrischen Dienstes werden Sie hinzugezogen, um Herrn K. (Ende 50) in seiner Wohnung aufzusuchen, weil ein Nachbar sich sehr sorgt, dass er „sich etwas antut". Herr K. wurde gestern Nacht von seiner Partnerin verlassen. Er habe ihr noch hinterhergerufen, dass er sich umbringe, wenn sie jetzt gehe. Heute Morgen am Briefkasten habe er diesem Nachbarn auch gesagt, dass sein Leben keinen Sinn mehr habe. Die Frau sei weg und er habe vor zwei Tagen eine medizinische Diagnose bekommen, wonach er schwer krank sei, vermutlich aufgrund seines jahrelangen, ausufernden Alkoholkonsums. Er habe keine Beschäftigung/Arbeit zum Ablenken und niemanden, der ihn auffange. Auf tröstende Worte und eine Einladung zum Vorbeikommen (auf eine gemeinsame Schachpartie oder ein Tischtennis-Match) habe er nur abgewunken und gemurmelt, dass das nichts bringen würde.

2.2 Das 4+1-Modell als Rahmung

Die Psychologie als Wissenschaft beschäftigt sich mit dem menschlichen Erleben und Verhalten sowie mentalen Prozessen. Sie fokussiert auf Individuen, befasst sich aber auch mit Paaren, Familien und anderen Gruppen sowie Organisationen, Gesellschaften und Kulturen, sofern der zu betrachtende Gegenstand deren intra- und interpsychisch angetriebenes Denken, Erleben und Verhalten ist (Lübeck, 2021). Menschliches Erleben und Verhalten äußert sich immer in konkreten Situationen und Kontexten durch Individuen, die durch die Kombination aus ihrer Persönlichkeit und ihrer aktuellen ontogenetischen Entwicklung einzigartig sind. Grundlegende Aspekte des psychischen Systems, die bei der Beschreibung, Erklärung, Vorhersage und möglichen Beeinflussbarkeit von Erleben und Verhalten für eine adäquate Beurteilung einzubeziehen sind, sind demzufolge (Nolting & Paulus, 2018):

- die *aktuellen inneren Prozesse und Verhalten* (im Fallbeispiel z. B. Gefühle von Hoffnungs- und Sinnlosigkeit)
- der *Kontext* und die *Situation* (im Fallbeispiel z. B. Arbeitslosigkeit, Trennungssituation, bedrohliche Diagnose)
- die *Person* (im Fallbeispiel z. B. ein eher „introvertierter" Mensch) und
- die *Entwicklung* der Person (im Fallbeispiel z. B. der Entwicklungsstand eines Mannes im mittleren Alter mit einer Substanzgebrauchsstörung).
- Zusätzlich sind immer *interpersonale Bezüge* zu berücksichtigen, d. h. die Interaktions- und Kommunikationsprozesse und Beziehungen mit und zu jeweils beteiligten anderen Menschen (im Fallbeispiel z. B. zur Ex-Partnerin, mit seinem Nachbarn, aber auch der aufsuchenden Mitarbeiterin des Sozialpsychiatrischen Dienstes, welche wiederum vor dem Hintergrund ihrer aktuellen inneren Prozesse, Entwicklung und Personenzüge sowie kontextuellen und situativen Bedingungen die Interaktion aufnimmt: beispielsweise un-/erfahren, un-/sicher, überfordert und erschöpft aufgrund vorheriger Kriseneinsätze oder neugierig und offen aufgrund einer aktuellen Weiterbildung in die Situation einsteigt).

Die genannten fünf Aspekte sind letztlich theorieneutral aufzufassen, allerdings variieren ihre Gewichtung und inhaltliche Ausfüllung erheblich, je nachdem, ob die aufsuchende Person eher auf das *Verhalten* (z. B. suizidale Äußerungen, Ablehnung von Hilfsangeboten) oder mehr auf die *Verhältnisse* achtet, innerhalb derer der betroffene Mensch sich äußert und handelt (Arbeitslosigkeit, soziale Isolation, gesundheitliche Unterversorgung). Wie bereits in Kap. 1.3 ausgeführt, ist das Denken, Erleben und Handeln eines Menschen nur innerhalb der Systeme, Situationen und Kontexte, in denen er auftritt und von denen er (mit-)betroffen ist, adäquat zu verstehen.

2.3 Psychische Grundbedürfnisse als ein Schlüssel zur Erklärung und Begleitung psychischer Probleme

Ein praktisch hilfreicher und zugleich wissenschaftlich fundierter Zugang zur Erklärung und Begleitung psychischer Probleme stellt die explizite Berücksichtigung *psychischer Grundbedürfnisse* dar: Menschen entwickeln psychische Probleme, wenn ihre psychischen Grundbedürfnisse nicht ausreichend befriedigt werden. Diese Annahme ist nicht nur mit humanistischen Grundannahmen verbunden, wonach Menschen sich selbst entwickeln und entfalten wollen und dazu auch grundsätzlich in der Lage sind, sondern wurde detailliert über empirische Studien aus der Psychotherapieforschung hergeleitet und theoretisch begründet durch Klaus Grawe (1943–2005). Seine Motivation war unter anderem, Grundbedingungen einer allgemeingültigen Psychotherapie und psychosozialen Unterstützung auszuformulieren. Psychische Grundbedürfnisse sind ihm zufolge bei allen Menschen vorhanden und ihre Verletzung oder dauerhafte Nichtbefriedigung führe zu Schädigungen der psychischen Gesundheit und des Wohlbefindens (Grawe, 2004, S. 185). Grundprinzip intrapsychischen Funktionierens ist ihm zufolge das menschliche Bestreben nach *Konsistenz*. Sie werde dadurch reguliert und erreicht, dass Menschen ihre Grundbedürfnisse zielgerichtet befriedigen können. Mit Konsistenz meint er dabei die Übereinstimmung bzw. Vereinbarkeit gleichzeitig ablaufender neuronaler und psychischer Prozesse in einem Organismus. Sie stellt also kein Bedürfnis dar, sondern ein homöostatisches Prinzip der innerorganismischen Regulation als angestrebten inneren Zustand (vgl. biopsychologischer Teil des biopsychosozialen Rahmenmodells, Kap. 1.4). Daher ist Konsistenz die Ausgangsbedingung für „gutes psychisches Funktionieren".

Das Bindeglied zwischen der Konsistenzregulation und der subjektiven Bedürfnisbefriedigung bildet das Konstrukt der *Kongruenz*, d.h. wenn Menschen die Übereinstimmung zwischen ihren aktuellen motivationalen Zielen und realen Wahrnehmungen *erleben* (Grawe, 2004, S. 186ff.).

Grawe ging davon aus (S. 187), dass „die Ziele, die ein Mensch im Laufe seines Lebens herausbildet, letztendlich der Befriedigung bestimmter Grundbedürfnisse dienen". Hierzu bediene sich der Mensch sog. motivationaler Schemata, um seine Grundbedürfnisse zu befriedigen oder sie vor Verletzung zu schützen. Grawe unterschied hier annähernde und vermeidende *motivationale Schemata*. Wächst ein Mensch in einer Grundbedürfnisse befriedigenden Umgebung auf, werde er vor allem annähernde motivationale Ziele entwickeln und Annäherungsschemata verfestigen, die auch zum Tragen kommen, wenn er psychische Probleme hat (z.B. Hilfe von anderen suchen und annehmen). Wächst er in einer konstant Grundbedürfnisse verletzenden oder bedrohenden Umgebung auf, entwickelt und verfestigt er eher Vermeidungsschemata (z.B.

beziehungsklärenden Gesprächen aus dem Weg gehen, sich zurückziehen), letztendlich um sich vermeintlich zu schützen (S. 188).

Grawe unterschied *vier psychische Grundbedürfnisse:*

1. das Bedürfnis nach *Orientierung und Kontrolle* (als Streben nach einem verstehbaren, möglichst vorhersehbaren und eigens beeinflussbaren Leben; vgl. Antonovsky, 1997),
2. das Bedürfnis nach *Lustgewinn/Unlustvermeidung* (als Streben danach, angenehme Zustände zu erleben und aversive Zustände zu vermeiden, wobei hier die subjektive Bewertung ausschlaggebend sei),
3. das *Bindungsbedürfnis* (als langandauerndes emotionales Band zu nicht ohne weiteres austauschbaren Bezugspersonen) und
4. das Bedürfnis nach *Selbstwerterhöhung und Selbstwertschutz* (in dem Sinne, dass Menschen sich selbst als gut, wertvoll und anerkannt empfinden wollen).

Grawe bezog sich auf neurowissenschaftliche Erkenntnisse (ausführlich hierzu: Grawe, 2004) und auf Epstein (1990), der im Rahmen seiner *Cognitive-Experiential Self-Theory* die gleichen Grundbedürfnisse herausgearbeitet hatte. Sein Zugang gibt der gesundheitsbezogenen und klinischen Sozialen Arbeit und in sozialen Berufen Tätigen eine Antwort an die Hand, warum Menschen psychisch erkranken oder psychische Probleme haben und wie sie mit der Erkrankung und ihren Folgen umgehen (Lübeck, 2017a; siehe auch Dettmers & Bischkopf, 2019). In ihrer Reduktion auf überschaubare vier Grundbedürfnisse und Anerkennung ihrer Verwobenheit mit sozialen Bedingungen sind seine Annahmen daher ein fruchtbarer Zugang, um die psychische Bedürfnislage eines Menschen zu erfassen. Ohne die Interaktion mit anderen Menschen (als soziale Bezugspunkte) oder anderen Lebens- oder Daseinsformen (z. B. einem Haustier oder die Bezogenheit auf eine transzendente Denkfigur) kann sich beispielsweise Bindungserleben nicht entwickeln, ein Mensch oft schlechter seinen Selbstwert einordnen oder kaum eine hilfreiche Orientierung im Leben erfahren.

Was heißt das jetzt für das Fallbeispiel? Man könnte im Sinne von Kongruenz die psychosoziale, suizidale Krise darauf zurückführen, dass Herr K. seine wesentlichen psychischen Grundbedürfnisse aktuell nicht konsistent ausbalanciert erlebt und er keine Übereinstimmung zwischen seinen aktuellen motivationalen Zielen (z. B. nicht verlassen sein wollen, gesund sein) und realen Wahrnehmungen (z. B. hoffnungslos, allein und schwer krank) erlebt. Vermutlich hat Herr K. in seiner aktuellen Situation nicht das Gefühl, die Situation irgendwie „unter Kontrolle“ zu haben, beeinflussen zu können oder zu wissen, wohin das alles führt und wie es mit ihm gesundheitlich weitergehen kann (Orientierung). Im Zuge der Trennung dürften sein Selbstwertgefühl und als angenehm empfundene Zustände, z. B. Wohlbefinden, Genusserleben in alltäglichen Verrichtungen und Erlebnissen (Lustgewinn), sowie sein Bedürfnis nach Bindung stark beeinträchtigt sein.

Verbunden damit ist die Frage, was ein Mensch brauchen würde, um aus seiner psychosozialen Krise wieder herauszukommen. Zum einen ließen sich seine Verhaltensweisen dahin interpretieren, dass Herrn K. individuell und entwicklungsbedingt derzeit eher vermeidende Denk- und Handlungsschemata zur Verfügung zu stehen scheinen.

Entsprechend würde (ohne inhaltliche Wertung vermeidender Strategien!) seine Entwicklung aus der Krise heraus eher befördern, wenn er auch annähernde, proaktive Denk- und Handlungsschemata entwickeln würde und dabei professionelle Unterstützung bekäme, sofern seine Selbsthilfestrategien und psychosozialen Ressourcen allein nicht ausreichen. Zudem kann eine professionelle Begleitung durch in sozialen Berufen Tätige die Grundbedürfnisbefriedigung (vorübergehend) unterstützen, indem über geeignete Methoden und Maßnahmen ausreichend für ein Zurechtfinden und Einflussnehmen Können in seiner aktuellen Lebenslage gesorgt wird (vgl. Orientierung und Kontrolle), angenehme Momente angestrebt und unangenehme Situationen verringert werden. Dabei können Begleitpersonen vorübergehend auch als wichtige Bildungspersonen fungieren (vgl. Gahleitner, 2017) und/oder weitere soziale Ressourcen erschließen und Herrn K.s Selbstwertgefühle über erreichbare Ziele und Aufgaben zurückholen, bestärken oder ausbauen (vgl. Pauls, 2013b, S. 370 ff.). Ausführlicher wird dieser Punkt der Grundbedürfnisse aufgreifenden professionellen Unterstützung in Kap. 6.5 beschrieben.

2.4 Positive Psychologie in der Begleitung von Menschen mit psychischen Problemen

Es mag als Widerspruch daherkommen, in der Arbeit mit psychischen Problemen die Grundidee der sog. Positiven Psychologie aufzugreifen, schließlich sind Probleme nicht positiv konnotiert. Allerdings geht es der Programmatik der Positiven Psychologie nicht um die Verleugnung negativer Umstände und individueller Belastungen, sondern wird vielmehr beachtet, dass insbesondere die Klinische Psychologie über viele Jahrzehnte hinweg ihren Fokus (zu) stark auf die Heilung psychischer Störungen, deren Ursachen, Risikofaktoren und pathogene Verläufe gelegt hat. Dabei sind andere wesentliche Aufgaben der Psychologie – die Unterstützung eines erfolgreichen und erfüllten Lebens sowie Förderung von Talenten und Begabungen (vgl. Seligman & Csikszentmihalyi, 2000) – in den Hintergrund getreten, obwohl bereits vor ihrem Aufschwung seit der Jahrtausendwende einschlägige Vorarbeiten existierten, insbesondere aus der humanistischen Psychologie (z. B. Abraham Maslow und Carl Rogers) sowie gesundheitsorientierten Ansätzen (z. B. Marie Jahoda und Aaron Antonovsky). Parallel entwickelte sich in Deutschland der Ansatz der Positiven Psychotherapie (Peseschkian, 1977), der von der Entwicklung der Positiven Psychologie vergleichsweise unabhängig verlief, aber ebenso auf dem Menschenbild der Humanistischen Psychologie basiert und von einer grundsätzlichen Lernbereitschaft und Entwicklungsfähigkeit des Menschen ausgeht. Beide Zugänge betonen die Wichtigkeit einer lösungs- und wachstumsorientierten Grundhaltung, wobei die Positive Psychotherapie vorrangig eine psychotherapeutische Variante darstellt, während die Positive Psychologie eher als größeres wissenschaftlich-psychologisches Forschungsfeld zu betrachten ist, das auch über die Klinischen Psychologie hinaus in andere Gebiete explizit hineinreicht, z. B. die Pädagogische Psychologie, Sozialpsychologie, Arbeits- und Organisationspsychologie.

Der Positiven Psychologie geht es also nicht um die Negierung und Kontrastierung zu einer (nicht existierenden) „Negativen Psychologie", sondern um einen wissenschaftlichen Beitrag zu den Bedingungen und Prozessen, die zu einer optimalen Entwicklung und einem guten Funktionieren von Menschen, Gruppen und Institutionen beitragen (Gable & Haidt, 2005). In ihrer Fokussierung auf Faktoren, die zu einem gelingenden und erfüllten Leben beitragen und die Persönlichkeitsentwicklung sowie das subjektive Wohlbefinden positiv beeinflussen (Lermer, 2019, S. 23), hat sie auch den Anspruch, praxisrelevantes Wissen zu generieren (vgl. Auhagen, 2008a; Brendtro & Steinebach, 2012).

Dabei ist bewusst, dass letztendlich jedes positiv konnotierte Konstrukt, z. B. positives Denken, Gelassenheit, Geborgenheit, Achtsamkeit, Spiritualität, Sinnerleben, Verzeihen, Solidarität, Glück, Humor, Kreativität, Zivilcourage, Vertrauen, Resilienz usw., auch seine Schattenseiten oder Herausforderungen mit sich bringen kann. Schließlich gehören zum menschlichen Dasein auch die großen existentiellen, angstbefördernden Themen, beispielsweise Tod, Freiheit, Isolation, Sinnlosigkeit (vgl. Yalom, 2010; Noyon & Heidenreich, 2012), die stark mit philosophischen Fragestellungen verknüpft sind. Gerade in der Praxis der Arbeit mit Menschen mit psychischen Problemen stehen diese und damit einhergehende Themen (z. B. Erkrankungen, soziale Trennungen) und weitere Herausforderungen (z. B. Überschuldung, Wohnungslosigkeit, Beschäftigungslosigkeit) zunächst oft im Vordergrund.

Jedoch geht es der Positiven Psychologie um die positiven Aspekte des menschlichen Lebens und seiner Entwicklung, individuell sowie zwischenmenschlich und gemeinschaftlich. Ebenso ist in der Arbeit mit Menschen mit psychischen Problemen die Fokussierung auf positive Aspekte des noch so krisenbelasteten Lebens, menschliche Stärken (Tugenden, Fähigkeiten, Eigenschaften) sowie Ressourcen (personal, sozial, materiell, immateriell) einschlägig und notwendig, um entwicklungsförderliche Prozesse in Gang zu setzen, um Hoffnung und Zuversicht zu wahren und um Menschen ganzheitlich wahrzunehmen (d.h. über ihre aktuellen Probleme hinaus): Ein Mensch *hat* ein Problem, er *ist nicht* das Problem.

Beispielsweise hat ein Mensch wie Herr K. aus dem Fallbeispiel anscheinend ein Problem mit seinem Alkoholkonsum, aber er ist nicht das Problem („der Alkoholiker"). Dieser sprachlich feine Unterschied ist nicht unerheblich, weil er die Sicht auf diesen Menschen in seiner Problemlage einengt und dabei die Gefahr besteht, dass seine individuellen Stärken und Ressourcen nicht ausreichend gesehen und eingebunden werden. Sein begnadetes Talent zum Schachspielen und seine flinken Taktiken beim Tischtennisspielen haben ihm im Laufe seines Lebens möglicherweise viele neue Bekanntschaften und Freundschaften „eingebracht" und sprechen für seine kognitiven und spielerischen Fähigkeiten. Auch mit Blick auf schwere psychische Probleme kann eine positive Sicht gewagt werden, beispielsweise in der Reflexion dessen, was im Zuge der Bewältigung dieses Problems an neuen Erkenntnissen und Denkweisen zutage tritt. Viele empfinden ihr Leben wertvoller, intensiver, auch hinsichtlich ihrer sozialen Beziehungen und dessen, was ihnen wichtig ist, *nachdem* sie eine schwere psychische Krise *(bewusst)* gemeistert haben oder von ihr genesen sind. Gelingt es Herrn K., mit oder ohne professionelle Unterstützung, für seine Erkrankung eine adäquate Behandlung und Nachsorge zu erfahren und im Nachgang zu erkennen, dass er aus der Beziehungskrise Aufschlussreiches über sich und seine Bedürfnisse erfahren hat, so kann auch hier von positiven psychischen Aspekten, beispielsweise einer gesteigerten Resilienz (durch ein verändertes Denken, Erleben, Handeln), ausgegangen werden (vgl. Kap. 6.3.3).

Auhagen (2008a) schlägt vier Strategien zur Vermehrung des Positiven unter psychologischen Gesichtspunkten vor:

1. *Vermehrung* als Förderung bereits vorhandener Aspekte und Qualitäten (z.B. die Stärkung der vorhandenen sozialen Kontakte und Fertigkeiten von Herrn K.),
2. *Schaffung* neuer positiver Aspekte und Qualitäten (z.B. die Erschließung von sozialen Teilhabemöglichkeiten, z.B. in einem Schachklub, Tischtennisverein oder was ihn sonst interessiert und motiviert),
3. *Minderung* des sogenannten Negativen (z.B. die Unterstützung bei der Suche nach einer erfolgversprechenden Behandlung, Rehabilitation, Erarbeitung von Umgangsstrategien mit körperlichen Beeinträchtigungen und/oder psychischen Belastungen, wie Liebeskummer, Erkundung von sinnvollen Beschäftigungs- oder Arbeitsmöglichkeiten) sowie
4. *Verhinderung,* dass nichts Neues entsteht, das als negativ bewertet wird (z.B. Prävention weiterer Erkrankungen oder Erarbeitung eines individuellen Notfallkoffers für suizidale Krisen).

2.5 Praxis- und Selbstbezüge: Berücksichtigung kultureller Unterschiede

Ein wichtiger Punkt, der die Praxis der zunehmend diverser werdenden Arbeit mit Menschen mit psychischen Problemen in Zeiten voranschreitender Digitalisierung aller Lebenswelten und Globalisierung betrifft, sind nicht zu vernachlässigende *kulturelle Unterschiede.*

Die *kulturvergleichende Perspektive* in der Psychologie geht inter-/transkulturellen Unterschieden nach, die als Ursachen und Folgen menschlichen Erlebens und Handelns in Frage kommen. Sie leistet damit einen wichtigen Beitrag, (westlich geprägte) Generalisierungen über menschliche Erfahrungen zu relativieren, weil diese der Vielfalt kultureller Einflüsse nicht gerecht werden. Insofern muss psychologische Forschung und Theoriebildung reflektieren, in welche kulturellen Modelle und Rahmungen sie eingebunden ist. Grawe (2004) beispielsweise ging davon aus, dass die vier von ihm postulierten Grundbedürfnisse (vgl. Kap. 2.3) allen Menschen gleichermaßen innewohnen und nach ausbalancierter Befriedigung streben würden. Denkbar wäre aber auch, vor dem Hintergrund verschiedener kultureller Modelle, dass ihre Gewichtung sozialisationsbedingt unterschiedlich ausfällt. Ebenso wird den Konstrukten, die im Rahmen der Positiven Psychologie erforscht werden, je nach Kulturmodell mehr oder weniger positiver Wert beigemessen: Welche Werte und Normen gelten in welchen Kulturkreisen (und für welche Teilgruppen davon) als erstrebenswert in psychischen Krisen und Problemlagen (z. B. Optimismus, Humor, Gelassenheit)? Neben der Betrachtung des situativen Kontextes ist also auch die *Kultur* als Trägerin gemeinsamer Werte und Überzeugungen, verfügbar über gemeinsame Wissensinhalte und intergenerativ weitergebene Erfahrungen (vgl. Mietzel, 2002, S. 26), als Einflussfaktor zu beachten.

Keller und Kärtner (2013) postulieren auf der Grundlage zahlreicher kulturvergleichender Studien *Verbundenheit* und *Autonomie* als urmenschliche Bedürfnisse und kulturelle Werte. Damit in Verbindung kann die Unterscheidung zwischen kollektivistischen und individualistischen Kulturen gebracht werden (vgl. Greenfield & Suzuki, 1998), wonach *kollektivistische Kulturen* Bindung stärker als Unabhängigkeit betonen, mehr Wert auf Gehorsam und Respekt legen und vor allem die Entwicklung sozialer Intelligenz fördern, woraus sich eher verbundenheitsorientierte Entwicklungspfade ergeben. *Individualistische Kulturen* hingegen stellen eher Unabhängigkeit als Entwicklungsziel in den Vordergrund, fördern Autonomie und Durchsetzungsfähigkeit der eigenen Meinung sowie technische Intelligenz, woraus eher autonomieorientierte Entwicklungspfade ihrer Mitglieder resultieren. Dazwischen existieren auch Mischformen kultureller Modelle, wonach sowohl die Autonomieförderung als auch gemeinschafts- und hierarchiebezogene Sozialisationsziele als bedeutsam erachtet werden (vgl. Keller, 2011). „Um die Diversität menschlicher Lebensläufe mit den damit verbundenen Wertvorstellungen und Normorientierungen verstehen zu können, müssen wir sprichwörtlich vorne anfangen" (Keller, 2011, S. 4). Sie resümiert aus entwicklungspsychologischer Perspektive aber auch, dass Unterschiedlichkeit auch *Gleichwertigkeit* bedeuten muss.

Somit ist in der Praxis zu berücksichtigen, dass Menschen aufgrund ihrer unterschiedlichen, kulturell geprägten Entwicklungspfade in verschiedener Weise psychische Probleme bekommen, entwickeln und aufrechterhalten sowie ihre Probleme zu meistern versuchen oder Ideen haben, was ihnen wie helfen könnte. Einen wichtigen Zugang zum Verständnis der Diversität bildet die Unterscheidung und Anerkennung individueller, sozialer sowie *kultureller, ethnischer und religiöser Identitäten* sowie damit zusammenhängenden Krankheitsverständnissen und -verarbeitungsstrategien (vgl. Kizilhan & Klett, 2021), die allesamt als gleichwertig zu betrachten sind.

Nur wenige Autor*innen haben bislang psychische Grundbedürfnisse explizit im Kontext sozialer, psychosozialer und sozialpädagogischer Arbeit mit Erwachsenen mit psychischen Problemen aufgegriffen (allgemein sozialarbeitswissenschaftliche Anknüpfungen finden sich am ehesten bei Obrecht (2006), der von „menschlichen Grundbedürfnissen" spricht; mit spezifischem Bezug zur Klinischen Sozialarbeit: Sommerfeld, Dällenbach, Rüegger & Hollenstein, 2016; Lübeck, 2017). Borg-Laufs und Dittrich (2010) weisen darauf hin, dass für die Befriedigung psychischer Grundbedürfnisse die Lebensumstände und sozialen Bedingungen, in denen sich Menschen befinden, eine maßgebliche Rolle spielen. Damit können zahlreiche Interventionen unmittelbaren Einfluss auf die Befriedigung psychischer Grundbedürfnisse haben, sofern sie auch die Lebensumstände und Lebensführungssysteme eines Menschen beeinflussen. Ferner schlagen sie vor, die Orientierung an psychischen Grundbedürfnissen eben nicht nur in der Psychotherapie (wo sie bereits Bedeutung erlangt hat), sondern auch für das Handeln anderer sozialer Berufe expliziter als übergeordnetes Ziel zu formulieren.

Anregungen zur (Selbst-)Reflexion

1. Welche personenseitigen Anteile (Persönlichkeit, individuelle Entwicklung) und welche situativen Anteile (Kontext, Situation) sowie interpersonellen Anteile (involvierte Menschen) sehen Sie vordergründig, wenn Sie mit dem aktuellen – problembehafteten – Denken, Erlebens und Handelns eines Menschen konfrontiert sind? Welche Anteile übersehen Sie vielleicht manchmal?
2. Welche psychischen Grundbedürfnisse sehen Sie bei den Menschen, mit denen Sie zusammenarbeiten, am meisten als unzureichend befriedigt? Wie sehr werden Ihre eigenen psychischen Grundbedürfnisse über die Arbeit, der Sie nachgehen, befriedigt?

3. Welche Rolle spielen die positiven Seiten des menschlichen Denkens, Erlebens und Handelns in Ihrem beruflichen und privaten Leben?
4. Erleben Sie Ihre Arbeit als beispielsweise sinnvoll, humorvoll oder auch spirituell?
5. Was erfüllt Sie mit Skepsis, wenn Sie über psychische Grundbedürfnisse und über die Vermehrung und Schaffung positiver Aspekte und Qualitäten im Leben nachdenken?
6. Mit welchen kulturellen Normvorstellungen und Werten sind Sie aufgewachsen, die Ihre Arbeit mit Menschen mit psychischen Problemen beeinflussen oder auch behindern?

3. Was ist ein „psychisches Problem"?

Jede*r hat irgendeine Vorstellung davon, was ein „psychisches Problem" ausmacht. Dabei gibt es im alltäglichen Verständnis durchaus auch Überschneidungen zu „professionellen" Auffassungen und Diskursen. Bei näherer Betrachtung lässt sich allerdings feststellen, dass es gar nicht so einfach ist, eine allgemeingültige Definition aufzustellen, die fachlich rundum angemessen ist (vgl. Heinz, 2014). Zusammenfassend lässt sich sagen, dass psychische Probleme unterschiedlicher Natur sein können und die undifferenzierte Verwendung der Begriffe Problem, Krise, Erkrankung, Krankheit und Störung Missverständnisse begünstigen kann. Psychische Störungen begründen Diagnosen, die mit weitreichenden Folgen einhergehen: eine adäquate Begleitung und Behandlung im günstigsten Fall, Stigmatisierung durch Diskriminierung im schlechtesten Fall. Wenn Menschen mit Diagnosen diese ungünstigen Erfahrungen gemacht haben, legen sie mitunter Wert auf ein anderes „wording" und bevorzugen weniger stigmatisierende Bezeichnungen, wie Krise oder Problem. Dieser Umstand sollte durch Fachkräfte berücksichtigt und respektiert werden.

Psychische Probleme, unabhängig von ihrer Beschaffenheit und davon, ob es sich um psychosoziale Probleme, Krisen oder psychische Störungen handelt, haben gemeinsam, dass sich die betroffenen Menschen in ihrem Denken, Erleben und Handeln so verändern, dass sie üblicherweise von ihren eigenen und fremden Normvorstellungen abweichen, darunter leiden und ihren Alltag nicht so bewältigen können, wie sie es gerne möchten.

3.1 Fallbeispiele

Haben diese Menschen ein psychisches Problem und/oder eine psychische Störung oder nichts von beidem? Warum oder warum nicht?

- Frau M. hat vor kurzem in einem Anfall von Tatendrang all ihr Geld in neue Kleidung und ein Auto investiert, weil sie sich als Immobilienmaklerin selbständig machen wollte. Ihr Studium im Bauingenieurwesen hat sie zeitgleich abgebrochen. Nun ist sie verschuldet.
- Frau D. hört Stimmen, die ihr Tun ständig kommentieren, es stört sie aber nicht.
- Herr T. (35 J.) hatte noch nie eine Beziehung, trinkt jeden Abend zwei Biere und spielt dabei sog. Ego-Shooter. Morgens geht er zur Arbeit und ist bei seinen Kolleg*innen beliebt, fühlt sich aber recht einsam.

- Herr S. sagt, er könne sich nur bekifft auf seine Arbeit konzentrieren und konsumiert deshalb täglich Cannabis. Er ist nie krankgeschrieben und trainiert ehrenamtlich jugendliche Handballspieler.
- Frau E. wünscht sich nichts mehr als zu sterben. Einen „objektiven" Grund gibt es nicht.
- Herr L. und seine Frau waren kriegsbedingt traumatischen Ereignissen ausgesetzt. Er wundert sich, dass seine Frau nicht mehr schlafen könne und sehr ängstlich geworden sei. Ihm ginge es nicht so und er erklärt sich sein inneres Bedürfnis nach Ruhe und wenig Außenkontakten mit dem Älterwerden und Stress auf der Arbeit.
- Frau B. führt ein Leben mit häufig wechselnden Sexualkontakten und intensiven Freundschaften, die sich aber schnell auch wieder verflüchtigen. Sie halte Eintönigkeit nicht aus und ist genervt, dass sie immer die Rückmeldung bekäme, sie sei anstrengend.
- Herr W. ist 17 und mit einem 40-jährigen Mann liiert. Er genießt es, von ihm gefesselt und auch schmerzvoll behandelt zu werden. Seine Lehrstelle als Physiotherapeut habe er verloren, weil er Patient*innen mit seinem Liebesleben „behelligt habe" und sein Chef keine Azubis mit sichtbaren Hämatomen wünscht. Darüber ist er verzweifelt.

3.2 Psychologische Zugänge

Unsere Vorstellungen darüber, was ein „psychisches Problem" ausmacht, sind oft stark davon beeinflusst, was in den Kulturkreisen und dem Zeitgeist, in denen wir leben, als „normal" oder „abweichend" betrachtet wird. Die Auffassungen hierzu verändern sich also kulturell und historisch bedingt, wir erwerben sie im Laufe unserer privaten sowie beruflichen Sozialisation und gehen damit mal mehr und mal weniger reflektiert um. Wenn ein Problem als „psychisch" deklariert wird, äußert es sich üblicherweise im *Denken, Erleben* (Fühlen), *Verhalten* (Handeln) eines Menschen und/oder seinen *Interaktionen* mit anderen Menschen.

Oft wird angeführt, dass Menschen, die sich nicht „wie alle anderen" verhalten, psychische Probleme haben (vgl. einige der Fallbeispiele). Jedoch allein das Kriterium der sogenannten *Normabweichung* bedarf differenzierter Betrachtung. Dabei lassen sich verschiedene Subnormen unterscheiden (vgl. (Renneberg, Heidenreich & Noyon, 2009):

- Die *subjektive Norm* gibt Aufschluss über das Abweichen von der Norm der eigenen Befindlichkeit (beispielsweise merken Menschen morgens beim Aufstehen, dass irgendwas mit ihnen nicht „wie sonst" ist, oder gehen dann zu einer Behandlung, wenn sie sich persönlich nicht wohlfühlen). Diese subjektive Norm kann, muss aber nicht, mit den Wahrnehmungen anderer Menschen übereinstimmen. Daher lohnt sich die Unterscheidung zwischen (subjektivem) *Befinden* und von außen herangetragenem (durch Professionelle erstelltem) *Befund* als Diagnose.

- Von der subjektiven Norm ist die *soziale Norm* zu unterscheiden, d.h. was gegenwärtig unter den mehr oder weniger Beteiligten und Betroffenen als „normal" angesehen wird. Beispielsweise galten noch vor 20 Jahren laute Selbstgespräche auf der Straße als auffällig, heute wissen die meisten Menschen, dass dafür auch – normales – mobiles Telefonieren ursächlich sein kann. Ebenso hat das Rauchen und Alkoholtrinken in beruflichen Situationen in den letzten Jahrzehnten einen Wandel der öffentlichen Auffassungen darüber erfahren, was „üblich" ist. Die einst akzeptierte körperliche „Züchtigung" von Kindern durch ihre Eltern oder Lehrer*innen ist nicht mehr erlaubt, (erst) seit 2000 dürfen Eltern körperliche Bestrafungen, seelische Verletzungen und andere entwürdigende Maßnahmen nicht mehr verwenden (vgl. § 1631 (2) BGB). Soziale Normen sind also keineswegs statisch, verändern sich aber in unterschiedlichem Tempo. Allerdings ist auch die subjektive Norm nicht „frei" von den Einflüssen gesellschaftlicher Normvorstellungen und Erwartungen, da Menschen immer durch die Interaktion mit ihren Umwelten in ihrem Denken, Erleben und Handeln beeinflusst werden und wechselseitig ihre Umwelten auch beeinflussen (können).
- Die *statistische Norm* hebt Abweichungen „vom Durchschnitt" im Sinne einer normalverteilten Häufigkeitsverteilung in einer Population hervor. (Beispielsweise werden hiernach Menschen mit einem sehr hohen oder sehr niedrigen sog. Intelligenzquotienten als „überdurchschnittlich intelligent" oder „geistig beeinträchtigt" und damit als statistisch normabweichend angesehen.)
- Das Aufstellen von *Funktionsnormen* trägt dem Umstand Rechnung, dass speziell die Funktionalität von Körperteilen/-systemen als normabweichend eingeschätzt werden kann, und entsprechend damit zusammenhängende psychische Probleme angenommen werden (z.B. eine zu niedrige Konzentration von Neurotransmittern im Blut, Speichel oder Urin oder wenn ein Mensch ausgesprochen viel schläft und sich trotzdem immer müde fühlt).

Das „individual-psychologischste Kriterium" in der Aufzählung stellt die subjektive Norm dar, weil sie beim subjektiven Denken, Erleben und Handeln eines Menschen ansetzt. Das „sozialpsychologischste Kriterium" stellt die soziale Norm dar, weil sie auf die aktuellen wechselseitigen Interaktionen zwischen Individuen und sozialen Umwelten sowie sozialisationsbedingte Einflüsse hinweist.

Weitere Merkmale normabweichenden Verhaltens werden beispielsweise von Butcher, Mineka und Hooley (2009, S. 6) skizziert:

- die sogenannte *Maladaptivität* (Unangemessenheit im Sinne von „Unangepasstheit“),
- *Devianz* (oft im Sinne von Delinquenz),
- *Verletzung gesellschaftlicher Standards,*
- Auslösung von *sozialem Unbehagen* sowie
- *Irrationalität und Unvorhersagbarkeit.*

So werden Menschen, die offensives „Betteln“ oder das Handeln mit illegalen Substanzen als ihren Broterwerb betrachten (müssen oder wollen), in nord- und westeuropäischen Ländern oft als unangemessen normabweichend und/oder delinquent aufgefasst. In anderen Kulturkreisen gilt das Tragen oder Ablegen bestimmter Kleidung (z. B. Röcke, Kopftücher, Bikinioberteile) als Verletzung gesellschaftlicher Standards und weicht somit von regionalen Normen ab. Menschen, die anderen Menschen physisch im Handeln oder psychisch durch ihr Denken oder Erleben „zu nah“ kommen oder „zu fern“ bleiben, irritieren mitunter ebenso gesellschaftliche (und/oder subjektive) Normvorstellungen, wie Menschen, die sich nicht „ausreichend vorhersehbar“ verhalten und häufiger „als üblich“ ihren Arbeitsplatz, Wohnort, Geschmack oder ihr soziales und privates Umfeld wechseln. Es ist also gar nicht so schwer, von den sozialen Normen und gesellschaftlichen Erwartungen abzuweichen, woraus sich vielfältige psychische und soziale Probleme und komplexe Problemlagen ergeben können.

Ein weiteres, sehr wichtiges Kriterium für die Bestimmung dessen, was ein psychisches Problem ausmacht, ist *Leid* bzw. der Prozess des *Leidens.* Meistens ist damit das selbst empfundene Leid gemeint (vgl. subjektive Norm), wenn Menschen beispielsweise sehr traurige Gedanken hegen, sich schlecht fühlen, von Kummer erfüllt sind, es ihnen „psychisch nicht gut geht“ und sie sich aus diesem Denken und Empfinden heraus entsprechend verhalten, indem sie beispielsweise nicht mehr aufstehen, sich sozial zurückziehen, in ihrer Körperhaltung „zusammenfallen“, weinen oder anderen von ihrem Leiden erzählen. Leid äußert sich also auf vielen psychischen Ebenen: im Denken, Erleben, Handeln und den zwischenmenschlichen Interaktionen und geht meist mit einer sog. „Krankheitseinsicht“ einher.

Es gibt aber auch Umstände, im Rahmen derer eher die Menschen im Umfeld leiden und der auslösende Mensch dieses Leiden nicht erfasst bzw. erfassen kann, beispielsweise wenn er so ausgeprägte Persönlichkeitszüge hat oder Verhaltensweisen zeigt, dass kaum ein Mensch es „gut mit ihm aushält“ (z. B. ausgesprochen kontrollierendes, rücksichtsloses, wechselhaftes oder als tyrannisierend erlebtes Verhalten). Der eigentlich auslösende Mensch findet sein Denken, Erleben und Verhalten „irgendwie normal“ und kann nicht verstehen, warum es anderen Menschen nicht auch so geht. Fonagy und Kolleg*innen sprechen in diesem Zusammenhang von einer mangelnden Fähigkeit zur *Mentalisierung*, d. h. sich bewusst machen zu können, was in anderen Menschen oder uns selbst vorgeht (vgl. Fonagy, Gergely, Jurist & Target, 2018). Entsprechend ist in diesem Fall eine sogenannte „Krankheitseinsicht" seltener gegeben.

Psychische Probleme und Störungen gehen in der Regel mit normabweichenden Denk- und Verhaltensweisen einher. Abweichendes Verhalten beschreibt allerdings umgekehrt keine (diagnostizierbare) psychische Störung ausreichend! Außerdem sind psychische Probleme nicht mit psychischen Störungen gleichzusetzen. Entsprechend sind weitere Definitionskriterien erforderlich, um eine psychische Störung anzunehmen.

Eine gängige *Definition für psychische Störungen* geht auf das sogenannte DSM-5 zurück und hebt folgende Bausteine hervor (vgl. Falkai et al., 2018): Es handelt sich um eine

- klinisch bedeutsame Störung in den Denkprozessen (Kognitionen), der Emotionsregulation oder des Verhaltens einer Person,
- die Ausdruck von dysfunktionalen psychologischen, biologischen oder entwicklungsbezogenen Prozessen ist,
- über einen gewissen Zeitraum andauert oder wiederkehrt und üblicherweise
- bedeutsames Leiden oder Behinderung hinsichtlich sozialer oder berufs-/ausbildungsbezogener und anderer wichtiger Aktivitäten mit sich bringt.

Sofern das „problematische" Denken, Erleben, Verhalten eines Menschen eine nicht deutlich normabweichende und kulturell anerkannte Reaktion auf übliche Stressoren oder Verlust darstellt, wie z. B. der Tod einer geliebten Person, sollte nicht von einer psychischen Störung ausgegangen werden. Außerdem sind sozial abweichende Verhaltensweisen (z. B. politischer, religiöser oder sexueller Art) und Konflikte zwischen Individuen und Gesellschaft (z. B. kriminelles Verhalten) keine psychischen Störungen, außer wenn der Abweichung oder dem Konflikt eine der erwähnten Dysfunktionen zugrunde liegt.

In der Medizin und ihrer einschlägigen Fachdisziplin, der Psychiatrie, wird traditionell der Begriff *psychische Krankheit* bevorzugt. Dabei liegt dieser Begrifflichkeit die Annahme zugrunde, dass sich psychopathologische Phänomene durch eine krankhafte, qualitative Veränderung vor allem körperlicher, biologischer, somatischer Prozesse ergeben (vgl. Funktionsnorm). Externe Faktoren (beispielsweise kritische Lebensereignisse) werden dabei als auslösende Bedingungen aufgefasst. Wie bei somatischen Erkrankungen wird entsprechend auch für psychische Störungen ein typischer Verlauf angenommen.

Die Bezeichnung *psychische Störung* in der Klinischen Psychologie orientiert sich hingegen stärker an einem psychosozialen bzw. bio-psycho-sozialen Modell (vgl. Kap. 1.4). Sowohl die International Statistical Classification of Diseases and Related Health Problems (ICD) als auch das Diagnostic and Statistical Manual of Mental Disorders (DSM) verwenden den Begriff der psychischen Störung. Er wird auch in diesem Buch bevorzugt. In Passagen, in denen die Verwendung des Krankheitsbegriffs dennoch inhaltlich passend ist oder sich dem Sprachgebrauch in einem bestimmten Handlungsfeld anpasst, wird eher der Begriff *psychische Erkrankung* verwendet. Diese semantische Unterscheidung weist darauf hin, dass Krankheiten eher als Zustände, Erkrankungen eher als Prozesse bzw. Vorgänge verstanden werden, was sprachlich der Vielgestaltigkeit von psychischen Störungen in ihrer Entwicklung, ihren Einflussgrößen und ihrer Dynamik gerechter wird. Ein Mensch *er-krankt,* bedeutet auch, dass er von der Erkrankung auch losgelöst und ihr nicht vollständig gleichgesetzt (er ist krank in seinem Ganzen) betrachtet werden kann und sollte.

Diese Externalisierung psychischer Probleme, Störungen bzw. Erkrankungen ist wichtig, um andere psychische Personen-, Zustands- und Prozessanteile angemessen zu würdigen. Betroffene sollten dieser Argumentation folgend beispielsweise nicht als „Borderliner“, „Schizophrene“ oder „Alkoholkranke“ bezeichnet werden.

Es kann durchaus vorkommen, dass Menschen keine psychische Störung haben bzw. diagnostiziert bekommen, sie (oder ihr soziales Umfeld) aber dennoch finden, dass sie *psychische Probleme* haben (z. B. im Zuge einer erhöhten Aggressivität, Suizidalität oder von Burnout). Meist geht diese Einschätzung mit einem erheblichen Leidensdruck aufgrund einzelner Symptome oder eines Syndroms, d. h. einer Kombination verschiedener Symptome, einher. Ebenso wie psychische Störungen erhöhen sie das Risiko für unerwünschte und belastende Folgen (z. B. Tod, Trennung, Berufsaufgabe, soziale Isolation), welche wiederum Auslöser sind, dass die betroffenen Menschen Kontakt mit sozialprofessionellen Fachkräften haben. Psychische Probleme können Ausdruck psychischer Störungen oder durch diese verursacht oder mitbegründet sein oder psychische Störungen nach sich ziehen. Wenn ein Mensch beispielsweise morgens nicht mehr aufstehen möchte oder kann, weicht er von den Vorstellungen der Mehrheitsgesellschaft ab, er und/oder sein soziales Umfeld sehen dieses Denken und Verhalten als psychisch und sozial problematisch an. Es kann beispielsweise Ausdruck einer psychischen Störung (z. B. einer Depression), aber auch sonstigen persönlichen Krise sein (z. B. Liebeskummer oder Eintritt ins Rentenalter), es kann durch eine andere psychische Störung (z. B. Angsterkrankung) oder soziale Probleme (z. B. soziale Isolation) mitverursacht sein und/oder eine psychische Störung zur Folge haben (z. B. eine Substanzgebrauchsstörung). Mit den vielfachen Auslösern und Auswirkungen, die nicht nur psychischer oder biologischer, sondern meist auch sozialer Natur sind, befasst sich Kap. 4.

Wichtig ist, sich immer wieder bewusst zu machen, dass Symptome nicht mit psychischen Störungen gleichzusetzen sind, sie aber wichtige Hinweise auf die Befindlichkeit eines Menschen und eine möglicherweise psychische und/ oder auch soziale Problemlage liefern.

Neben psychischen Störungen und psychischen Problemen soll hier auch kurz auf den Terminus *psychische Krisen* eingegangen werden. Was ist mit diesem Begriff gemeint? Menschen in psychischen Krisen befinden sich in einem Zustand hoher psychischer Belastung, der für sie kaum mehr erträglich ist, sie emotional destabilisiert und ihre bisherigen Lebensgewohnheiten und Ziele massiv infrage stellt (Dross, 2001, S. 10). Im Gegensatz zu einem psychischen Problem, für das auch aus Sicht der Betroffenen eine Lösung gefunden werden kann, erscheinen Krisen den Betroffenen als nicht lösbar mit den ihnen momentan verfügbaren Strategien. Ihr gewohntes Verhaltensrepertoire ist in der Krise akut überfordert (Kunz, Scheuermann & Schürmann, 2009, S. 181). Entsprechend geht auch nicht jede psychische oder psychosoziale Krise mit einer psychischen Störung einher. Jeder Mensch erfährt in seinem Leben zahlreiche Krisen, die er oder sie mit oder ohne externe Unterstützung überwindet. Solche Krisen sind oft Folge kritischer Lebensereignisse, die nicht immer negativ konnotiert sein müssen und die in der Regel den Einsatz von Bewältigungsstrategien (Copingstrategien) nach sich ziehen. Sie können zum einen als Stressoren und zum anderen als Typus von Lebenserfahrung aufgefasst werden (vgl. Filipp & Aymanns, 2018a) und entsprechend zu psychischer Destabilisierung beitragen oder aber auch persönliches Wachstum in Gang setzen (z. B. die Geburt eines Kindes).

Psychische Krisen können aber auch zur Entwicklung einer psychischen Störung beitragen (beispielsweise die Geburt eines Kindes zu einer sog. Wochenbett-Depression, der Verlust eines Arbeitsplatzes zu einer Alkoholabhängigkeit). Sie können episodisch auch Ausdruck einer vorliegenden psychischen Störung sein (beispielsweise, wenn ein Mensch mit einer Persönlichkeitsstörung vom Borderline-Typus in eine akute psychische Krise gerät, weil er sich „von aller Welt verraten" und innerlich total leer fühlt). Auch können psychische Störungen zu weiteren psychosozialen Krisen führen (beispielsweise ein Arbeitsplatz- oder Partnerverlust aufgrund von Verhaltensweisen, die aus einer Suchterkrankung resultieren). Es ist also von diverseren und wechselseitig beeinflussten Konstellationen zwischen Krisen, Störungen und Problemen auszugehen, sodass lineare, unidirektionale Ursache-Wirkungsannahmen für ein adäquates Verstehen von individuellen Um- und Zuständen nicht greifen.

3.3 Praxisbezüge

In der Praxis der Arbeit mit Menschen mit psychischen Problemen gibt es bekanntermaßen sehr unterschiedliche Handlungsfelder. Damit einher geht der Umstand, dass manche Fachkräfte vorwiegend mit Menschen arbeiten, die eine diagnostizierte psychische Störung haben oder hatten (z. B. im Sozialdienst einer psychiatrischen Krankenhausabteilung, im Betreuten Wohnen der Eingliederungshilfe), während andere Menschen in psychosozialen Krisen begleiten (z. B. als Mitarbeiter*innen eines Krisendienstes oder einer Einrichtung der Wohnungslosenhilfe) oder Minderjährige betreuen, deren Eltern aufgrund psychischer Probleme ihre Kinder nicht angemessen versorgen können (z. B. in der Familienhilfe). Wieder andere Fachkräfte haben mit Menschen zu tun, weil diese aufgrund ihrer psychischen Probleme, Krisen oder Störung beispielsweise straffällig wurden und/oder verschuldet sind (z. B. in der Straffälligenhilfe, im Maßregelvollzug oder in der Schuldnerberatung). Die Aufzählung ließe sich weiter fortsetzen und entsprechend ergeben sich auf die Frage, was ein psychisches Problem ausmacht, auch je nach Handlungsfeld unterschiedliche Antworten aus den jeweiligen Praxisperspektiven heraus.

Von den in Kap. 3.1 aufgeführten Fallbeispielen soll im Folgenden kurz das erste Beispiel in der Aufzählung näher betrachtet werden: Frau M., welche sich in einem „Anfall von Tatendrang“ verschuldet und ihre Berufsperspektive zunächst abgebrochen hat. Hier werden einige Kriterien für eine psychische Störung angedeutet, also einem diagnostizierbaren „psychischen Problem“. Der „Anfall von Tatendrang“ kann – aus psychologischer Perspektive – ein Hinweis auf eine sogenannte „psychische Dysfunktion“ dahingehend sein, dass ihr Denken („Ich muss genau das jetzt tun“) und Handeln (Ausbildung abbrechen, zu viel Geld ausgeben) zu sehr von ihrem eigenen üblichen Verhalten (subjektive Norm) und/oder dem Verhalten in ihrem sozialen Kontext (soziale Norm) abweicht, als dass dieses Denken und Auftreten noch als normal oder psychisch gesund betrachtet werden kann. Für eine Diagnose (beispielsweise einer sog. „manischen Phase“ im Rahmen einer Bipolaren Störung) wären allerdings weitere Symptome zu klären, ebenso der Zeitraum und die Situation(en), in denen sie sich so verhalten hat, auch um die dadurch entstandene (erhebliche) Beeinträchtigung in ihren beruflichen und sozialen Bezügen und ihren individuellen Leidensdruck abschätzen zu können. Mit all diesen klinisch-diagnostischen Fragen ist dann letztendlich eine Psychiaterin oder ein Psychologe beauftragt, Sozialarbeiter*innen und weitere in sozialen Berufen Tätige hingegen besitzen ihre Expertise vor allem in der Begleitung, Auflösung und Verhinderung der *sozialen Probleme,* die sich aus solchen Krisen, Problemen, Störungen heraus ergeben oder durch ein psychisches Problem entstanden sind, beispielsweise die Verschuldung oder beeinträchtigte Berufsperspektive. Unbenommen davon beeinflussen die psychischen Probleme eines Menschen auch die Bewältigung seiner sozialen Probleme und umgekehrt, sodass hier oft mit psychosozialen Problemlagen umgegangen werden muss, ein Zusammenarbeiten der einschlägigen Professionen unabdingbar ist und in der Unterstützung im Rahmen sozialer Probleme eben auch eine gewisse Professionalität im Umgang mit psychischen Problemen gefragt ist. Die wechselseitige Verwobenheit des

Psychischen mit dem Sozialen wird im Folgenden anhand von zwei typischen psychosozialen Problemlagen illustriert.

3.3.1 Suizidalität als psychosoziale Problemlage

Suizidalität stellt keine psychische Störung dar, sondern ein Symptom (beispielsweise bei einer Depression oder in Folge einer Substanzgebrauchsstörung) beziehungsweise ein Syndrom, das sich auf verschiedenen psychischen Ebenen manifestiert und damit ein psychisches Problem ausmacht:

- Auf der *emotionale Ebene* sind Gefühle von Lebensmüdigkeit, Lebensüberdrüssigkeit, Verzweiflung und Hoffnungslosigkeit festzustellen.
- Auf der *gedankliche Ebene* sehen die Betroffenen keinen Ausweg und keine Perspektive mehr und beschäftigen sich mit dem eigenen Tod und Todeswünschen. Diese Gedanken können passiven Charakter (z. B. „Wenn ich jetzt einen tödlichen Unfall hätte, wäre das vielleicht das Beste") und/oder aktiven, konkreten Charakter (z. B. Überlegungen, wie der eigene Tod herbeigeführt werden könnte) haben.
- Auf der *Handlungsebene* kommen konkrete Vorbereitungshandlungen, die aktive Selbstschädigung oder Selbstvernachlässigung bis hin zur Unterlassung lebenserhaltender Maßnahmen (z. B. die Einnahme lebensnotwendiger Medikamente) hinzu.

Menschen in einer derartig vulnerablen (psychisch verletzlichen) Verfassung befinden sich oft in sozialen Problemlagen (Einsamkeit als Mangel an sozialer Gemeinschaft, Trennung oder Verlust von wichtigen Bezugspersonen oder die Befürchtung eines solchen Verlustes), sodass die Suizidalität als Folge aus der sozialen Instabilität oder Isolation resultiert. Menschen, die nicht (mehr) in Gemeinschaften und Beziehungen als soziale Ressource eingebunden sind, sind häufiger suizidal, wenn ihnen keine ausreichenden individuellen Ressourcen zur Verfügung stehen, damit umzugehen oder diesen Zustand zu ändern, oder sie (aktuell) keinen Zugriff auf ihre Ressourcen sehen oder haben. Die Feststellung, dass in Zeiten wirtschaftlicher Depression als Zustandsdiagnose einer Gesellschaft die Suizidraten steigen, in Zeiten des Wohlstands sie stabil sind und in Kriegszeiten eher zurückgehen (Zusammenfassung in Davison, Neale & Hautzinger, 2016), ist ein Hinweis darauf, wie die individuelle Suizidalität von gesellschaftlichen Entwicklungen tangiert wird. Auf dieses Wechselspiel zwischen Individuum, Gemeinschaft und Gesellschaft hat bereits 1897 der Soziologe Émile Durkheim hingewiesen (Durkheim, 2017), indem er mit soziologischem Blick auf das Verhältnis zwischen Individuum und Gesellschaft verschiedene Formen der Selbsttötung unterschied und durch seine Studien darauf hinwies, dass sowohl eine mangelnde als auch übermäßige gesellschaftliche Integration sowie zu hohe Reglementierung als auch Regellosigkeit in einer Gesellschaft zu hohen Selbsttötungsraten führen.

„Suizidalität" resultiert auch aus sozialen Problemlagen und in sozialen Berufen Tätige müssen sowohl personenzentriert als auch gemeinwesen- und gesellschaftsorientiert agieren, indem sie in Krisen intervenierend begleiten (z. B. im Betreuten Einzelwohnen), Angebote zur sozialen Teilhabe umsetzen (z. B. in Kontakt- und Beratungsstellen) und sich für eine gerechtere Gesellschaft engagieren (z. B. in sozialpolitischen Strukturen, die die Interessen benachteiligter Menschengruppen vertreten). Auf die personenzentrierte Krisenintervention wird in Kap. 7.3 eingegangen.

3.3.2 Aggressivität als psychosoziale Problemlage

Auch *Aggressivität* stellt keine psychische Störung dar, markiert aber eine weitere Herausforderung, die im Zusammenhang mit psychischen Störungen und psychosozialen Krisen häufig auftritt und zu sozialen Problemen (z. B. Strafanzeigen, Verlust des Arbeitsplatzes, Unbeliebtheit) führen kann. Aggressivität stellt psychologisch betrachtet ein Verhalten dar, das eine Schädigungsabsicht verfolgt. Es kann gegen Objekte, andere Personen oder die eigene Person gerichtet sein und geht meist mit der Verletzung gesellschaftlicher Normen und Regeln einher. Aggressives Verhalten gegen andere Personen drückt sich auf verschiedene Weisen aus, die sich auch überschneiden können: beispielsweise über

- direkte Feindseligkeit (z. B. jemanden beschimpfen),
- instrumentell (z. B. jemanden verbal abwerten durch gemeine Kommentare),
- offen (z. B. Schlagen) oder
- verdeckt (z. B. Stalking).

Auch treten *aggressive Impulse* auf, beispielsweise als Reaktion auf ein ärgerliches Vorkommnis (z. B. ein Ablehnungsbescheid), als Erkrankungssymptom (z. B. aus einem Wahnerleben heraus, einen vermeintlichen Verfolger aufhalten zu müssen) oder als Reaktion auf Erkrankungsfolgen (z. B. zur Abwehr einer Zwangsbehandlung bei akut fremdgefährdendem Verhalten).

Menschen mit psychischen Erkrankungen werden häufig nicht nur innerhalb, sondern auch außerhalb von Institutionen Opfer von Gewalt (vgl. Steinert & Traub, 2016), die letztendlich eine schwere Form aggressiven Verhaltens darstellt.

Aggressiv geladene Situationen und Verhaltensweisen können größtenteils durch angemessene situative Bedingungen und kompetentes Vorgehen deutlich gemindert oder verhindert werden (vgl. Kunz et al., 2009; Noyon & Heidenreich, 2020).

In der Praxis der Arbeit mit aktuell suizidalen und/oder aggressiv handelnden Menschen ist es unerlässlich, eine mögliche *Selbst- und/oder Fremdgefährdung* abzuklären. Dabei muss eruiert werden, aus welchem psychischen Problem heraus ein Mensch suizidal und/oder aggressiv denkt, sich fühlt und vor allem verhält, denn ein selbstgefährdendes (mitunter suizidales) Verhalten oder fremdgefährdendes Verhalten aufgrund einer psychischen Störung erfordert eine andere professionelle Begleitung als selbstgefährdendes Verhalten aufgrund einer psychosozialen Krise oder fremdgefährdendes Verhalten aufgrund sozialer Probleme eines Individuums in seiner Gemeinschaft und unter bestimmten Normerwartungen einer Gesellschaft. Je nach Situation und Problemlage müssen hier unterschiedliche Professionen mit unterschiedlichen Mandaten angemessen zusammenarbeiten (z. B. Sozialarbeiter*innen, Polizist*innen, gesetzliche Betreuer*innen/Jurist*innen, Psycholog*innen, Mediziner*innen, Seelsorger*innen/Pfarrer*innen u. a.).

Zusammenfassend lässt sich sagen, dass sich die Frage, was psychische Probleme, Störungen und Krisen ausmacht, nicht einfach beantworten lässt. Hinzu kommt, dass die Antworten auf diese Fragen stets sowohl *historisch* als auch *kulturell* eingebettet diskutiert werden müssen. Sie sind Ausdruck sozialer Normen (vgl. Kap. 3.2), einem beständigen Wandel unterworfen und kontextabhängig: Beispielsweise wurde Homosexualität erst ab 1990 mit der Einführung der ICD-10 explizit nicht mehr als psychische Störung aufgefasst, in verschiedenen Kulturkreisen wird sie auch heute noch als „nicht normal" gewertet und verfolgt. Die WHO hat beispielsweise die sog. Spielsucht *(Gaming Disorder)* für Internet- und Videospiele als eigenständige Diagnose für die neue Version der ICD-11 anerkannt (WHO, 2020), ein Störungsbild, das historisch betrachtet, vor 50 Jahren nicht vorstellbar gewesen wäre.

Kulturspezifische Symptomkonstellationen, wie beispielsweise die sog. „Ataque de Nervios", „Latah" oder „Taijin Kyōfushō", verdeutlichen, dass kulturelle und religiöse/spirituelle Einflüsse im Zusammenhang mit der Beschreibung psychischer Probleme, Abweichung und Störung/Krankheit nicht unerheblich sind und im Einzelfall in der Praxis der Arbeit mit Menschen mit psychischen Problemen mitberücksichtigt werden müssen (vgl. Hegemann & Salman, 2016; Laabdallaoui & Rüschoff, 2017).

3.4 Selbstbezüge

Je nach Handlungsfeld, in denen Menschen mit psychischen Problemen begleitet werden, ändern sich die verwendeten Begrifflichkeiten, der Umgang mit und die Haltung gegenüber verschiedenen Personengruppen mit psychischen Problemen: Mitarbeiter*in einer Einrichtung für geflüchtete Menschen stellen vielleicht fest, dass einige Betroffene ihre psychische Verfassung „nur" auf der körperliche Ebene darlegen (können) und es ihnen als professionelle Begleitpersonen zunächst vielleicht schwer fehlt, ihr Leiden mit Blick auf ihr intrapsychisches Erleben und Denken zu erkennen und auszudrücken. Jüngere Kolleg*innen in einer Suchtberatungsstelle weisen vielleicht darauf hin, dass sie weniger den althergebrachten Begriff der Abhängigkeit verwenden und lieber im Sinne des DSM-5 von Substanzgebrauchsstörungen sprechen möchten, um differenzierter die Abstufungen im Konsumverhalten anzuerkennen. Vielleicht trifft ein Mitarbeiter einer Kontakt- und Beratungsstelle (KBS) erstmals auf einen transidentitären Menschen, der, obwohl seine Transsexualität nicht mehr als psychische Störung pathologisiert wird (erst seit der Einführung der ICD-11), trotzdem psychische Probleme hat und sich mit seinem „Anderssein" sehr allein fühlt.

Veränderungen in den gesellschaftlichen Sichtweisen wirken also in vielfältiger Weise auf psychische Probleme und die Zusammensetzung der Gemeinschaften (Wer wird zu „Betroffenen" und in welchen sozialen Gefügen leben diese Menschen aktuell?) und damit auch auf die Arbeit mit Menschen mit psychischen Problemen ein. Entsprechend wird sich die Sicht darauf, was ein psychisches Problem ausmacht oder „rechtfertigt", auch immer wieder leicht verschieben und bleibt davon abhängig, in welchen kulturellen, religiösen und gegenwärtigen Diskursen sie besprochen wird. Daher lohnt sich die „individuelle Auffrischung" der eigenen Antworten auf folgende Frage immer wieder neu:

- Aufgrund welcher gesellschaftlichen, gemeinschaftlichen und persönlichen Bezüge bin ich zu „meiner" aktuellen Definition von psychischen Problemen gekommen?
- Woher resultieren meine Vorstellungen darüber, was eine psychische Störung ausmacht?

3.4.1 Was ist für wen ein Problem?

Die Frage danach, was ein psychisches oder psychosoziales Problem ausmacht, ist verbunden mit diagnostischen Erwägungen (vgl. Kap. 5). In diesem Zusammenhang gilt sowohl für die klinisch-psychologische als auch die soziale Diagnose (vgl. Müller & Hochuli Freund, 2017, S. 125 ff.) zu beachten, dass nicht nur mit Blick auf die betroffenen Menschen, sondern auch auf sich und das eigene Denken, Erleben und professionelle Handeln die Klärung der Frage ansteht: *„Was ist für wen ein Problem?"* Dazu gehört zu erkunden, *wer welches* Problem (in diesem Zusammenhang) hat, worin die damit befassten Fachkräfte *selbst* das Problem sehen und unter welchen *Mandaten* sie sich zum Handeln aufgefordert sehen (Unterstützung des betroffenen Menschen; Handeln im Auftrag des Staates bzw. der Gesellschaft; ethischer Anspruch, Wissen und Haltung aus der eigenen Profession heraus, vgl. Staub-Bernasconi, 2007). Es sind also sowohl die Anliegen und Sichtweise des problembetroffenen Menschen, der Organisationsauftrag mitsamt den gesetzlichen Vorgaben und die eigene fachliche sowie ethische Einschätzung mitzudenken. Dabei dürfte erhellend sein, sich zu beantworten,

1. welches Problem bzw. welche Probleme der betroffene Mensch selbst sieht und inwieweit sich diese Sicht mit der eigenen Einschätzung deckt, sowie welche Folgen aus einer möglichen Nichtübereinstimmung resultieren,
2. welche Probleme insbesondere eine dritte Person – beispielsweise mit konsequent-ressourcenorientiertem Blick – sehen würde,
3. welches Problem ich als professionelle Fachkraft eventuell mit diesem problembetroffenen Menschen habe, weil er beispielsweise meine eigenen psychischen oder sozialen Themen zu sehr berührt, sodass mir eine professionelle Nähe-Distanz-Regulation nicht angemessen gelingen kann, zumindest nicht ohne Unterstützung Dritter.

Bezogen auf das eingangs aufgegriffene Fallbeispiel sieht Frau M. als psychisches Problem möglicherweise eher, wie sie sich ihren Tatendrang erhalten kann, weil es ihr während solcher Phasen „deutlich besser als sonst" geht, während der zuständige Sozialarbeiter oder Psychologe möglicherweise eher die fehlenden sozialen Ressourcen zur Wahrnehmung und Regulierung solcher Tatendrangphasen sieht. Die Großmutter würde vielleicht von der Energie und dem Ideenreichtum ihrer Enkelin schwärmen, die sie schon in deren Kindheit beeindruckend fand, die „nur noch" in die richtige Bahn für Frau M. gelangen müssten. Frau Ms. Vermieter würde vielleicht ihren fachlich-kompetenten Blick auf den Immobilienkomplex, in dem sie lebt, sehen und dass sie zahlreiche innovative Umbauideen habe. Um sich in der Wohnungsbaugenossenschaft beruflich einbringen zu können, müsse sie aber einen Berufsabschluss haben. Denkbar ist, dass der Fachkraft Frau Ms. Ideen in Sachen Immobilienmakeln suspekt sind, weil sie selbst seit Jahren nach Wohnraum sucht und sich dabei ständig über dubiose Immobilienmakler ärgert. Möglich wäre auch eine eigene depressive Grundstimmung der Fachkraft, die es ihr schwermacht, mit „überschwänglichen Menschen" gut zusammenzuarbeiten. So soll hier am Ende dieses kurzen Abschnitts über *Selbst- und Fremdwahrnehmung* folgende persönliche Abschlussreflexionsfrage erlaubt sein:

Was würden meine Kolleg*innen eigentlich über mich sagen: Hätten sie aufgrund meines Denkens, Erlebens, Handelns (manchmal) Anlass, sich Sorgen um mich und meine psychische Verfassung zu machen? (Und: Was bewirkt diese Frage zur Perspektivenübernahme?)

3.4.2 Was ist *kein* psychisches Problem?

Nachdem ausführlich über die Natur psychischer Probleme nachgedacht wurde, indem Definitionsbausteine für abweichendes Verhalten, psychische Störungen/Erkrankungen und Krisen zusammengestellt, deren kultur-, kontext- und historische Einbettung festgestellt sowie ihre Abhängigkeit von diversen Perspektiven und Verwobenheit mit sozialen Problemen zwischen Individuen, Gemeinschaften und Gesellschaften beschrieben wurde, soll abschließend folgende Frage gestellt werden: „Was ist *kein* psychisches Problem?"

Hierfür soll noch einmal eingekreist werden, was „psychisch" eigentlich heißt und ob man Psychisches überhaupt benennen und untersuchen kann (nach Nolting & Paulus, 2018, S. 18 f.): Mit dem Wort *„Psychologie"* werden oft die Begriffe „Psyche" und die „Seele" in Verbindung gebracht, wobei beide Begriffe auch in anderen Wissenschaften (z. B. der Philosophie und der Theologie) verwendet werden und suggerieren, es gäbe daran etwas „Substanzartiges". Empirisch-wissenschaftlich kann diese Annahme nicht überprüft werden. Was sich allerdings empirisch beobachten und systematischen Analysen unterziehen lässt, sind das *Erleben* als innere Erfahrung und das *Verhalten* von Lebewesen. Das Erleben kann von Außenstehenden letztendlich nur indirekt erfasst werden, beispielsweise über das Mitteilen innerer Erfahrungen (z. B. „Ich bin zufrieden") oder körperliche Reaktionen, aus denen man auf das innere Erleben schließt (z. B. lächeln). Beobachtbar ist auch das Verhalten eines Menschen (z. B. wenn er uns seine positiven Gedanken mitteilt). Ob *Denken* (als kognitiver Prozess) als Erfahrung und/oder Verhalten einzuordnen sind, hängt vom Blickwinkel ab: Wenn beispielsweise ein Mensch feststellt, dass er viel mehr Ideen für die Gestaltung eines befriedigenden Lebens als vor einem Jahr hat, dann ist das eine innere Erfahrung und die Feststellung dessen eine *Kognition* (die er anderen mitteilen oder für sich behalten kann). Wenn man davon ausgeht, dass Denken eine Tätigkeit des Organismus ist, dann kann es auch als Verhalten aufgefasst werden. In diesem Buch wird bevorzugt von Denken, Erleben und Handeln als psychische Vorgänge ausgegangen und der Schwerpunkt der Ausführungen damit darauf ausgerichtet. Zwischen Denken und Erleben wird unterschieden, um Gedanken (Kognitionen) und Emotionen (Gefühle, die man erlebt) bei Bedarf getrennt beobachten zu können, auch wenn sie eng miteinander verbunden sind, ebenso wie mit dem sichtbaren Handeln.

Auch lohnt sich in verschiedenen Zusammenhängen die Unterscheidung zwischen *Handeln und Verhalten,* weil Verhalten stärker konnotiert mit einem reaktiven Vorgehen auf Umweltgegebenheiten ist, wobei ins Handeln (und

Nichthandeln) auch Denk- und Erlebensaspekte und die persönlichen Motive einfließen, der Mensch also subjektwürdigender und komplexer aufgefasst wird (siehe Fußnote 1).

Dabei kann jeder Sachverhalt und jedes Handeln (z. B. im Fallbeispiel von Herrn T.: trinkt jeden Abend zwei Biere und spielt allein sog. Ego-Shooter) psychologisch betrachtet werden: z. B. Welche Auswirkungen hat dieser Lebensstil auf sein inneres Erleben und/oder zukünftiges Handeln? Wie reagieren seine Kolleg*innen, wenn sie darüber Bescheid wüssten? Handelt Herr T. so, weil er keine anderen Ideen für den Feierabend hat, weil es ihm Spaß macht, er niemanden fürs soziale Miteinander kennt oder treffen möchte usw.? Sein Handeln kann aber auch aus anderen Disziplinen heraus betrachtet werden, beispielsweise sozialarbeiterisch (z. B. Inwiefern gehen mit diesem Verhalten soziale Probleme einher, für die Herr T. Unterstützung braucht?), medizinisch (z. B. Inwiefern ist von körperlichen Folgen des Alkoholkonsums und der geringen Bewegung auszugehen?) oder soziologisch (z. B. Ist dieses Verhalten typisch für bestimmte soziale Gruppen in der Gegenwartsgesellschaft und welche Schlussfolgerungen ergeben sich daraus für das gemeinschaftliche Zusammenleben und Wohlergehen?). Psychologisch betrachtet, hat Herr T. demzufolge *kein* psychisches Problem, solange er seine Lebensgestaltung als angemessen und (subjektiv) normal erlebt, nicht persönlich unter seinem Erleben und Handeln oder unter den Folgen (z. B. soziale Isolation, Alkoholverbrauch) so sehr leidet (z. B. seinen Einsamkeitsgefühlen), dass er ein ausreichendes Änderungsbedürfnis verspürt. Auf der Grundlage der Ausführungen in Kap. 2.3 zu den psychischen Grundbedürfnissen kann davon ausgegangen werden, dass er kein psychisches Problem hat oder bekommt, solange er sich gut und ausreichend an ihm wichtige Bezugspersonen gebunden fühlt, zu der Einschätzung gelangt, sein Leben angemessen beeinflussen und überblicken zu können, sich gut, geschätzt und fähig erlebt und ausreichend freudebereitenden Tätigkeiten nachgehen kann.

Letztendlich beinhaltet jeder Sachverhalt, an denen Menschen beteiligt sind, immer auch einen psychischen Aspekt (Nolting & Paulus, 2018, S. 21), d. h. soziale Situationen sind mit psychischen Verfassungen verwoben und das Wechselspiel zwischen Individuum, Gemeinschaft und Gesellschaft bestimmt das Zurechtkommen und den Bedarf an professioneller Unterstützung durch Sozialarbeiter*innen, Psycholog*innen und andere professionelle Fachkräfte (vgl. Ortmann, 2018, S. 8 ff.). So kann es kommen, dass ein Mensch, der sagt und empfindet, dass er *kein* psychisches Problem habe, aber ein soziales Problem „bekommt", weil er eben nicht gemeinschafts- und gesellschaftsfrei lebt. Wenn ein Mensch nicht weiß, wie er seine Schulden beim Finanzamt regulieren kann, ein Formular für eine Behörde richtig ausfüllt, welche Rechte er im Rahmen einer Unterbringung hat oder wie er einen Arbeitsplatz finden kann, hat dieser Mensch zunächst erstmal kein psychisches, sondern ein soziales Problem. Wenn ein Mensch aber aufgrund seiner psychischen Verfassung (Denk-, Erlebens-, Verhaltensweisen) in diese sozialen Problemlagen zu geraten droht oder geraten ist und somit kein für ihn tragbares Leben führen kann oder sie die Folge seiner psychischen Verfassung sind, hat er zugleich auch ein psychisches Problem.

Viele Menschen tendieren im Rahmen ihrer beruflichen Sozialisation dazu, einer sog. *Déformation professionnelle* zu unterliegen, d. h. beruflich und zunehmend auch im Privaten die Herausforderungen des Lebens im professionellen Kontext zu sehen und entsprechend zu bewerten und handeln. Entsprechend wird beispielsweise Sozialarbeiter*innen gerne zugeschrieben, auch privat ständig „zuhören und helfen" zu wollen, Ergotherapeut*innen, bei jedem Haltungsschäden zu entdecken, und Psycholog*innen, alle Mitmenschen als psychisch auffällig und therapiebedürftig zu behandeln.

Entsprechend soll hier abschließend betont werden, dass nahezu alle Menschen meistens gut in der Lage sind, die Herausforderungen des Lebens inklusive sozialer und psychischer Problemlagen *ohne* professionelle Unterstützung aufgrund der eigenen personenbezogen und umweltseitig gewährleisteten Ressourcengefüge zu meistern.

4. Warum haben Menschen „psychische Probleme“?

Wenn ein Mensch größere psychische Probleme berichtet oder eine psychische Störung entwickelt hat, stellen er und seine Angehörigen sich meist die Frage, wie und warum es dazu kam. Fachlich gesehen gilt hier zu unterscheiden zwischen Fragen nach den Ursachen (Ätiologie) und dem Verlauf *(Pathogenese)* des Problems oder der psychischen Störung.

Es existieren zahlreiche Erklärungsmodelle und Theorien, warum Menschen psychische Störungen entwickeln und psychische Probleme haben. Bezüglich der Ursachen betonen dabei *endogenistische Auffassungen* eher Faktoren, die in der Person liegen (z. B. ihre genetische Ausstattung, Neurotransmitterstoffwechsel im Gehirn), wohingegen *exogenistische Auffassungen* vorwiegend nach Ursachen Ausschau halten, die außerhalb des Betroffenen liegen (z. B. soziale Isolation, kritische Lebensereignisse). Es hat sich gezeigt, dass monokausale Erklärungsansätze wie immer wenig hilfreich sind. Entsprechend hat sich in der Fachliteratur das sog. *Vulnerabilitäts-Stress-Bewältigung-Modell* als integratives Erklärungsmodell durchgesetzt, das sowohl für psychische Probleme als auch psychische Krisen und Störungen anwendbar ist. Es folgt einem biopsychosozialen Verständnis (vgl. Kap. 1.4) und berücksichtigt die Vielzahl an Einflussfaktoren und relevanten Prozessen.

Die psychische Vulnerabilität (Verletzlichkeit) eines Menschen kann über verschiedene psychologische Sichtweisen erklärt werden, womit jeweils sehr unterschiedliche Erklärungsmodelle angeboten werden: die tiefenpsychologische, die lerntheoretische, die kognitive, die humanistische sowie die systemische Perspektive. Zusätzlich ist der Bedeutung von Stress und kritischen Lebensereignissen Beachtung zu schenken, um das Entstehen psychischer Probleme, Krisen und Störungen angemessen zu begreifen.

Für die Praxis ist es hilfreich, bei der Erklärung psychischer Probleme eher von einer multifaktoriellen Verursachung und Entwicklung auszugehen, differenziert auf individuelle Problemsituationen zu schauen (ob es sich um die Erklärung beispielsweise einer psychosozialen Problemlage, aktuellen psychischen Krise oder eher eine psychische Störung handelt) und die eigenen Erklärungsmodelle als Fachkraft zu hinterfragen.

Letztendlich kann auch zusammengefasst werden, dass wir nicht im Detail *wissen*, warum jemand beispielsweise eine Depression (z. B. Brieger, 2017, S. 360) oder eine Schizophrenie (z. B. Gonther, 2017, S. 279 f.) entwickelt hat, wenngleich seit Jahrzehnten zu Ursachen, Risikofaktoren, aufrechterhaltenden sowie rückfallbegünstigenden Bedingungen geforscht wird. Für die Selbstreflexion lohnt es sich, über die subjektiven Präferenzen hinaus einen Blick auf die eigenen Muster an Ursachenzuschreibungen bezüglich der psychologischen Sichtweisen zu wagen.

4.1 Fallbeispiel

Die Mitarbeiterin eines Krisendienstes wird vom Ehemann von Frau Y. angerufen. Seine Frau sei soeben in die psychiatrische Abteilung des Krankenhauses stationär aufgenommen worden mit der Diagnose „schwere depressive Episode". Herr Y. ist bestürzt und kann sich nicht erklären, warum seine Frau so krank geworden sei. Sie sei einst so fröhlich und lebenslustig gewesen und hätte das alles mit den Kindern und dem neuen Job in der Bank so mühelos hingekriegt. Nun, gerade mal 35 Jahre alt, wäre sie morgens nicht einmal mehr aus dem Bett gekommen, alles sei ihr zu viel, nichts mache ihr mehr Freude oder interessiere sie (nicht einmal ihre drei gemeinsamen Kinder oder der Zusammenhalt der Familie, der ihr immer wichtig war). Zuletzt fand sie, dass sie nichts mehr könne, dass es keinen Ausweg gäbe und ihr Mann sie für schuldig und unfähig halten würde. Um sie herum sei eine so gedrückte Stimmung, dass selbst er in ihrer Nähe Beklemmungen bekäme. Zuletzt sei er daher oft aus dem Haus gegangen, um sich nicht davon „anstecken" zu lassen und Kontakt zu besser gestimmten Menschen zu haben.

4.2 Vulnerabilitäts-Stress-Bewältigungsmodell

Es existieren viele Ansätze und Theorien, um psychische Problemlagen allgemein oder spezifisch (z. B. Depressionen) zu erklären. Als nützlich hat sich eine *biopsychosoziale Rahmung* (vgl. Engel, 1977a; Gahleitner, Pauls, Hintenberger & Leitner, 2014) als Rahmung erwiesen, die der vielschichtigen Verursachung und Genese gerechter wird als ein ausschließlich biologischer (z. B. genetische Einflüsse, körperliche Prozesse), psychologischer (z. B. Bindungserfahrungen, Lernprozesse, Traumatisierungen) oder soziologischer (z. B. Armut, Migration) Zugang (vgl. Kap. 1.4).

Ursprünglich noch verkürzt als Diathese-Stress-Modell unter Betonung biologischer Auslösebedingungen zu finden, hat sich für die Erklärung psychischer Störungen das sog. Vulnerabilitäts-Stress-Bewältigungsmodell durchgesetzt (vgl. Nuechterlein & Dawson, 1984, für schizophrene Episoden; allgemein z. B. in Jensen, Hoffmann, Spreitz & Sadre Chirazi-Stark, 2014). Das Modell geht davon aus, dass wenn ein Mensch psychische Probleme entwickelt (hat), seine individuellen biologischen, entwicklungsbedingten und psychosozialen Vulnerabilitäten (d. h. Verletzlichkeit, Erkrankungsneigung, Anfälligkeit) mit spezifischem (punktuellem oder auch chronischem) Stress zusammengekommen sind und ihm die dafür erforderlichen Bewältigungsstrategien im Zusammenhang mit ersten Frühwarnzeichen nicht ausreichend zur Verfügung stehen oder standen.

Stress(erleben) ist in diesem Zusammenhang nicht als objektive Auswirkung von Stressauslösern (z. B. Jobwechsel, Geburt von Kindern, Krankheit, Verluste) zu verstehen, sondern entsteht aus der ungünstigen Kombination aus

1. für ein Individuum zu hohen Umgebungsherausforderungen, Bedrohungen oder Anforderungen (Stressoren) und
2. individuellen Charakteristika, wie z. B. der Art und Weise, wie Stressoren und eigene psychologische Ressourcen *wahrgenommen* werden (vgl. Lazarus, 1999).

Stresserleben lässt sich auf psychologischer, sozialer und biologischer Ebene beobachten und ist als Bedrohung der sog. Homöostase (als biopsychosoziales Gleichgewicht des inneren Milieus) anzusehen. Psychologische Parameter wären in diesem Zusammenhang beispielsweise das subjektive Gefühl, „alles nicht mehr zu schaffen", weinen vor Erschöpfung oder die Angst vor dem nächsten Tag. Soziale Parameter wären beispielsweise das Anschreien von Kindern oder Partner*innen oder der Rückzug aus geselligen Runden. Biologische Parameter wären beispielsweise Schlaflosigkeit, Herzrasen oder ein nachweislich gestiegener Cortisolspiegel.

Im Sinne des Vulnerabilitäts-Stress-Bewältigungs-Modells würde man also argumentieren, dass sich die Depression von Frau Y. aus der Kombination ihrer individuellen Vulnerabilität mit sie stressenden Umweltbedingungen (z. B. Erziehung der Kinder, ihr neuer Job) entwickelt hat. Ihre *Vulnerabilität* setzt sich vermutlich zusammen aus *psychischen* (z. B. ungünstige Kognitionen, wie „Ich muss alles allein schaffen!"), *sozialen* (möglicherweise elterliche Sozialisation, wenig soziale Unterstützung, eingeschränkte kommunikative Fertigkeiten) sowie *biologischen Faktoren* (z. B. erhöhte Erregbarkeit von Teilen des limbischen Systems und Sensibilisierung bestimmter ZNS-Strukturen im Gehirn, die bei Stress eine sog. Neurotransmitterimbalance sowie einen Cortisol-Anstieg nach sich ziehen; (vgl. Jong-Meyer, Hautzinger, Kühner & Schramm, 2007, S. 30). Der Verlauf *(Genese)* der depressiven Episode und Frau Y.s Entwicklung nach der Erkrankung wird ferner von ihren individuellen Bewältigungsfertigkeiten (sog. *Copingstrategien*) beeinflusst sein. Anzunehmen ist, dass ihr für ihre aktuelle Verfassung und Situation passende Bewältigungsstrategien (noch) fehl(t)en, zu gering ausgeprägt sind oder sie keinen Zugang (mehr) dazu hat. Auch ist anzunehmen, dass ihr im Vorfeld erste *Frühwarnzeichen* einer drohenden psychischen Krise (z. B. innere Unruhe, Angstgefühle) nicht ausreichend aufgefallen sind oder sie nicht in der Lage war, auf die für sie funktionierenden Schutzfaktoren und Bewältigungsfertigkeiten bereits zu Beginn der Verschlechterung zurückzugreifen.

Jeder Mensch setzt *Bewältigungsstrategien* (sog. Copingstrategien) ein, wenn er sich als gestresst erfährt, Probleme wahrnimmt, das Gefühl hat krank zu werden usw. Meist geschieht dies automatisch und ohne weitere Reflexion (z. B. „Schlaf nachholen", stressauslösenden Personen aus dem Weg gehen, Urlaub machen). Sofern der individuell wahrgenommene *Stress* jedoch nicht nachlässt, werden die Strategien üblicherweise intensiviert und/oder variiert (z. B. auf Ressourcen, die man hat und sonst selten nutzt, zurückgreifen, z. B. eine Beratungsstelle aufsuchen oder einen langjährigen Freund anrufen), um Besserung herbeizuführen. Erst wenn einem Menschen keine weiteren Copingstrategien „einfallen" bzw. zur Verfügung stehen, kommt es im Sinne des Modells mit hoher Wahrscheinlichkeit im weiteren Verlauf zu ausgeprägten psychischen Problemen, einer psychischen Störung oder psychosozialen Krise. Frau Y. aus dem Fallbeispiel hat mit Sicherheit die ihr aktuell zur Verfügung stehenden Copingstrategien eingesetzt, kombiniert, variiert (vielleicht hat sie versucht, sich Erholung zu verschaffen, hat mit einer Freundin mehrfach über ihre Sorgen und Gefühle gesprochen und/oder sich Johanniskrautkapseln in der Apotheke besorgt), im Sinne des beschriebenen Modells haben diese jedoch nicht ausgereicht, sodass es zur Entwicklung der depressiven Episode kam. Auf die Nutzung individueller Copingstrategien wird in Kap. 6.5.2 weiter eingegangen.

Insgesamt lässt sich also festhalten, dass das *Vulnerabilitäts-Stress-Bewältigungs-Modell* auch im professionellen Alltag einsetzbar ist, um die Vielzahl potenziell relevanter Einflussfaktoren zu erfassen. Der Nachteil solch heuristischer Modelle ist, dass für einzelne Störungsbilder und individuelle Lebenslagen die Antworten auf das „Warum" mitunter zu grob und unkonkret ausfallen, wenn die Bestandteile des Modells nicht einzelfallbezogen und kreativ, vielschichtig und ressourcenorientiert ausgelotet werden. Angenommen, Frau Y. sei ein sehr spiritueller Mensch, dann wäre zu erkunden, inwiefern ihre Spiritualität sie vulnerabel macht, sie gegebenenfalls in besonderer Weise stresst und/oder ihr bei der Bewältigung ihres Befindens und ihrer Lebenslage in besonderer Weise hilfreich ist. Dass Spiritualität unterschiedliche Facetten hat und Potenziale in sich birgt und sich dabei nicht beispielsweise auf Religiosität reduzieren lässt (vgl. Bucher, 2014; Lübeck & Grohn, 2021; Lübeck, Böhmer & Collatz, 2018), deutet an, wie komplex auch die Arbeit mit so vermeintlich einfach anmutenden Modellen ausfallen kann, wenn man mehr Durchdringung anstrebt.

4.3 Störungsmodelle der Klinischen Psychologie und ihre biopsychosoziale Einordnung

Da das vorliegende Buch psychologische Antworten auf praktische Herausforderungen in der mit erwachsenen Menschen mit psychischen Problemen verspricht, soll im Folgenden speziell auf *psychologische Erklärungsansätze* eingegangen werden. Diese können die *psychologische Vulnerabilität* für psychische Störungen, aber auch *Verläufe* einer psychischen Erkrankung und sog. *Rückfälle* (Rezidive) präziser ausleuchten. Allerdings kommen sie im Sinne des bereits mehrfach erwähnten biopsychosozialen Verständnisses psychischer Krisen und Störungen nicht ohne die Berücksichtigung ihrer Verschränkung mit biologischen und sozialen Prozessen aus. Psychologische Erklärungsansätze allein können also keine ausreichende Erklärung liefern und würden die oft angezeigte multimodale Begleitung und Behandlung von Menschen mit psychischen Problemen unangemessen einschränken. Die verschiedenen psychologischen Interventionen (v. a. Psychotherapieverfahren) sind aus diesen Erklärungsansätzen hervorgegangen (vgl. Kap. 7.4).

Psychische Störungen und Krisen können ebenso wie die menschliche Entwicklung im Allgemeinen vereinfacht tiefenpsychologisch (und psychoanalytisch), verhaltenstheoretisch, kognitiv, humanistisch und systemisch erklärt werden und werden entsprechend im Folgenden skizziert.

4.3.1 Die tiefenpsychologische, psychodynamische Sichtweise

Die *tiefenpsychologische Sichtweise* geht davon aus, dass psychische Störungen auf unbewussten, inneren Konflikten, daraus resultierenden (nicht immer funktionalen) Abwehrmechanismen der Psyche (genauer des sog. *Ichs*) und problematischen Entwicklungen bzw. Erfahrungen aus der Kindheit/Jugend basieren. In der anglo-amerikanischen Literatur würde man von *psychodynamischer Sichtweise* sprechen und damit die Dynamik zwischen dem impulsiven *Es,* dem moralischen Über-Ich und dem realitätsorientierten *Ich* (im Sinne der klassisch-psychoanalytischen Konzeption nach Siegmund Freud) aufgreifen.

Demzufolge wären die Ursachen der Depressiven Episode von Frau Y. in ihrer Vergangenheit (beispielsweise frühen Erfahrungen nichterfüllter Bedürfnisse, problematischen Beziehungs- und Bindungserfahrungen) und ihr nicht bewussten Prozessen (beispielsweise der Verdrängung unliebsamer Impulse wie Wut und Aggressivität gegenüber ihren Eltern, ihrem Mann oder ihren Kindern) zu suchen.

Das tiefenpsychologische Paradigma geht auf Siegmund Freuds (1856–1939) psychoanalytische Konzeption des „psychischen Apparats“ zurück (Freud, 1994 (Original 1940)). Wenngleich die Tiefenpsychologie in vielfältiger

Weise Weiterentwicklungen erfahren hat, so blieb als Essenz die Überzeugung, dass menschliches Erleben und Handeln nicht immer bewusst vonstattengeht, sondern durch das sogenannte Unbewusste beeinflusst wird. Maßgeblich hierfür sind Persönlichkeitsstrukturen (das sog. *Es*, *Ich* und *Über-Ich*), die sich durch die biografisch frühe Verinnerlichung zwischenmenschlicher Beziehungen ausformen. Insofern lässt sich das „Tief" darauf beziehen, dass Antworten auf die Fragen nach dem Warum von Erleben und Handeln tief im Unbewussten und tief in der Vergangenheit zu suchen sind. Tief im Unbewussten „landen" unerwünschte Impulse, die das *Ich* als Vermittler zwischen dem triebgesteuerten ES und dem Gewissen des Über-Ich als „moralischer Instanz" mithilfe verschiedener Abwehrmechanismen dorthin „befördert". Der bekannteste Abwehrmechanismus ist die *Verdrängung* (z. B. ein homosexueller Mann denkt, dass er Frauen sexuell anziehend findet), aber Freud formulierte zahlreiche weitere Abwehrmechanismen, beispielsweise die *Projektion* (z. B. ein psychisch erkrankter Mensch findet, dass sein Partner psychisch gestört sei), die *Sublimierung* (z. B. ein gegen seine Familienmitglieder aggressiv gestimmter Mensch fängt mit dem Boxtraining an) oder *Verschiebung* (z. B. ein auf seine Eltern wütendes Kind schlägt seinen kleinen Bruder). Da jede*r diese sogenannten „Abwehrmechanismen" von sich und anderen kennt, hat gerade dieser Theoriebaustein eine hohe intuitive Plausibilität. Allerdings ist das Theoriegerüst der Psychoanalyse kaum durch wissenschaftliche Beobachtungen erfassbar und kann so weder belegt noch widerlegt werden. Daher gilt es in disziplinären Diskursen der Psychologie als empirischer Wissenschaft umstritten. Insbesondere die Weiterentwicklungen tiefenpsychologischer Konzepte sind in der psychosozialen Praxis dennoch an vielen Stellen relevant (z. B. die Bindungstheorie, die Objektbeziehungstheorie, das Mentalisierungskonzept, die Reflexion sog. Übertragungs-/Gegenübertragungsprozesse u. a.).

4.3.2 Die lern-/verhaltenstheoretische Sichtweise

Die *verhaltenstheoretische Sichtweise* greift auf verschiedene Formen von Lernprozessen zurück und erklärt das Entstehen einer psychischen Störung und psychischer Probleme über *klassische Konditionierung* (Kopplung aversiver Reize mit neutralen Reizen) und *operante Konditionierung* (Verstärkung und Bestrafung dys-/funktionaler Verhaltensweisen über die jeweils nachfolgenden Konsequenzen). Wenn die Konsequenzen eines Verhaltens dessen Auftretenswahrscheinlichkeit erhöhen, spricht man in diesem Zusammenhang von Verstärkung. Wenn die Konsequenzen die Auftretenswahrscheinlichkeit eines Verhaltens verringern, spricht man von Bestrafung. Später wurde als dritter einschlägiger Lernprozess das sog. *Modelllernen* (als Nachahmen von beobachteten Verhaltensweisen) hinzufügt.

Demzufolge könnte Frau Y. beispielsweise infolge für sie unangenehmer Konsequenzen gelernt haben, dass die Äußerung „unguter Gefühle" nicht erwünscht ist und „runtergeschluckt" werden müsse (operante Konditionierung) oder bei ihren Eltern beobachtet haben, dass man am ehesten „Nestwärme" (i. S. v. Zuwendung) erhält oder praktische Entlastung erfährt, wenn man als erschöpft wahrgenommen wird (Lernen am Modell). Würde sie „automatisch" Herzrasen bekommen, wenn die Wohnungstür aufgeht und sie die Stimmen ihrer Familienmitglieder hört, würde man von klassischer Konditionierung sprechen, weil hier ursprünglich neutrale Reize (Geräusche) mit physiologischen Reaktionen (Herzrasen) gekoppelt wären.

Das behavioristische bzw. verhaltenstheoretische Paradigma geht insbesondere auf John B. Watson (1878–1958) und Burrhus F. Skinner (1904–1990) zurück. Sie lehnten innere Prozesse als Gegenstand wissenschaftlicher Analyse ab und konzentrierten sich vornehmlich auf die sichtbaren, erfassbaren Verhaltensweisen *(behaviour)* eines Menschen, die sie auf Lernprozesse zurückgeführten. Der Mensch sei demzufolge das, was er gelernt habe, und seine Individualität läge in seiner individuellen Lerngeschichte begründet.

Letztendlich zeigte sich, dass die Psychologie nicht um die Berücksichtigung innerer Prozesse herumkommt, wenn sie menschliches Handeln und Erleben zu ihrem Gegenstand erklärt. Menschen sind keine programmierbaren Maschinen, ihr Verhalten lässt sich nicht allein über Belohnungssysteme steuern. Vor diesem Hintergrund gewann der dritte Lernprozess zunehmend an Bedeutung: das Lernen am Modell. Menschen entwickeln Verhaltensweisen auch, weil sie sich diese von anderen abschauen.

Wenn man also mit dieser Brille menschliches Erleben und Verhalten verstehen möchte, schaut man sich die Lernerfahrungen und -ermöglichungen an, die ein Mensch macht und erfahren hat.

4.3.3 Die kognitive Sichtweise

Die *kognitive Sichtweise* betont bei der Erklärung psychischer Störungen und problematischen Erlebens und Handelns dysfunktionale Denkweisen.

Entsprechend könnte Frau Y. die Überzeugung entwickelt haben, dass sie nichts könne und nichts wert sei, andere Menschen das auch so sähen und sich das auch nie ändern werde (sog. Kognitive Triade als negative Sicht auf sich selbst, die Umwelt und die Zukunft; vgl. Beck et al. 2010). Im Sinne des Modelllernens, das im Zuge der sog. „kognitiven Wende" seine Ausformulierung erfahren hat, könnte Frau Y. sich auch von ihren Eltern diese Weltsicht „abgeschaut" haben, wenn diese ihr gegenüber häufig diese negativen Ansichten geäußert haben.

Wie wichtig es ist, die inneren Prozesse, vor allem das Wahrnehmen und

Erkennen (Kognition) eines Menschen zu erkunden, um sein Erleben und Handeln zu verstehen, haben die Vertreter*innen des kognitiven Paradigmas herausgestellt. Hierbei ist es schwieriger, konkrete Personen zu benennen. Zum einen, weil es sich um eine sehr breite Strömung handelt, zum anderen, weil sich in den Weiterentwicklungen der beiden bereits skizzierten Paradigmen auch kognitive Aspekte finden lassen: z. B. in der tiefenpsychologisch verorteten Ich-Psychologie von C. G. Jung (1875–1961), der auch mit der humanistischen Sichtweise in Verbindung gebracht wird, oder dem Kognitiven Behaviorismus nach Bandura (1925–2021).

Vertiefende Ausführungen zur sog. „kognitiven Wende" lassen sich bei Gardner (1989) finden. Auch der durch seine entwicklungspsychologischen Erkenntnisse berühmt gewordene Jean Piaget (1896–1980) wird zu den Vertretern des kognitiven Paradigmas gezählt (Piaget, 2003): Er formulierte unter anderem grundlegende Prozesse, die Menschen kognitiv vollziehen, wenn sie sich mit den Anforderungen ihrer Umwelt auseinandersetzen (z. B. Schema, Struktur, Assimilation, Akkomodation und Äquilibration).

Kognitivistische Vertreter*innen gehen davon aus, dass das Verhalten von Menschen durch komplexe Handlungspläne und -steuerungen bestimmt wird, die auf komplizierte Denk-, Wahrnehmungs-, Informationsverarbeitungsprozesse zurückgehen. Daher wird in diesem Zusammenhang eher von Handeln als von Verhalten gesprochen, um den Aspekt der kognitiven Selbststeuerung zu betonen (nach Nolting & Paulus, 2018).

Setzt man also die Brille der Kognitivist*innen auf, würde man den Scheinwerfer darauf lenken, was zwischen Reizaufnahme und Verhalten passiert, wie Menschen Informationen und Situationen aktiv verarbeiten und ihnen Bedeutung beimessen, wie sie eine kognitive Ordnung der Wirklichkeit (so es denn eine gibt) herstellen und wie sie sich als erkennendes Subjekt zeigen (nach Nolting & Paulus, 2018, S. 216 ff.). Wer in diesem Zusammenhang zu der Auffassung tendiert, dass Menschen sich letztendlich ihre (individuelle) Wirklichkeit und Wissensbestände selbst konstruieren, würde sich vermutlich der kognitiven Strömung der sog. *Konstruktivist*innen* zugehörig fühlen.

Eine anregende Einführung in konstruktivistische Annahmen kann bei Paul Watzlawick (1921–2007) nachgelesen werden, der eindrücklich darlegt, dass „Wirklichkeiten" vor allem über zwischenmenschliche Kommunikation konstruiert sind (Watzlawick, 1976).

Demzufolge können die Ausführungen von Herrn Y. in dem Fallbeispiel lediglich als *seine* kognitive Interpretation der Situation seiner Frau aufgefasst werden. Frau Y., ihre Eltern und ihre Kinder oder Nachbarn könnten durchaus (teilweise) andere „Wirklichkeiten" bezüglich der gleichen Situation konstruiert haben.

4.3.4 Die humanistische Sichtweise

Erklärungsansätze unter *humanistischer Sichtweise* vernachlässigen als phänomenologisches Paradigma weitgehend, wie sich psychische Probleme genau entwickeln, und konzentrieren sich eher auf Interventionen (im Hier und Jetzt), die zu dem, was Menschen von ihrem Erleben beschreiben, passen sollen. Psychische Probleme, ver- oder gestörtes Handeln und psychische Krisen resultieren letztendlich aus ungünstigen Lernprozessen, die zum Verlust der angeborenen Fähigkeit und Bedürftigkeit jedes Individuums nach persönlichem Wachstum, Selbstverwirklichung und Verantwortungsübernahme führen (vgl. Rogers, 1972). So haben psychische Probleme und Störungen ihren Ursprung in Frustrationen und Verleugnungen des angeborenen Guten im Menschen (vgl. Perls, Hefferline & Goodman, 2015) und dem Verlust des Sinns im Leben (vgl. Frankl, 1985).

Entsprechend könnte angenommen werden, dass Frau Y. aktuell den Bezug zu der ihr innewohnenden Fähigkeit „verloren" hat, sich selbst gesund weiterzuentwickeln, sie ihre momentanen Bedürfnisse, Wünsche und Ängste nicht gut ganzheitlich wahrnehmen und akzeptieren kann und/oder sie für sich gerade keine erfüllenden Antworten auf die Sinnfragen in ihrem Leben findet. Ähnlich wie beim kognitivistischen Zugang ist auch unter dieser Sichtweise nicht immer überzeugend zu erklären, was jeweils Ursachen und Folgen sind: Ist die Depression von Y. Folge ihrer Denkprozesse und ihres verlorenen Selbstentfaltungspotenzials und/oder oder haben ihre Denkprozesse und mögliche Sinnkrise zu der Depression geführt? Wie bereits erwähnt, sind stets dynamische Wechselwirkungen und im Sinne biopsychosozialer Rahmungen auch die sozialen und biologischen Einflüsse und Folgen nicht außer Acht zu lassen.

So wie das kognitive Paradigma vereint auch das humanistische Paradigma eine Vielzahl an Strömungen und Vertreter*innen unter einem sehr breiten Dach. Zu den Klassiker*innen zählen Charlotte Bühler (1893–1974), Abraham Maslow (1908–1970), Carl Rogers (1902–1987), Fritz Perls (1893–1970) und Viktor Frankl (1905–1997). Im Gegensatz zum Kognitivismus, zu dem sich letztendlich viele Überschneidungen finden lassen, betont der Humanismus *emotional-motivationale Komponenten* und die *Ganzheit* von Kognitionen, Emotionen und Motivationen als Zugänge bewussten Erlebens (nach Nolting & Paulus, 2018, S. 220 ff.). Als Schlüssel zum Verstehen menschlichen Erlebens und Verhaltens wird die jedem Menschen innewohnende *Tendenz zur Selbstverwirklichung* als treibende Kraft bzw. *Wachstumsmotiv* verstanden. Damit verbunden sind menschliche Grundbedürfnisse, die nach Befriedigung streben (vgl. Kap. 2.3; Lübeck, 2017a). Maslow (1994), der vielen bekannt ist für die von ihm ausformulierte sog. Bedürfnispyramide, ging davon aus, dass die innere Natur des Menschen gut und es daher besser sei, sie zu fördern und zu ermuntern, statt sie zu unterdrücken. Diese innere, gute Natur sei zwar schwach bzw.

leicht zu überwältigen durch Gewohnheit, Druck und falsche Haltung, aber sie bliebe immer bestehen und dränge nach Verwirklichung. Rogers (1972) nannte dies die Fähigkeit zur *Selbstaktualisierung.*

*Existentialistische Vertreter*innen* innerhalb der humanistischen Strömung hingegen beschreiben die angesprochene Selbstverwirklichung als Aufgabe, der sich jedes Individuum stellen könne und müsse, um Lebenssinn zu erfahren. Einer ihrer bekanntesten Vertreter, Viktor Frankl (Frankl, 1985), sah den Schlüssel zum Verstehen unseres Erlebens und Handelns in der zu bewältigenden, auch beängstigenden Aufgabe, sich im Leben entscheiden und Verantwortung übernehmen zu müssen und somit zum Schöpfer seiner selbst zu werden. Tun wir dies nicht, erleben und handeln wir nicht authentisch und führen ein krisenanfälliges, krankmachendes, sinnleeres Leben.

Dem folgend würde man annehmen, dass Frau Y. beispielsweise mit den „großen Fragen" nach (möglicherweise neuen) Entscheidungen überfordert ist und/oder es ihr Angst macht, Verantwortung zu übernehmen auch für Dinge, die sie noch nicht mit sich, ihrem Mann, ihrer Familie durchdacht und besprochen hat.

Perls et al. (2015) betonten in diesem Zusammenhang, dass das Leben einzig im Hier und Jetzt stattfinde und dem Menschen entsprechend dazu verholfen werden solle, seine *aktuellen* Bedürfnisse, Wünsche und Ängste wahrzunehmen und zu akzeptieren. Entsprechend würden sie die Nichtbefriedigung aktueller Wünsche, Bedürfnisse und Ängste von Frau Y. und deren Wahrnehmbarkeit und Akzeptanz in den Mittelpunkt der Betrachtungen rücken.

Setzen wir also eine humanistische Brille auf, sehen wir psychische Probleme und Störungen im Lichte des menschlichen Bedürfnisses nach Selbstverwirklichung und seiner Fähigkeit zur Selbstaktualisierung.

4.3.5 Die systemische Sichtweise

Die *systemische Perspektive* rückt in ihren Grundannahmen insbesondere die Wechselwirkungen mit der sozialen Umwelt in den Mittelpunkt. Im Lichte der *systemischen Familientheorie* sind Familien als Systeme von interagierenden Teilen (den Familienmitgliedern) zu verstehen, die in konsistenter Weise wechselseitig miteinander kommunizieren und sich den für jede Familie einzigartigen (impliziten und expliziten) Regeln anpassen. Dabei interagieren die Teile so miteinander, dass das System sich erhält und überlebt (sog. *Homöostase*). Dadurch kommt es vor, dass Strukturen, Regeln und Kommunikationsmuster mancher Familien einzelne Mitglieder dazu „zwingen", sich „problematisch/gestört" zu verhalten, letztendlich um das Gleichgewicht der Familie aufrechtzuerhalten oder wiederherzustellen.

Demzufolge wäre nach den Beziehungen, impliziten und expliziten Regeln,

Grenzen und Erwartungen sowie wechselseitigen Interaktionsprozessen zu fragen, die Frau Y. in ihrer Familie erfährt und die es Frau Y. (aktuell) nahezu unmöglich machen, sich anders zu verhalten.

Das systemische Paradigma ist noch weniger auf das Werk von Einzelpersonen zurückführbar als die anderen Paradigmen, sondern eher auf verschiedene Teams, die parallel systemisches Denken und Praktizieren ausformuliert und akzentuiert haben, z. B. die sog. *Mailänder Gruppe* (z. B. Palazzoli, Boscolo), die sog. *Palo-Alto-Gruppe* am Mental Research Institute (z. B. Satir, Watzlawick) und die sog. *Heidelberger Gruppe* (z. B. Stierlin, Weber). Daher sind systemische Ansätze auch eher multiprofessionell und multidisziplinär zu verorten, sie haben Verlinkungen zu system- sowie erkenntnistheoretischen Ansätzen (z. B. Luhmann, 1987; Maturana & Varela, 2015) sowie ihre Wurzeln insbesondere in der Familientherapie.

Insgesamt wird der *personalen Ebene* weniger ausschließliche Aufmerksamkeit gewidmet als in den anderen Paradigmen. Vielmehr werden die *interpersonale Ebene* (über wahrgenommene Beziehungsstrukturen, beispielswiese zwischen zwei Personen, von denen mindestens eine Person Schwierigkeiten hat oder macht) und die *Systemebene* (über die komplexen Verflechtungen in nichttrivial lebenden Systemen, wie Familien) als Schlüssel zur Erklärung von psychischen Phänomen herangezogen (vgl. Nolting & Paulus, 2018, S. 223 f.; Schlippe & Schweitzer, 2016). Den Kontexten eines Menschen wird hier also maßgebliche Bedeutung zugesprochen, wobei insbesondere die Familie mit ihren wechselseitigen und dynamischen Beziehungen als Schlüssel zum Verstehen psychischer Probleme und Störungen ausgemacht wird.

Dabei sind sämtliche Perspektiven aller von einem Problem betroffenen Systemmitglieder einzuholen (Multiperspektivität) und wird das Systemmitglied, das das Problem vermeintlich hat (beispielsweise eine berufstätige Mutter dreier Kinder, die eine Depression entwickelt hat), lediglich als sog. „Symptomträger*in" in einem Familiensystem aufgefasst, das aus dem Gleichgewicht geraten ist (beispielsweise weil auch andere Familienmitglieder psychisch und oder körperlich erkrankt sind oder jemand „Verbindendes" gestorben oder weggezogen ist und/oder sich dysfunktionale Kommunikationsformen verfestigt haben).

Setzen wir also eine systemische Brille auf, konzentrieren wir uns auf die Strukturen, Regeln und Kommunikationsmuster innerhalb von menschlichen Systemen (z. B. Familien, Arbeitsgruppen) und darauf, was die Mitglieder tun (können) oder nicht tun (können), um das Gleichgewicht des Systems zu erhalten und/oder wiederherzustellen.

Die vorgestellten Sichtweisen sind im Sinne der *biopsychosozialen Rahmung* der Arbeit mit Erwachsenen mit psychischen Problemen selbstredend zunächst den psychischen Aspekten des Gesamtmodells zuzuordnen, allerdings soll auch an dieser Stelle nochmals daran erinnert werden, dass sie nur einen Aspekt – zulasten der anderen beiden – theoretisch vertiefter ausleuchten. Zudem sind Überschneidungen zu den anderen Aspekten teilweise offensichtlich: Die systemische Sichtweise reicht in soziale Aspekte weit hinein und ist ohne sie nicht sinnvoll denkbar, menschliche Denk- und Verhaltensprozesse (kognitive und behaviorale Sichtweise) haben stets auch biologische/neurologische Korrelate und die Annahmen unterdrückter Selbstentfaltungspotenziale (humanistische Sichtweise) sowie einflussreicher Lernprozesse (lerntheoretische Sichtweise) kann nicht ohne die Berücksichtigung auch der sozialen Bedingungen überzeugend diskutiert werden.

4.4 Kritische Lebensereignisse, subjektiver Stress und normative Entwicklungsaufgaben als Einflussgrößen

Manchmal hören wir Sätze, wie „Bei dem, was er erlebt hat, kein Wunder, dass er jetzt nicht mehr klarkommt." oder „Seit ihr das passiert ist, ist sie wie ausgetauscht." Während im vorherigen Kapitel der Fokus auf psychologische Erklärungsansätze für psychische Probleme gelegt wurde, soll im Folgenden die Bedeutung sog. kritischer Lebensereignisse für das Entstehen psychischer Probleme als „Krisen", aber auch für die persönliche Weiter-/Entwicklung skizziert werden. Im Sinne des bereits vorgestellten Vulnerabilität-Stress-Bewältigungsmodells wird hiermit meist die *Stress*-Komponente betont beziehungsweise können kritische Lebensereignisse im besagten Modell dort verortet werden.

Menschliche Entwicklung und mit ihr mitunter auch psychische Probleme werden im „positiven" wie im „negativen" Sinne beeinflusst durch drei Einflussfelder, die kritische Lebensereignisse mit sich bringen können (vgl. Baltes, 1990; Staudinger, 2007):

1. *altersgebundene Einflüsse,* d.h. biologische und umweltbezogene Determinanten, die im engen Zusammenhang mit dem chronologischen Alter stehen und deshalb oft gut vorhersehbar sind (z.B. die biologisch gesteuerte Pubertät und altersgebundene Sozialisationsereignisse, wie die Einschulung, „Volljährigkeit", Berentung),
2. *geschichtliche/kulturwandelgebundene Einflüsse,* d.h. Faktoren, die in Abhängigkeit von der historischen Entwicklung zu sehen sind, wie längerfristige Entwicklungen (z.B. Auswirkungen der sog. Wiedervereinigung in Deutschland) und eher periodenspezifische Ereignisse (z.B. Kriege, Pandemien),
3. *nichtnormative Einflüsse,* die üblicherweise kaum auf die meisten Individuen übertragbar sind und keinem generellen und vorhersagbaren Verlauf folgen (z.B. Unfälle oder Erkrankungen als sog. kritische Lebensereignis-

se, Filipp & Aymanns, 2018a, aber auch zufällige Begegnungen mit einem persönlich prägenden Menschen oder in spezifischen Situationen, z. B. als Zeugin).

Kritische Lebensereignisse erfordern letztendlich immer den Einsatz von Copingstrategien, sonst wären sie nicht „kritisch" (vgl. Bewältigungsaspekt im Vulnerabilität-Stress-Bewältigungsmodell). Sie können sowohl *als Stressoren* aufgefasst werden als auch *als Typus von Lebenserfahrung* (vgl. Filipp & Aymanns, 2018a). Entsprechend *können* sie „krank machen" und beispielsweise Depressionen oder Posttraumatische Belastungsstörung nach sich ziehen. Sie *können* aber auch „stark machen" (vgl. entwicklungspsychologische Perspektive) und im Sinne der Bewältigung von Entwicklungsaufgaben die individuelle Entwicklung begleiten und befördern, beispielsweise die Geburt und anschließende Begleitung eines Kindes beim Aufwachsen, ein Umzug in eine andere Stadt infolge eines Arbeitsplatzwechsels oder eine private Verlusterfahrung (wie eine Trennung oder der Tod eines nahestehenden Menschen).

Individuelle Krisen als psychologisches Problem weisen unterschiedliche Charakteristika auf: beispielsweise lassen sich *traumatische Krisen* infolge schockierender Erfahrungen von *Veränderungskrisen* als Folge überfordernder Lebensumstände unterscheiden. Letztendlich sind Krisen immer durch den Verlust des seelischen Gleichgewichts gekennzeichnet, wenn ein Mensch mit Ereignissen oder Lebensumständen konfrontiert wird, die er im Augenblick nicht bewältigen kann, weil sie seine bisherigen Problemlösefähigkeiten bzw. Copingstrategien übersteigen.

Das Fallbeispiel kann als Veränderungskrise interpretiert werden, weil Frau Y. infolge der Herausforderungen durch die Geburt der drei Kinder und paralleler Berufstätigkeit möglicherweise noch nicht über ausreichende Bewältigungsstrategien verfügt. Ihr Befinden kann aber auch als Entwicklungskrise eingeschätzt werden, weil von Frau Y. im Lebenslauf die Bewältigung verschiedener Entwicklungsaufgaben – insbesondere aufgrund gesellschaftlicher Normen – „erwartet" wird, sie damit aber individuell (noch) überfordert gewesen sein könnte.

Exkurs: Entwicklungskrisen als Entwicklungsaufgaben?

Entwicklungskrisen als Entwicklungsaufgaben? So hat es zumindest Erik Erikson (1902–1994) gesehen und damit ein Theoriegerüst vorgelegt, das zumindest in der Entwicklungspsychologie viel Beachtung fand. Er beschrieb die lebenslange psychosoziale Entwicklung eines Menschen anhand von acht Stufen, die durch unterschiedliche *Entwicklungskrisen* gekennzeichnet seien (Erikson, 1988):

1. Vertrauen vs. Misstrauen im 1. Lebensjahr,

2. Autonomie vs. Selbstzweifel im 2.–3. Lebensjahr,
3. Initiative vs. Schuld im 4.–5. Lebensjahr,
4. Kompetenz vs. Minderwertigkeit vom 6. Lebensjahr bis zur Pubertät,
5. Identität vs. Rollendiffusion in der Adoleszenz (Jugendalter),
6. Intimität & Solidarität vs. Isolierung für junge Erwachsene,
7. Generativität vs. Stagnation für Erwachsene im mittleren Erwachsenenalter und
8. Ich-Integrität vs. Verzweiflung für ältere Erwachsene.

Die als gegensätzlich beschriebenen Pole beschreiben dabei Reaktionstendenzen als Ausdruck der Auseinandersetzung des Ichs mit den Herausforderungen der externen Realität. Menschen müssen Erikson zufolge im Laufe ihres Lebens diese acht Entwicklungskrisen bewältigen. nsofern kann dieses heuristische Modell für die Praxis als „Einordnungshilfe“ genutzt werden, um Menschen in psychosozialen Entwicklungskrisen besser zu verstehen und (mit Kolleg*innen gemeinsam) zu reflektieren, wie die jeweiligen Adressat*innen in der Bewältigung ihrer Entwicklungskrisen (bzw. Lebensthemen) praktisch unterstützt werden können.

Frau Y. mit ihren 30 Jahren würde sich Erikson zufolge in der (7). Entwicklungskrise befinden, weil sie im Sinne von *„Generativität“* mit der Geburt ihrer Kinder und beruflichen Tätigkeit etwas an nachfolgende Generationen ab- und weitergibt. Mit Blick auf ihren kritischen Zustand könnte aber gegeben sein, dass sie für die vorherigen Lebenskrisen – (5) gelungene Identitätsarbeit und (6) verbindliche Beziehung(en) eingehen – nicht ausreichend Raum und Zeit hatte, diese Aufgaben/Krisen für sich ausreichend und individuell angemessen zu bearbeiten. Wie die erfolgreiche Bewältigung einer Krise im Einzelfall aussieht, konnte auch Erikson nicht so einfach beantworten, sodass er eher von einem Verhältnis zwischen geglückten und nicht geglückten Anteilen sprach. Wäre das Gleichgewicht eher in Richtung zum Positiven geneigt, wären die Chancen für eine Überwindung späterer Krisen und eine ungehinderte Gesamtentwicklung günstiger (Erikson, 1988). Dabei sei auch die soziale Umwelt gefragt, die dem Individuum jeweils eine positive Entwicklung im Sinne der zu „lösenden Entwicklungskrisen“ ermöglichen müsse.

Flammer (2009) stellte die Frage, ob Erikson folgend der Mensch immer in der Krise wäre (S. 108). Er sprach sich für eine alternative Bezeichnung der von Erikson beschriebenen Krisen als *Lebensthemen* aus, die als Herausforderungen (Entwicklungsaufgaben) und Entscheidungen auf bestimmten Entwicklungsstufen anzugehen seien und letztendlich immer „mitschwingen“ würden (ähnlich wie die in Kap. 2.4 erwähnten existentiellen Themen Tod, Freiheit, Isolation, Sinnlosigkeit nach Yalom, 2010).

Theoretisch betrachtet könnte im Sinne des Vulnerabilität-Stress-Bewältigungsmodells und unter Bezugnahme auf Eriksons Stufenmodell angenommen werden, dass Frau Y.s biopsychosoziale *Vulnerabilität* durch die (noch) nicht angemessene Bewältigung der Entwicklungskrisen (Lebensthemen/Entwicklungsaufgaben im jungen Erwachsenenalter) erhöht sein dürfte. Vermutlich nahm die krisenhafte Entwicklung in Kombination mit einem außerordentlichen Stressor (beispielsweise ein bedrohliches oder unkontrollierbares Ereignis, wie eine komplikationsreiche Geburt) und/oder chronischem Stress (beispielsweise durch die Mehrfachbelastung) bei mangelnder sozialer Unterstützung und nicht ausreichenden Copingstrategien ihren Lauf. Man kann die Frage auch so beantworten, dass kritische Lebensereignisse die Entwicklung der psychischen Probleme vermutlich befördert haben.

Was davon mehr oder weniger zutrifft, kann letztendlich nur das betroffene Individuum einschätzen. Diese individuelle Einschätzung und damit subjektiv-wahre Konstruktion kann, muss aber keineswegs, mit der Einschätzung Außenstehender übereinstimmen. Wichtig ist, dass einzelne Kausalüberlegungen (z. B. „Weil ich dies oder das erlebt habe, habe ich jetzt psychische Probleme.“) üblicherweise zu verkürzt ausfallen und die Sicht mehrerer beteiligter Personen daher meist fruchtbarer ist (v. a. Betroffene, Familienangehörige, Fachkräfte).

Hiermit sollte deutlich werden, dass die Entstehung psychischer Krisen und auch psychischer Störungen *durch Stresserleben* stets aufgrund der vielen Einflusspfade multikausal und multiperspektivisch betrachtet erfolgen sollte. Abbildung 2 veranschaulicht noch einmal abschließend die Komplexität der

Abbildung 2: Vulnerabilitäts-Stress-Bewältigungsmodell

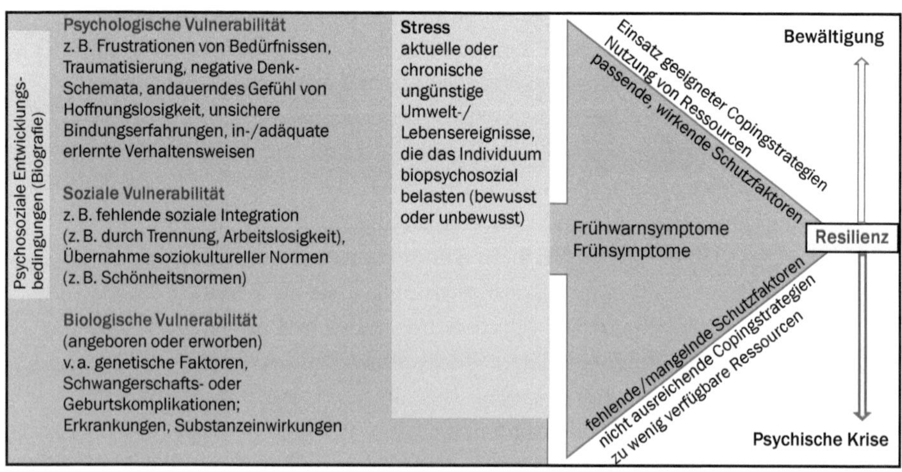

Einflussfaktoren, die Genese psychischer Probleme und Weg ihrer Lösung im Sinne des Modells.

4.5 Praxisbezüge: Theoretische Modelle und Sichtweisen in die Praxis mitnehmen?

Gerade in sozial-/pädagogischen Zusammenhängen wird oft auf operante Lernprozesse mittels positiver und negativer Verstärkung und Bestrafung Bezug genommen, wobei sich empirisch gezeigt hat, dass eher das Belohnen und Beachten positiver Verhaltensweisen nachhaltiger wirkt als das Bestrafen unerwünschten Verhaltens. Weitere Studien zeigten allerdings auch, dass Belohnungen zum Nachlassen eigenständig auftretender Verhaltensweisen führen und die sog. intrinsische Motivation reduzieren können (Überblick in z. B. Edelmann & Wittmann, 2012; Mazur, 2006). Vor diesem Hintergrund ist es wichtig zu reflektieren, in welchem Ausmaß mit positiven Konsequenzen gearbeitet werden sollte, wenn Menschen in psychischen Problemlagen verschiedenster Art gefangen sind. Durch das Lernen durch Beobachtung anderer Personen (in konkreten Situationen, in Büchern oder Filmen) ist der Mensch in der Lage, sich auch komplexe soziale Handlungen anzueignen. Dabei gelten als wirksame Prinzipien für gelingendes Modelllernen:

1. eine aufmerksame *Wahrnehmung* des beobachteten Verhaltens,
2. *Nachbesprechung* des Wahrgenommenen,
3. Einbringen*können* der für die Nachahmung notwendiger Verhaltensweisen und
4. die *Motivation,* das beobachtete Verhalten auch zeigen zu wollen.

Fachkräfte fungieren häufig als Modelle, an denen Klient*innen beispielsweise proaktives Handeln „abschauen" und nachahmen können. Wichtig ist hierbei, dass sie die Chance haben, das zu erlernende oder zu reaktivierende Handeln bewusst zu beobachten, in reflexiver Weise mit der Fachkraft zu besprechen und in kleinen, machbaren Schritten die Gelegenheit zur Umsetzung selbst gewollter Handlungen bekommen (z. B. selbst einen Termin bei einer Behörde vereinbaren oder die behandelnde Ärztin um nachvollziehbare Erläuterungen zur Behandlungsplanung bitten). Über diese Erfahrungen können sie ihre eigenen Selbstwirksamkeits- sowie Ergebniserwartungen steigern, was wiederum mit gesteigerter Veränderungsmotivation einhergeht und mehr proaktiven Handlungen nach sich ziehen kann (vgl. Bandura, 1997).

Die Annahmen tiefenpsychologischer Sichtweisen lehren uns, dass aktuelle psychische Probleme ihre Wurzeln auch weit in der Vergangenheit haben (können) und Menschen sich ihrer inneren Konflikte oft nicht bewusst sind. Für die Praxis heißt dies, dass nicht jede Problemlage ausschließlich über gegenwärtiges Denken, Erleben und Handeln angegangen werden kann und manche Menschen mit psychischen Problemen professionell begleitete „Reisen in die Vergangenheit“ brauchen.

Die Berücksichtigung humanistischer Grundüberzeugungen bewahrt in der Praxis vor pessimistischen und pathologisierenden Denkroutinen, die der professionellen Begleitung nicht zuträglich ist: Menschen sind immer in der Lage sich weiterzuentwickeln, sie wollen sich entfalten und ihre Grundbedürfnisse nach erfüllenden Beziehungen, Selbstwerterhalt, Orientierung und Einflussnahme auf ihren Lebensverlauf und Genuss verwirklichen. Die klinisch-psychologisch und gesundheitsfokussierten psychischen Grundbedürfnisse nach Grawe (2000, 2004) können hierbei in der Arbeit mit Menschen mit psychischen Problemen als Grundlage genommen und in der Praxis mit motivationspsychologischen Annahmen gekoppelt werden. Hiernach streben Menschen nach Autonomie, Kompetenzerleben und sozialer Eingebundenheit (Deci & Ryan, 2008). Das bedeutet, dass Menschen mit psychischen Problemen auch so unterstützt werden können, indem sie sich durch ihre Krise(n) hindurch selbstbestimmt, fähig (weder über- noch unterfordert) und sozial integriert erleben können, weil sie darüber eine höhere Kohärenz erfahren (vgl. Antonovsky, 1997).

Das systemische Paradigma in seiner Vielgestaltigkeit ergänzt Erklärungsansätze in der Praxis damit, dass aus dieser Sichtweise heraus anerkannt wird, wie maßgeblich die zwischenmenschlichen Interaktionen, deren dynamische Wechselbeziehungen sowie die subjektiven Konstruktionen von Bedeutungen sind. In der psychosozialen Unterstützung von Menschen mit psychischen Problemen verdienen demzufolge nicht nur die Interaktionen und Kommunikationsmuster involvierter Systeme (z. B. „Betroffener“ und ihrer Angehörigen) Aufmerksamkeit, sondern auch die jeweiligen Interaktionen mit den beteiligten Fachkräften, verzweigten psychosozialen Netzwerken sowie den mitunter sogar problembewahrenden oder mitunter sogar problemverstärkenden Versorgungssystemen.

4.6 Selbstbezüge: Individuelle Ursachenzuschreibungen (Attributionen)

Da Depressionen wie im Fallbeispiel vergleichsweise häufig auftreten (ungefähr jede vierte Frau und jeder achte Mann ist im Lebenslauf von einer Depression betroffen; vgl. Jacobi et al., 2016), kennt nahezu jede*r in seiner Familie, seinem Freundes- und Kolleg*innenkreis Menschen, die eine Depression haben oder hatten, oder haben auch an sich selbst Symptome einer Depression erlebt. Welche*r der psychologischen Erklärungsansätze hilft Ihnen, die Entstehung einer Depression besser zu verstehen, und wie können Sie mithilfe des Vulnerabilitäts-Stress-Bewältigungsmodells nachvollziehen, wie sich diese Depression jeweils entwickelt hat?

Dabei dürfte deutlich werden, dass – trotz gewisser Häufungen bestimmter Risikofaktoren – jede*r Betroffene ein etwas anderes zusammengesetztes „Paket" an Vulnerabilitäten mit sich bringt, verschiedene krisenbeeinflussende Ereignisse mehr oder weniger eine Rolle gespielt haben dürften und auf unterschiedliche Bewältigungsstrategien zurückgegriffen werden konnte. Entsprechend ist auch die professionelle Unterstützung unterschiedlich anzugehen und sind „Einheitslösungen" kaum zielführend.

Die Frage danach, warum Menschen psychische Probleme bekommen, kann also hilfreich mithilfe des Vulnerabilitäts-Stress-Bewältigungsmodells und vertiefend unter Rückgriff auf verschiedene psychologische Sichtweisen und die Berücksichtigung sowohl personen- als auch umweltseitiger Einflussfaktoren erfolgen. Für die Selbstreflexion bietet sich beispielsweise die damit verknüpfbare sog. Attributionstheorie an (Heider, 1958; Kelley, 1973; Weiner, 1985):

Attributionen sind Zuschreibungen von Ursachen für ein Ereignis (z. B. die Erfahrung von ausgeprägter Antriebslosigkeit) oder Verhalten (z. B. die Beobachtung des eigenen sozialen Rückzugs). Menschen fragen sich: Warum ist dieses Ereignis eingetreten? Warum verhalte ich mich so (oder warum verhält sich mein*e Klient*in so)? Dabei werden verschiedene Attributionsformen unterschieden:

- *internal versus external* (z. B. „Es liegt an mir." vs. „Mein Arbeitgeber gibt mir nur langweilige Aufgaben und meine Kolleg*innen sind anstrengend."),
- *variabel versus stabil* (z. B. „Das kann sich ändern." vs. „Das wird immer so sein."),
- *spezifisch versus global* (z. B. „Das ist nur bei meinem Arbeitgeber so." vs. „Das ist in allen meinen Lebensbereichen so.") und
- *kontrollierbar versus unkontrollierbar* (z. B. „Ich kann darauf Einfluss nehmen." vs. „Egal, was ich mache, ich kann nichts dagegen tun.").

Solche Ursachenzuschreibungen beeinflussen sowohl die Selbstwahrnehmung als auch die Wahrnehmung der Umwelt und damit auch das zukünftige Verhalten.

Insofern ist es hilfreich, seinen eigenen Attributionsstil zu erkunden und zu reflektieren, inwiefern dieser für die eigene Gesundhaltung und Lebensführung dienlich ist. Zudem sind diese Ausführungen auch für die Praxis der Arbeit mit Menschen mit psychischen Problemen einschlägig.

Wenn eine Fachkraft die Ursachen der Probleme eher in der Person der Betroffenen sieht *(internale Attribution)*, nimmt sie diese anders wahr und setzt fachlich anders an als wenn sie die psychischen Probleme eher in der Umwelt sieht *(externale Attribution)* und entsprechend versucht, auf professionellem Weg auf die äußeren Einflussfaktoren einzuwirken. Dass meistens faktisch sowohl personen- als auch umweltseitige Faktoren im Wechselspiel eine Rolle spielen, wurde bereits im *Person-in-Environment*-Ansatz (Kap. 1.3) sowie 4+1-Modell (Kap. 2.2) erläutert.

Außerdem ließen sich empirisch einige interessante Attributionsverzerrungen feststellen: So neigen Menschen zumindest in eher individualistisch geprägten Gesellschaften als beobachtende Personen dazu, die Ursachen für das Handeln eher den beobachteten Personen als den sozialen Umständen zuzuschreiben (z. B. „Sie hat Schuld."; sog. *fundamentaler Attributionsfehler* bzw. *Korrespondenzverzerrung:* Gilbert & Malone, 1995).

Allerdings neigen Menschen auch dazu, das eigene Handeln (als Akteur*in) stärker auf externe oder situationale als auf interne Faktoren und das Handeln anderer (als Beobachter*in) eher auf internale Faktoren zurückzuführen (z. B. „Ich konnte nichts dafür." und „Diese Leute haben sich in diese Situation gebracht."; sog. *Akteur-Beobachter-Bias*). Außerdem haben Menschen (zumindest in individualistischen Kulturen und wenn sie nicht gerade an einer Depression leiden) die *selbstwertdienliche Tendenz,* Erfolge eher internal zuzuschreiben (z. B. „Das liegt mir einfach.") und Misserfolge eher external zu attribuieren (z. B. „Das war Pech/eine zu schwere Aufgabe."). Wir folgen damit unserem Grundbedürfnis nach Selbstwertschutz und -erhöhung. Diese Punkte werden hier aufgegriffen, um die eigene Selbstwahrnehmung zu schärfen und um dem gegebenenfalls bewusst(er) und im Einzelfall angemessen entgegenzusteuern.

Bezogen auf das Fallbeispiel von Frau Y. bietet sich also die Frage an: Sehen Sie die Entwicklung ihrer psychischen Probleme eher in Frau Y. oder eher in ihren Umweltbedingungen begründet? Wie sehr glauben Sie an die Veränderbarkeit ihrer Situation und ihrer Einflussmöglichkeiten? Worin würden Sie die Ursachen sehen, wenn es Ihnen wie Frau Y. oder ihrem Mann ginge?

Menschen, die ihre Misserfolge im Sinne von Kontrollverlusten auf internale, stabile und globale Faktoren zurückführen (z. B. „Ich kann das nicht, das wird immer so bleiben und trifft auf alle Bereiche zu."), entwickeln einen sog. *pessimistischen Attributionsstil* (vgl. Abramson, Seligman & Teasdale, 1978). Dieser erworbene Attributionsstil wird oft bei Menschen mit Depressionen festgestellt und im Zusammenhang mit sog. erlernter Hilflosigkeit diskutiert. Man geht davon aus, dass solche erlernten Denk- und Verhaltensmuster auch wieder „verlernt" und durch andere ersetzt werden können. Diese Erkenntnis wird in der Arbeit mit Menschen mit psychischen Problemen insbesondere in der Psychotherapie genutzt (v. a. in der Kognitiven Verhaltenstherapie, vgl. Kap. 7.4.2).

Für die Arbeit mit Menschen mit psychischen Problemen ist dieser Punkt ebenfalls wichtig für die Selbstreflexion: Wenn ich selbst als Fachkraft – unabhängig, aus welchen Gründen heraus – die Überzeugung entwickle, dass egal, was ich mache, für andere Menschen in keinerlei Hinsicht eine Hilfe bin und dies nicht änderbar wäre, dann ist hier zunächst Selbstfürsorge der Fachkraft gefragt (vgl. Kap. 8). Auch professionelle Fachkräfte brauchen „gesunde" Erklärungsansätze und Ursachenzuschreibungen für ihr eigenes Handeln.

5. Wie werden „psychische Probleme" festgestellt?

Im vorherigen Kapitel wurde erläutert, dass psychische Probleme unterschiedlicher Natur sind und entsprechend unterschieden werden muss zwischen individuellen psychosozialen Problemlagen (z. B. jemand vereinsamt aufgrund seiner Arbeitslosigkeit), akuten psychischen Krisen (z. B. jemand möchte aufgrund einer unerwarteten Trennung nicht mehr leben) und psychischen Störungen/Erkrankungen (z. B. jemand erfüllt die klinischen Leitsymptome einer unipolaren Depression). All diese Formen psychischer Probleme gehen üblicherweise mit individuellen und gesellschaftlichen Normabweichungen einher, sie rufen bei den betroffenen Menschen (und/oder ihrem sozialen Umfeld) Leidenszustände hervor und bringen eine ungewollte Beeinträchtigung der Leistungsfähigkeit und sozialen Aktivitäten mit sich. Daraus ergibt sich in den allermeisten Fällen ein Änderungsbedürfnis der Betroffenen und Beteiligten. Sofern die betroffenen Menschen ihre psychischen Problemlagen nicht allein aufgrund ihrer individuellen und sozialen Ressourcen und Bewältigungsstrategien aufgelöst bekommen, ist professionelle Unterstützung angezeigt. *Klinische Diagnostik und Klassifikation* als Verfahren zur Feststellung psychischer Störungen stellt *eine* wichtige Voraussetzung für die Begleitung und Behandlung psychischer Störungen sowie Abschätzung des Unterstützungsbedarfs dar und wird in diesem Kapitel vorgestellt. Ein weiteres wichtiges Vorgehen zur Einschätzung psychosozialer Problemlagen liegt in der sozialen Diagnostik (z. B. Buttner, Gahleitner, Hochuli Freund & Röh, 2018), welche die klinische Diagnostik psychischer Störungen nicht ersetzt, aber um wichtige Zugänge ergänzt.

Psychische Störungen, wie sie in diesem Kapitel skizziert werden, sind letztendlich als aktuelle Beschreibungskonstruktionen aufzufassen, auf die sich in langwierigen Forschungs- und Praxisdiskursen verständigt wurde. Entsprechend sind auch die aktuelle Zusammenstellung in der International *Statistical Classification of Diseases and Related Health Problems* (ICD) als auch im *Diagnostic and Statistical Manual of Mental Disorders* (DSM) nicht als statisch aufzufassen, sondern ist fortlaufend von Änderungen (Streichungen, Ergänzungen, Umformulierungen) auszugehen.

Insbesondere klinisch-diagnostische Verfahren dienen der Verständigung unter Fachkräften und der Psychoedukation betroffener Menschen, sie bringen aber aufgrund von Stigmatisierungsprozessen auch zu beachtende Nachteile mit sich. Fachkräfte müssen zudem aufmerksam dem gegenüber sein, dass sie sich durch ihre Tätigkeiten in spezifischen Handlungsfeldern mitunter selbst dem Risiko aussetzen, psychisch mehr belastet zu sein als die Allgemeinbevölkerung.

5.1 Fallbeispiel

Ein Mitarbeiter eines gemeindepsychiatrischen Trägers sitzt im Gespräch mit dem 28-jährigen Herrn K. und seiner Mutter, welche ansonsten in einer anderen Stadt lebt. Sie hatte sich zunächst mit dem zuständigen Sozialpsychiatrischen Dienst (SpD) in Verbindung gesetzt und dann Kontakt zu ihm aufgenommen. Herr K. selbst gibt an, er könne sich nicht so recht erinnern, was passiert sei, aber dass es ihm nicht gut ging und seine Mutter fände, dass es so nicht weitergehen könne. Das Gespräch mit ihm verläuft etwas schleppend; Der Mitarbeiter stellt die meisten Fragen und Herr K. beantwortet sie ruhig, abwartend und wirkt dabei etwas „neben sich". Die Mutter hält sich mit Anmerkungen zurück. Herr K. war bereits zweimal in der Psychiatrie. Eigentlich habe er seit dem letzten Aufenthalt seine Medikamente weiter nehmen sollen, habe diese aber zwischenzeitlich selbst abgesetzt und würde sie seit zwölf Tagen wieder einnehmen. Während der letzten akuten Phase hatte Herr K. die Vorstellung, er sei der Auserwählte, der die Menschheit retten müsse. Dies hätte ihm mehrmals eine Stimme, die er gehört habe, zugetragen. Er quälte sich mit dem Gedanken, dass er nicht wisse, wie er das anstellen solle und konnte darüber nicht mehr schlafen. Darüber hinaus habe er versucht, in Darstellungen auf Werbeplakaten Botschaften zu finden, die ihm verraten, was er tun müsse, wobei ihm eine innere Stimme geholfen habe. Um die bevorstehende Apokalypse hinauszuschieben, müsse er sich ständig und gründlich waschen. Einmal habe auch ein Nachbar geklingelt und sich erkundigt, ob alles in Ordnung sei, weil er das Rauschen des Wassers schon so lange hören würde. Als die Mutter ihn vor zwei Wochen besuchte, erkannte er sie nicht so ganz und war misstrauisch, ob sie von einer höheren Macht gesandt worden sei, „um ihn zu holen". Zuvor war er mehrere Tage nicht mehr aus dem Haus gegangen. Herr K. interessiert sich sehr für das Thema Apokalypse und setzt sich intensiv damit auseinander. Er lebt sehr zurückgezogen in einem Studentenwohnheim, geht aber zweimal im Monat zu einer (sich als religiös verstehenden) Lesegruppe, die sich mit Texten zu diesem Thema auseinandersetzt. Manchmal rauchen sie gemeinsam Cannabis, das ihn, wie er sagt, entspanne. Er ist leicht übergewichtig, macht ansonsten einen gepflegten Eindruck und scheint räumlich und zeitlich orientiert. Körperliche Vorerkrankungen sind nicht bekannt. Einen weiteren Psychiatrieaufenthalt möchte er unbedingt verhindern, weshalb er wieder die Medikamente nehme und mit seiner Mutter hier die Möglichkeit eines Platzes im Betreuten Wohnen besprechen mochte.

Herr K. scheint ein psychisches Problem in Form einer psychischen Störung gehabt zu haben und es besteht die Gefahr einer Wiedererkrankung, die verhindert werden soll. Er verfügt über soziale und personale Ressourcen, die es ihm ermöglichen, Hilfe aufzusuchen.

5.2 Psychischer Befund, klinische Diagnostik und Klassifikation (DSM-5/ICD-11/ICF)

Im Zuge der klinischen Diagnostik einer psychischen Störung erhebt ein*e darin geschulte*r Psychiater*in, Psycholog*in oder Psychologische*r Psychotherapeut*in verschiedene Informationen, die sich aus Selbstaussagen des betroffenen Menschen, aus Fremdbeobachtungen sowie psychologischen und biologischen Erhebungsverfahren (Tests) zusammensetzen, und erstellt daraus unter Ausschluss einer körperlichen Erkrankung (somatischer Befund) einen psychischen Befund, der in eine klinische Diagnose münden kann. Im Folgenden wird die Bezeichnung psychischer Befund (statt psychopathologischer Befund) bevorzugt, weil nicht jede Symptomatik im Sinne einer psychischen Abweichung als pathologisch (d. h. krankhaft) zu bezeichnen ist und auch Ausdruck einer psychischen Krise oder einer psychosozialen Problemlage sein kann und unter gewissen Umständen, wenn genau genommen die Situation/der Kontext „krank"/„gestört" sind, auch als „normal" gewertet werden, beispielsweise wenn es im Sinne einer Bewältigungsstrategie *(coping)* psychisch „erstmal das Beste" ist, was dieser Mensch in dieser Situation denken oder tun kann, um „durchzukommen" (z. B. furchteinflößende Bilder im Kopf verdrängen, nicht sprechen in mehrdeutigen Situationen, „kreatives Umdeuten" von Sachverhalten).

Die AMDP (Arbeitsgemeinschaft für Methodik und Dokumentation in der Psychiatrie [AMDP], 2018) hat für die Erstellung des psychischen Befundes zwölf verschiedene *Merkmalsbereiche* definiert, denen insgesamt einhundert (sehr genau beschriebene) Symptome zugeordnet sind. Sie können zur systematischen Klassifikation und Diagnosestellung herangezogen werden, sind ihr aber nicht gleichzustellen:

1. Störung des Bewusstseins (z. B. Benommenheit als Form von Bewusstseinsverminderung),
2. Störung der Orientierung (räumlich, zeitlich, situativ, über die eigene Person),
3. Störung der Aufmerksamkeit und des Gedächtnisses (z. B. Konzentrationsstörungen, Merkfähigkeitsstörungen, Konfabulationen zur Auffüllung von Gedächtnislücken),
4. Störung des formalen Denkens (z. B. Grübeln, umständliches oder zerfahrenes Denken),

5. Befürchtungen und Zwänge (z. B. Misstrauen, Hypochondrie, Zwangsimpulse),
6. Wahn (z. B. Verfolgungswahn, Schuldwahn, Verarmungswahn, Größenwahn),
7. Sinnestäuschungen (z. B. akustische, optische Halluzinationen, Körperhalluzinationen),
8. Ich-Störungen (z. B. innere Erfahrung von Gedankeneingebung, Depersonalisation),
9. Störung der Affektivität (z. B. Gefühle von Hoffnungslosigkeit, Ängstlichkeit, Gereiztheit),
10. Störung des Antriebs und der Psychomotorik (z. B. motorisch unruhig, antriebsarm),
11. zirkadiane Besonderheiten (z. B. morgens eine schlechtere Befindlichkeit) sowie
12. andere Auffälligkeiten (z. B. Aggressivität, Suizidalität, sozialer Rückzug, soziale Umtriebigkeit, Mangel an Krankheitsgefühl, pflegebedürftig).

Im Rahmen der Erfassung des psychischen Befunds nach dem AMDP-System wird zum einen für jedes Symptom angegeben, ob die Einschätzung spezifisch auf Selbstaussagen (= S, z. B. Halluzinationen) oder Fremdbeobachtungen (= F, z. B. inkohärentes Denken) beruhen soll bzw. Selbst- oder Fremd-Beurteilungen (= SF, z. B. antriebsarm) möglich sind und wie stark das Symptom jeweils ausgeprägt ist. Aus der Kombination der Ausprägung in diesen Merkmalsbereichen als Krankheitszeichen *(Symptome)* ergeben sich im weiteren Verlauf sog. *Syndrome* als Beschreibungen, die wiederum in eine oder mehrere Klassifikationen und Diagnosen münden können. Im AMDP-System werden acht Syndrome beschrieben (paranoid-halluzinatorisches Syndrom, depressives Syndrom, psychoorganisches Syndrom, manisches Syndrom, Hostilitätssyndrom (vgl. Feindseligkeit), vegetatives Syndrom, apathisches Syndrom sowie Zwangssyndrom).

Wenn beispielsweise ein Mensch wie Herr K. aus dem Fallbeispiel auf der Symptomebene wahnhafte Inhalte (z. B. er sei der Auserwählte), Fremdbeeinflussungserfahrungen (z. B. Botschaften auf Werbeplakaten richten sich direkt an ihn) und Stimmenhören (z. B. innere „erklärende“ Stimme) beschreibt, dann spricht dies für das Vorliegen eines sog. „paranoid-halluzinatorischen Syndroms“. Dieses wiederum *kann* die nosologische *Klassifikation* Schizophrenie (theoretisch und praktisch aber auch andere Einordnungen wie akuter Drogeneinfluss oder eine hirnorganische Erkrankung) begründen.

Für eine abschließende sog. *operationalisierte Diagnostik* sind die genauen Kriterien des aktuell gültigen Klassifikationssystems (in Deutschland: die ICD = International Statistical Classification of Diseases and Related Health Problems) zu berücksichtigen. Entsprechend ist hierbei die Einschätzung wichtig, welche konkreten Symptome aus der ICD-Zusammenstellung beobachtbar sind und auf welchen Zeitraum sich die Symptome beziehen (beispielsweise bei Herrn K. auf die letzte akute Phase, wobei hier abzuklären wäre, wann diese genau begann und wie sie verlief). Diese sind gegebenenfalls vom aktuellen Befund abzugrenzen. Neben den konkreten *Symptomen*, dem *Zeitraum* und *Verlauf* ist auch der *Schweregrad* der Symptome bei der Diagnose zu dokumentieren.

Die Erstellung eines psychischen Befundes ist gemäß AMDP-System um anamnestische Informationen sowie einen somatischen Befund zu ergänzen. Das AMDP-System ist allerdings nicht mit dem Ziel der Diagnosestellung entwickelt worden, sondern um Symptome und deren Verlauf präzise beschreiben und ihren Verlauf dokumentieren zu können. Entsprechend passen manche Merkmalsbereiche gut zur Diagnostik der Klassifikationssysteme für psychische Störungen (z. B. Schizophrenie, depressive Episoden), andere sind weniger gut geeignet (z. B. Persönlichkeitsstörungen und Störungen durch psychotrope Substanzen). Inwieweit in der Praxis der psychische Befund für einen Menschen über das AMDP-System oder anders erstellt wird, wird unterschiedlich gehandhabt. So oder so muss er erstellt werden, damit die Diagnose so valide ist, dass sie eine angemessene Behandlung nach sich ziehen kann.

Praktiker*innen sollten in diesem Zusammenhang zudem weitere Beobachtungen festhalten, die ebenso Aufschluss über die psychische Verfassung eines Menschen geben können, wie das äußere Erscheinungsbild (beispielsweise sehr schmutzige Kleidung) und das Verhalten (beispielsweise kulturell und/oder situationsbedingte starke Zurückhaltung) im Erstkontakt, aber auch unauffällige Bereiche (beispielsweise freundliches Kommunikationsverhalten oder die bewusste Aufmerksamkeit für bestimmte Aspekte).

Grundsätzlich wird nur eine *biopsychosoziale Diagnostik* der Situation eines auf psychiatrische, psychologische, psychosoziale Unterstützung und Behandlung angewiesenen Menschen gerecht: Dazu gehören neben

1. dem psychischen Befund und der Erfassung spezifischer Risikofaktoren (eigen-, fremd- und behandlungsgefährdendem Verhalten), der Krankheitsanamnese (v. a. Risikofaktoren für die Entwicklung der Erkrankung, aber auch vorherige Behandlungen und komorbide psychische Erkrankungen) und dem somatischen Befund (d. h. die internistische/neurologische und körperliche Untersuchung, Blutuntersuchungen, mitunter auch cMRT, EEG, Lumbalpunktion u. a.) auch die
2. *soziale Anamnese* sowie die Erfassung der
3. *aktuellen Situation.*

Gerade die beiden letztgenannten Aspekte haben eine hohe Relevanz für ein angemessenes Fallverstehen und professionelles Handeln und machen Kernbereiche sozialer Diagnostik aus.

Die Diagnose psychischer Störungen erfolgt über verschiedene *Klassifikationssysteme*, in denen festgeschrieben ist, was derzeit als psychische Störung aufgefasst wird.

Von der American Psychiatric Association (APA) wird das Diagnostic and Statistical Manual *(DSM-5)* herausgegeben. Dieses Klassifikationssystem umfasst eine detailliertere Darstellung psychischer Störungen als die ICD und ist daher insbesondere für Fachkräfte ertragreich, die umfänglichere Informationen zu einer bestimmten Störung suchen. Die Ausgabe der 5. Version des DSM (2013) veranschaulicht den eingangs erwähnten historisch-kulturellen Wandel, dem Diagnosen unterworfen sind: So sind beispielsweise das sog. „Binge Eating", das „Zwanghafte Horten", die „Prämenstruelle Dysphorische Störung" und der „Koffeinentzug" als neue Diagnosen hinzugekommen (Ehret & Berking, 2013), wohingegen das „Burnout-Syndrom" und die „Komplexe posttraumatische Belastungsstörung" (trotz Erweiterung der Symptomauflistung für die Posttraumatische Belastungsstörung) weiterhin nicht als eigenständig diagnostizierbare Störungen gelten. Da das DSM-5 in Deutschland in der Praxis der Begleitung von Menschen mit psychischen Störungen wenig Bedeutung hat, wird es hier nicht weiter im Detail erläutert.

Die International Statistical Classification of Diseases, Injuries and Causes of Death *(ICD)* wird von der Weltgesundheitsorganisation (WHO) herausgegeben. Sie umfasst *alle* Erkrankungen und Todesarten und ist für die Gesundheitssysteme der Mitgliedsstaaten der WHO einschlägig. Daher wird sie auch in Deutschland der Kommunikation zwischen behandelnden Ärzt*innen, Psycholog*innen, den Krankenkassen, in sozialen Berufen Tätigen und betroffenen Menschen zugrunde gelegt. Psychische Störungen sind in Kap. V (F) beschrieben. Die grundlegende Revision der *ICD-11* wurde 2019 von der WHO verabschiedet und ist am 1. Januar 2022 in Kraft getreten. Ziel der Revision ist, einige Sachverhalte differenzierter als bisher verschlüsseln zu können und die ICD den Bedürfnissen digitalisierter Gesundheitssysteme anzupassen. Die Änderungen betreffen sowohl Inhalte (medizinisch-wissenschaftliche Aspekte) als auch die Struktur (klassifikatorische Aspekte) sowie Konzeption (informationstechnologische Aspekte) der ICD. Der konkrete Zeitpunkt der Einführung der ICD-11 in Deutschland steht derzeit allerdings noch nicht fest (vgl. https://www.dimdi.de; Stand 12/2021) und es wird von einer fünfjährigen, flexiblen Übergangszeit ausgegangen. Den nachfolgenden Ausführungen wird zukunftsweisend die ICD-11 zugrunde gelegt und es wird zugleich auf relevante Veränderungen im Abgleich mit der ICD-10 hingewiesen.

Das DSM-5 und die ICD-11 wurden nicht unabhängig voneinander weiterentwickelt, sodass sich trotz der unterschiedlichen Entstehungsgeschichte und Einsatzbereiche viele inhaltlich parallele Entwicklungen finden lassen. So hat auch in die ICD-11 die Diagnose der „Binge Eating Störung" Einzug gefunden. Auch die Diagnostik der sogenannten Persönlichkeitsstörungen erfährt wie im DSM-5 eine grundlegende Veränderung hin zu einer radikal vereinfachten Klassifikation und Berücksichtigung differenzierter dimensionaler Abstufungen. Im Gegensatz zum DSM-5 wird die erwähnte „Komplexe posttraumatische Belastungsstörung" als eigenständig diagnostizierbare Störungen aufgenommen und „Burnout" wird weiterhin ausgewiesen unter jenen Faktoren, die den Gesundheitsstatus und die Kontaktaufnahme zu Gesundheitseinrichtungen beeinflussen, jedoch explizit bezogen auf arbeits(platz)bezogene Probleme. Das nun diagnostizierbare Syndrom ist dabei ausschließlich auf den beruflichen Kontext eingegrenzt als chronischer Arbeitsplatzstress, der nicht erfolgreich verarbeitet werden kann. Umstritten, aber erfolgt, ist die Aufnahme einer sog. „Computerspielstörung" *(gaming disorder)* in Abgrenzung zum pathologischen Spielen im Sinne von „Glücksspielsucht" *(gambling disorder)* unter den sogenannten Verhaltenssüchten *(addictive behaviours).* Somit wird auch im Zuge der Revision der ICD deutlich, wie sehr die Konstruktion von psychischen Störungen dem Wandel der Zeit unterliegt. Der aktuelle Stand der Einführung der ICD-11und die anvisierten konkreten Veränderungen sind auf den Internetseiten der WHO oder des DIMDI einsehbar (https://icd.who.int/browse11/l-m/en; https://www.dimdi.de/dynamic/de/klassifikationen/icd/icd-11/).

Da psychische Störungen in der ICD allein über die Symptomatik und Diagnosen definiert werden, wird die ICD für ein angemesseneres biopsychosoziales Verständnis von Gesundheit und Krankheit um die *International Classification of Functioning, Disability and Health (ICF)* ergänzt (DIMDI, 2005). Mit der ICF werden Aspekte von Krankheitsfolgen unter Berücksichtigung der Kontextfaktoren systematisch erfasst. Dafür erfolgt eine Einschätzung

1. der Funktionsfähigkeit/Behinderung über Körperfunktionen, Aktivitäten und Partizipation (Teilhabe) sowie
2. der Kontextfaktoren über Umweltfaktoren (z.B. Wohnmöglichkeiten; als Barrieren und als Förderfaktoren) und
3. über personenbezogenen Faktoren (z.B. Geschlecht, Bildung), die in der ICF allerdings noch nicht kategorisiert sind.

Die ICF ist nicht primär defizitorientiert, sondern greift Komponenten von Gesundheit auf und erfasst damit auch ressourcenorientiert. Dabei geht es um die *aktuelle Funktionsfähigkeit* eines Menschen und Beschreibung seines Gesundheitszustandes. Während über die ICD Krankheiten klassifiziert werden, klassifiziert die ICF die *Folgen von Krankheiten,* sofern sie mit Gesundheit in Verbindung stehen. Die ICF ergänzt somit die diagnostischen Angaben aus der ICD um wichtige Faktoren, die für die Erfassung von Lebensqualität und Komponenten von Gesundheit einschlägig sind. Die Sozialgesetzgebung in Deutschland wurde maßgeblich durch die ICF beeinflusst und ihre Anwendung ist beispielsweise über die Rehabilitations-Richtlinie des Gemeinsamen Bundesausschusses verankert (https://www.dimdi.de/dynamic/de/klassifikationen/icf/index.html). Auch das Bundesteilhabegesetz (BTHG) ist eng mit der ICF verbunden, weil das biopsychosoziale Konzept der ICF die funktionale Gesundheit als zentrales Bewertungskriterium behandelt. Demnach ist ein Mensch dann als *funktional gesund* anzusehen, wenn vor dem Hintergrund seiner materiellen, sozialen, verhaltensbezogenen und personenbezogenen Kontextfaktoren folgende Aspekte erfüllt sind (Dettmers, 2018):

1. Seine körperlichen (auch psychischen) Funktionen und Strukturen entsprechen allgemein anerkannten Normen,
2. er kann alles tun, was von einem Menschen ohne Gesundheitsproblem erwartet wird und
3. er kann sein Dasein in allen Lebensbereichen partizipativ entfalten, die ihm wichtig sind, und zwar in der Weise und in dem Umfang, wie es von einem Menschen ohne Beeinträchtigung erwartet wird.

Ein Mensch ist im Sinne der ICF also als *funktional gesund* anzusehen, wenn er möglichst kompetent mit möglichst gesunder Konstitution an möglichst normalisierten und subjektiv befriedigenden Lebensbereichen teilnimmt und eingebunden wird. Als Referenz dient hier die Gruppe der Gleichaltrigen ohne entsprechende Gesundheits- und Teilhabeproblematik.

Entsprechend sollte für Herrn K. aus dem Fallbeispiel dessen aktuelle Funktionsfähigkeit und die Beschreibung seines Gesundheitszustandes über die ICF (ergänzend zur Diagnose nach der ICD) vorgenommen werden, um eine für ihn individuell angemessene Begleitung, Behandlung und Rehabilitation planen zu können. Insbesondere für Sozialarbeiter*innen, Sozial-/Pädagog*innen und weitere in sozialen Berufen Tätige, die Menschen mit psychischen Problemen unterstützen und dabei den Fokus auf eine gelingende Lebensführung und die sozialen Bedingungsfaktoren legen, ist letztendlich die ICF für die psychosoziale Diagnostik und lebensweltorientierte Hilfeplanung einschlägiger. Dennoch sollten auch sie die Grundkonstruktion und -intention der ICD kennen, um in multiprofessionellen Teams mitreden und sich bezüglich des psychischen Befundes, der Klassifikation sowie Diagnose orientieren zu können. Dafür ist auch die Einschätzung der praktischen Bedeutung und Reichweite klinischer Diagnosen sowie Abwägung daraus resultierender Behandlungsoptionen bedeutsam (vgl. Kap. 5.4).

5.3 Überblick über die Vielfalt und Häufigkeit psychischer Störungen

Es gibt zahlreiche Lehrbücher, die einen dezidierten Überblick über die verschiedenen psychischen Störungsbilder vermitteln (beispielsweise Bischkopf, Deimel, Walther & Zimmermann, 2017, mit explizit sozialarbeiterischem Zugang; Klaus Dörner et al., 2017a als Klassiker einer sozialpsychiatrisch-anthropologischen Haltung; Hammer & Plößl, 2015 mit konkreten Praxishinweisen für den Umgang mit ausgewählten psychischen Störungen). Vor diesem Hintergrund wird im Folgenden die Vielfalt psychischer Störungen erwachsener Menschen lediglich skizziert und dabei auf Vollständigkeit verzichtet.

Da mit der Einführung der ICD-11 ab 2022 Veränderungen in den Diagnoseschlüsseln eintreten, wird hier der ihr zugrundeliegenden Struktur weitgehend gefolgt: Psychische Störungen sind in Kap. 06 unter *„Mental, behavioural or neurodevelopmental disorders"* in mehreren Unterkapiteln zusammengestellt:

Zu den *neurologischen Entwicklungsstörungen (neurodevelopmental disorders)* werden jene Störungen gezählt, die die Entwicklung des Nervensystems und die Entwicklung von Gehirnfunktionen dahingehend ungünstig beeinflussen, dass psychische Elementarfunktionen, wie Emotionen, Lernfähigkeit, Selbstkontrolle und/oder das Gedächtnis, beeinträchtigt werden. Sie sind erkennbar an der Minderung des Wachstums und der Entwicklung des Gehirns und/oder des Zentralnervensystems, werden üblicherweise bereits im frühen Kindes- und Jugendalter diagnostiziert und sind mit weitreichenden Folgen für die lebenslange Entwicklung verbunden. Hierzu zählen ausgeprägte Beeinträchtigungen hinsichtlich intellektueller Fähigkeiten, spezifische Lernstörungen (z. B. Legasthenie oder Dyskalkulie), die sog. Autismus-Spektrum-Störungen, Kommunikations- und Sprachstörungen sowie die sog. Aufmerksamkeitsdefizit-/Hyperaktivitätsstörung (ADHS).

Sie sind zu unterscheiden von *neurokognitiven Störungen (neurocognitive disorders),* zu denen Störungsbilder zählen, die erworbene (nicht früh in der Entwicklung angelegte und in jungen Jahren offensichtliche) kognitive Einschränkungen klassifizieren. Dazu gehören beispielsweise dementielle Erkrankungen oder Delire (ohne den Einfluss psychotroper Substanzen).

Schizophrenie und andere primär psychotische Störungen beziehen sich auf Störungsbilder, die insbesondere durch Beeinträchtigungen der Realitätsprüfung und Verhaltensänderungen gekennzeichnet sind. Hier werden sog. *Positivsymptome,* die durch ein „Zuviel" an psychischer Aktivität gekennzeichnet sind (z. B. Wahnvorstellungen, Halluzinationen, formale Denkstörungen, Desorganisation der Sprache, nicht nachvollziehbares Verhalten), unterschieden von sog. *Negativsymptomen* (z. B. Apathie, Sprechunvermögen, Affektverflachung, Anhedonie), die ein „Zuwenig" an psychischer Aktivität aufweisen.

Auch können zusätzlich psychomotorische Beeinträchtigungen auftreten, zu denen auch sog. katatone Symptome gehören (d. h. motorische Auffälligkeiten, wie Stupor oder episodenhafte schwere Erregungszustände). Die Symptome treten mit ausreichender Häufigkeit und Intensität auf, um von erwarteten sub-/kulturellen Normen deutlich abzuweichen und sind nicht Merkmale einer anderen Störung (beispielsweise aufgrund eines Substanzgebrauchs).

Von der Schizophrenie an sich werden weiterhin die sog. schizoaffektive Psychose sowie die schizotype Störung unterschieden. Bei *schizoaffektiven Psychosen* treten die diagnoserelevanten Symptome einer Schizophrenie und die einer manischen, gemischten oder depressiven Episode innerhalb derselben Erkrankungsphase entweder gleichzeitig oder innerhalb weniger Tage auf. Eine *schizotype Störung* ist gekennzeichnet durch ein langjähriges Muster an exzentrischem Verhalten, Erscheinungsbild und Sprache, begleitet von kognitiven und Wahrnehmungsverzerrungen, ungewöhnlichen Überzeugungen und sozialem Unbehagen, häufig einhergehend mit einem eingeschränkten Vermögen zu zwischenmenschlichen Beziehungen.

Neu ist die explizite Ausweisung von *Katatonien,* die bislang in der ICD-10 als eine Symptomgruppe unter der Diagnose katatone Schizophrenie aufgenommen war. Mit einer Katatonie ist ein Syndrom von hauptsächlich psychomotorischen Störungen gemeint, das durch das gleichzeitige Auftreten mehrerer körperlicher Symptome gekennzeichnet ist, beispielsweise Stupor (Erstarrung/Reaktionslosigkeit trotz wachen Bewusstseins), Katalepsie (Muskelstarre), Mutismus (Stummheit ohne organischen Befund), Manierismen (gekünsteltes Verhalten) oder Stereotypien (länger währendes Wiederholen der gleichen Ausdrücke, Bewegungen und Gedanken), Echolalie (mechanisches Nachsprechen) und Echopraxie (mechanische Nachahmung von Bewegungen). Sie kann im Zusammenhang mit bestimmten psychischen Störungen auftreten, durch psychoaktive Substanzen (auch Medikamente) hervorgerufen werden oder durch eine andere, nichtpsychischer Erkrankung verursacht werden.

Unter den *affektiven Störungen* werden sog. Stimmungsstörungen *(mood disorders)* zusammengefasst, zu denen bipolare und depressive Störungen gehören. Sie werden nach Art der Episoden und ihrem zeitlichen Verlauf unterteilt, d. h. depressive Episoden, manische Episoden, gemischte Episoden und hypomanische Episoden und bilden die Hauptkomponenten der meisten depressiven und bipolaren Störungen.

Bipolare Störungen sind gekennzeichnet durch das Auftreten manischer Episoden oder Symptome, die sich im Verlauf dieser Störungen mit depressiven Episoden abwechseln. In manischen Episoden ist die Stimmung der betroffenen Menschen situationsinadäquat gehoben, wodurch die üblichen sozialen Hemmungen verloren gehen. Der Antrieb ist vermehrt, was zu Überaktivität, Rededrang und vermindertem Schlafbedürfnis führt. Außenstehende stellen oft eine starke Ablenkbarkeit, überhöhte Selbsteinschätzung, Getriebenheit,

Größenideen und maßlosen Optimismus bei den Betroffenen fest, die diese in der akuten Phase nicht erkennen können und nicht problematisch finden. Die Symptome führen oft dazu, dass die betroffenen Menschen Vorhaben in die Tat umsetzen, welche sie vor und nach den Episoden nicht umsetzen würden, weil sie ihnen nicht angemessen, zu unrealistisch, zu vorschnell erscheinen. Hypomanische Episoden sind durch eine leichtere Ausprägung dieser Symptome gekennzeichnet. Je nach Verlauf und Ausprägung der Episoden werden verschiedene bipolare Störungen unterschieden (Typ I, Typ II, Zyklothymie als dauerhafte Instabilität der Stimmungslage mit eher leichterer Symptomausprägung).

Depressive Störungen sind gekennzeichnet durch eine gedrückte Stimmung (z. B. traurig, gereizt, leer), Freudlosigkeit und Interessenverlust (z. B. schwindendes Interesse an Hobbys) sowie einem verminderten Antrieb (z. B. morgens nicht mehr aus dem Bett kommen), wodurch die Funktionsfähigkeit eines Menschen erheblich beeinträchtigt wird. Eine depressive Störung sollte nicht bei Personen diagnostiziert werden, die jemals eine manische, gemischte oder hypomanische Episode erlebt haben, die auf das Vorhandensein einer bipolaren Störung hinweisen würden. Je nach Verlauf und Ausprägung der Episoden werden auch hier verschiedene depressive Störungen unterschieden (z. B. einzelne oder wiederkehrende depressive Episoden, Dysthymie als langanhaltende depressive Stimmungslage mit eher leichterer Symptomausprägung). Die eingangs genannten Symptome sind je nach Ausprägung und Schweregrad begleitet von weiteren Symptomen, beispielsweise Konzentrationsschwierigkeiten, Gefühl der Wertlosigkeit, Schuldgefühlen, Hoffnungslosigkeit, Suizidalität, Veränderungen des Appetits oder des Schlafes, psychomotorischer Unruhe, Energieverlust und/oder ausgeprägter Müdigkeit.

Angststörungen sind charakterisiert durch übermäßige Befürchtungen und Angstzustände der betroffenen Menschen. Damit verbunden sind Verhaltensauffälligkeiten, die bei allen Angststörungen so schwerwiegend sind, dass sie zu erheblichen psychosozialen Belastungen oder Beeinträchtigungen in persönlichen, familiären, sozialen, erzieherischen oder beruflichen Lebensbereichen führen. Angst und Furcht sind eng verwandte Phänomene: Furcht ist eine Reaktion auf die in der Gegenwart wahrgenommene subjektive Bedrohung (z. B. eine Spinne oder ein Fahrstuhl), während Angst eher zukunftsorientiert ist und sich auf die wahrgenommene erwartete Bedrohung bezieht (z. B. die ständige Sorge, dass Angehörigen etwas passieren) könnte. Furcht- und angstbezogene Störungen unterscheiden sich also in ihren Ausgangsreizen bzw. auslösenden Situationen, was eine wichtige Unterscheidung für eine angemessene Begleitung und Behandlung darstellt. Es werden verschiedene Angststörungen unterschieden:

Bei einer *Generalisierten Angststörung* besteht eine anhaltende Angst, die nicht auf bestimmte Situationen beschränkt ist (frei flottierend), sie äußert sich in ständiger Nervosität, Zittern, Muskelspannung, Schwitzen, Sorgen und beunruhigenden Vorahnungen.

Eine *Panikstörung* ist gekennzeichnet durch wiederkehrende unerwartete Panikattacken (Episoden intensiver Angst oder Besorgnis), die nicht auf bestimmte Reize oder Situationen beschränkt sind. Auch sie sind von körperlichen Symptomen, wie Herzklopfen, Schwitzen, Zittern, Atemnot, Brustschmerzen, Benommenheit, Schüttelfrost, Hitzewallungen, bestimmt. Hinzu kommen die anhaltende Angst vor einem Wiederauftreten solcher Episoden und entsprechend vermeidende, in der Lebensführung stark beeinträchtigende Verhaltensweisen.

Eine *Agoraphobie* zeigt sich in Situationen, in denen eine Flucht schwierig sein kann oder möglicherweise keine Hilfe verfügbar ist, beispielsweise in öffentlichen Verkehrsmitteln, Menschenmengen, in Geschäften oder auf großen unübersichtlichen Plätzen.

Spezifische Phobien beziehen sich auf bestimmten Objekte oder Situationen (z. B. bestimmte Tiere, Fliegen, Höhe, Anblick von Blut), wobei die übermäßige Furcht nicht im Verhältnis zur tatsächlichen Gefahr steht. Eine *soziale Phobie* ist gekennzeichnet durch ausgeprägte und übermäßige Angst oder Furcht, vor der negativen Bewertung durch andere in sozialen Situationen, beispielsweise in Interaktionen (z. B. in einem Gespräch) oder bei Auftritten vor anderen (z. B. einen Vortrag halten). Sämtliche phobiebestimmende Objekte und Situationen werden konsequent vermieden oder nur mit intensiver Angst oder Furcht ertragen.

Als *Trennungsangststörung* wird eine ausgeprägte und übermäßige Angst vor der Trennung von nahestehenden Bindungspersonen bezeichnet (bei Kindern meist die Eltern, bei Erwachsenen meist der*die Partner*in und/oder Kinder). Sie äußert sich beispielsweise in ständigen Schadensbefürchtungen bezüglich der Bindungsperson(en), das Vermeiden, sich für die Arbeit oder Schule von der Bindungsperson zu entfernen, wiederkehrendes übermäßiges Stresserleben bei Trennungsphasen oder wiederkehrende Albträume von Trennungssituationen.

Kennzeichnend für *Zwangsstörungen* sind wiederkehrende Zwangsgedanken (Ideen, Vorstellungen, Impulse) und Zwangshandeln (als sich ständig wiederholende Stereotypien, wie beispielsweise Händewaschen). Kognitive Phänomene wie Besessenheit, aufdringliche Gedanken und gedankliche Eingenommenheit sind für eine Teilmenge dieser Zustände von zentraler Bedeutung. Zwangsgedanken werden von den Betroffenen als unangenehm und Zwangshandlungen meist auch sinnlos und inneffektiv erlebt. Die Symptome von Zwangsstörungen führen wie bei Angststörungen zu erheblichen Belastungen oder erheblichen Beeinträchtigungen in persönlichen, familiären, sozialen, erzieherischen und beruflichen Funktionsbereichen. Das *zwanghafte Horten* (Hoarding Disorder) hingegen ist nicht mit solchen aufdringlichen unerwünschten Gedanken verbunden, sondern zeichnet sich durch ein zwanghaftes Bedürfnis aus, Besitztümer anzusammeln, sowie ausgeprägtem Leiden allein bei der Vorstellung, diese hergeben oder entsorgen zu müssen. Eine *körperdysmorphe Störung* ist gekennzeichnet durch die anhaltende Beschäftigung mit einem oder mehreren subjektiv wahrgenommenen körperlichen Defekten oder Erscheinungsfehlern, die für andere entweder nicht oder nur geringfügig erkennbar sind. Ähnliches trifft auf betroffene Menschen zu, die sich anhaltend mit der (nichtzutreffenden) Annahme beschäftigen, dass sie einen für andere üblen Körpergeruch oder Atem ausstoßen. Menschen mit einer *hypochondrischen Störung* beschäftigen sich anhaltend und übermäßig mit der sie stark beängstigenden Möglichkeit, an einer oder mehreren schwerwiegenden, fortschreitenden oder lebensbedrohlichen Krankheiten unerkannt zu leiden oder zu erkranken. Als *körperbezogene Verhaltensstörungen* werden wiederkehrende und gewohnheitsmäßige Handlungen an der Haut bezeichnet (z.B. Haareziehen, Hautpicken, Lippenbeißen), die begleitet sind von erfolglosen Versuchen, das betreffende Verhalten zu reduzieren oder unterlassen.

Stressbezogene Störungen stehen in direktem Zusammenhang mit der Exposition gegenüber einem subjektiv stressigen (z.B. Scheidung, sozioökonomische Probleme, Trauer) oder traumatischen Ereignis (extrem bedrohlich, üblicherweise einhergehend mit dem subjektiven Erleben von Todesangst und/oder massivem Kontrollverlust) oder einer Reihe solcher Ereignisse oder unerwünschter Erfahrungen. Bei allen stressbezogenen Störungen sind es die Art, das Muster und die Dauer der Symptome, die als Reaktion auf die Stressereignisse – zusammen mit der damit verbundenen Funktionsstörung – auftreten, die die Störungen unterscheiden.

Eine *Posttraumatische Belastungsstörung* (PTBS) ist gekennzeichnet durch das (1) Wiedererleben eines traumatischen Ereignisses (oder mehrerer) in Form lebendiger aufdringlicher Erinnerungen, Rückblenden oder Albträume, einhergehend mit überwältigenden Emotionen und starken körperlichen Empfindungen, (2) das Vermeiden von Gedanken und Erinnerungen oder von Aktivitäten, Situationen oder Personen, die daran erinnern sowie (3) die anhaltende Wahrnehmung einer erhöhten aktuellen Bedrohung (einhergehend mit einer erhöhten Schreckhaftigkeit oder Wachsamkeit). Eine *komplexe posttraumatische Belastungsstörung* (komplex PTBS) ist eine Störung, die sich entwickeln kann, wenn ein Mensch anhaltend oder wiederholt traumatischen Ereignissen ausgesetzt ist, aus denen ein Entkommen schwierig oder unmöglich ist (beispielsweise Folter, Sklaverei, Völkermordkampagnen, anhaltende häusliche Gewalt, wiederholter sexueller oder körperlicher Missbrauch in der Kindheit). Zusätzlich zu den diagnostischen Anforderungen für eine PTBS (s.o.) treten (1) schwerwiegende und anhaltende Probleme bei der Regulierung von Affekten, (2) die Überzeugung, herabgemindert, besiegt oder wertlos zu sein, begleitet von Schamgefühlen, Schuldgefühlen oder Versagen im Zusammenhang mit dem traumatischen Ereignis und (3) Schwierigkeiten, Beziehungen aufrechtzuerhalten und sich anderen nahe zu fühlen, auf. Diese Symptome verursachen erhebliche Beeinträchtigungen in persönlichen, familiären, sozialen, erzieherischen sowie beruflichen Funktionsbereichen.

Eine *anhaltende Trauerstörung* wird diagnostiziert, wenn nach dem Tod eines nahestehenden Menschen eine anhaltende und allgegenwärtige Trauerreaktion auftritt, die durch die Sehnsucht nach dem Verstorbenen oder die anhaltende Beschäftigung mit dem Verstorbenen in Verbindung mit einer intensiven Trauer gekennzeichnet ist. Die Trauerreaktion muss über einen langen Zeitraum andauern (mehr als 6 Monate) und die sozialen, kulturellen oder religiösen Normen der Kultur und des Kontext der betroffenen Person deutlich übertreffen[2].

Eine *Anpassungsstörung* kann diagnostiziert werden, wenn ein Mensch nicht angemessen angepasst auf einen identifizierbaren psychosozialen Stressor oder mehrere Stressoren (z. B. Scheidung, Krankheit oder Behinderung, sozioökonomische Probleme, Konflikte zu Hause oder bei der Arbeit) reagiert, indem er sich übermäßig mit dem Stressor oder seinen Folgen beschäftigt, sich übermäßig und wiederkehrend sorgt und grübelt sowie sich an den Stressor nicht anzupassen vermag.

Dissoziative Störungen sind durch den teilweisen oder völligen Verlust der normalen Integration von Identität, Empfindungen, Wahrnehmungen, Affekten, Gedanken, Erinnerungen, Kontrolle über Körperbewegungen oder von Verhalten gekennzeichnet. Sie werden als Folge einer gestörten Fähigkeit zu bewusster und selektiver Kontrolle psychischer Prozesse gesehen und sind nicht Folge von Substanzeinnahmen, Entzugseffekten, physiologischer oder neurologischer Erkrankungen und nicht Teil einer akzeptierten kulturellen, religiösen oder spirituellen Praxis

Essstörungen umfassen deutlich abweichendes Essverhalten und die übertriebene Beschäftigung mit Lebensmitteln sowie dem eigenen Körpergewicht und der Körperform. Eine *Anorexia nervosa* ist durch erheblichen und gesundheitsschädigenden, selbst herbeigeführten Gewichtsverlust gekennzeichnet. Eine *Bulimia nervosa* hingegen geht mit wiederholten Anfällen von Heißhunger (Essattacken) und einer übertriebenen Beschäftigung mit der Kontrolle des Körpergewichts einher, die zu extremen Maßnahmen veranlasst, um den dickmachenden Effekt der Essattacken zu mildern (z. B. selbstinduziertes Erbrechen, Missbrauch von Abführmitteln). Eine *Binge-Eating-Störung* ist durch

2 Diese neu eingeführte Diagnose ist, wie einige weitere Diagnosen in der ICD-11, umstritten. Entsprechend werden Trauerreaktionen, die über längere Zeiträume andauern und innerhalb des kulturellen und religiösen Kontextes der betroffenen Person üblich sind, als normale Trauerreaktionen angesehen und nicht diagnostiziert.

häufige, wiederkehrende Episoden von ausufernden Essanfällen gekennzeichnet. Während der Binge-Eating-Episode erlebt der betroffene Menschen einen subjektiven Kontrollverlust über das Essen und isst deutlich mehr oder anders als gewöhnlich und fühlt sich unfähig, mit dem Essen aufzuhören oder die Menge der verzehrten Lebensmittel zu begrenzen. Die Episoden werden als sehr belastend empfunden und sind oft von negativen Emotionen wie Schuldgefühlen oder Ekel begleitet.

Bei *körperlichen Belastungsstörungen* erfahren die betroffenen Menschen körperliche (somatoforme) Symptome, die sie selbst als belastend empfinden und auf die sie ihre Aufmerksamkeit übermäßig ausrichten, was meist zu wiederholten Kontakten mit Gesundheitsdienstleistern führt. Auch wenn keine körperlichen Befunde festgestellt werden (können), bleiben die Symptome und/oder das Leiden und die Beschäftigung mit den Symptomen bestehen, weshalb eine zumindest Mitverursachung durch psychische Ursachen und Einflussfaktoren angenommen wird. Typischerweise kommen mehrere medizinisch unklare körperliche (somatoforme) Symptome zusammen, bei denen körperliche Symptome oder Befürchtungen bezüglich körperlicher Erkrankung im Vordergrund stehen. Festzustellen sind oft ähnliche Symptome wie bei Depressionen (Mattigkeit, Erschöpfung, Gereiztheit, Angst, Niedergeschlagenheit, Schlafstörungen etc.), aber kennzeichnend sind folgende Merkmale: die Überzeugung körperlicher Erkrankung, Rückzugs- und Schonverhalten, häufige Arztkontakte, Suche nach Rückversicherung und Entängstigung und Drängen auf organische Untersuchungen.

Störungen aufgrund von Substanzkonsum sind psychische und Verhaltensstörungen, die sich aus dem Konsum von überwiegend psychoaktiven Substanzen (z. B. Alkohol, Nikotin, Medikamente, illegalisierte Drogen) ergeben. Unterschieden werden unterschiedliche Zustände des Substanzkonsums: einzelne Episoden, Konsum (Gebrauch) und sog. Abhängigkeit, substanzbedingte Störungen (wie Substanzvergiftung/Intoxikation, Substanzentzug) und substanzbedingte psychische Störungen, sexuelle Funktionsstörungen und Schlaf-Wach Störungen. Eine sog. *Abhängigkeit* ist gekennzeichnet durch die gestörte Regulierung des sich wiederholenden oder kontinuierlichen Konsums. Charakteristisch ist der starke innere Drang zum Konsum (Craving), der sich in einer eingeschränkten Fähigkeit zur Kontrolle des Konsums, einer zunehmenden Priorität des Konsums gegenüber anderen Aktivitäten und einem anhaltenden Konsum trotz Schadens oder negativer Folgen äußert. Es können je nach Substanz auch physiologische Merkmale der Abhängigkeit vorliegen (Toleranzentwicklung gegenüber den Auswirkungen der Substanz, Entzugssymptome nach Beendigung oder Verringerung des Konsums).

Störungen aufgrund von abhängigem Verhalten ergeben sich aus bestimmten sich wiederholenden belohnenden und verstärkenden Verhaltensweisen, die mit persönlichem Stress oder der Beeinträchtigung persönlicher Funktionen einhergehen und sich aus wiederholten Belohnungsverhaltensweisen ergeben (die keine abhängigkeitserzeugenden Substanzen sind). Sowohl die Glücksspielstörung *(Gambling Disorder)* als auch die Spielstörung (*Gaming Disorder*, „digitales Spielen“ oder „Videospielen“) sind durch ein Muster anhaltenden oder wiederkehrenden Spielverhaltens gekennzeichnet, das online (übers Internet) oder offline erfolgen kann und sich manifestiert durch die (1) beeinträchtigte Kontrolle über das Glücks-/Spielen (z. B. Beginn, Häufigkeit, Intensität, Dauer, Beendigung, Kontext), (2) die Erhöhung der Priorität des Spielens in dem Ausmaß, dass das Spielen Vorrang vor anderen Lebensinteressen und täglichen Aktivitäten hat und (3) die Fortsetzung oder Eskalation des Spielen trotz des Auftretens negativer Konsequenzen. Beide Verhaltensmuster treten so schwerwiegend in Erscheinung, dass es zu erheblichen Beeinträchtigungen in persönlichen, familiären, sozialen, erzieherischen und/oder beruflichen Funktionsbereichen kommt.

Impulskontrollstörungen sind gekennzeichnet durch die Unfähigkeit, dem Antrieb oder Drang zu widerstehen, eine Handlung auszuführen, die den betroffenen Menschen zumindest kurzfristig belohnt, aber längerfristig in der Konsequenz schädigend wirkt (persönlich, familiär, sozial, erzieherisch, beruflich). Hierzu gehören verschiedene spezifische Verhaltensweisen, einschließlich Feuerlegen (Pyromanie), Stehlen (Kleptomanie), sexuelles Verhalten (nicht: sog. Paraphilien) und explosive Ausbrüche.

Störendes Verhalten und dissoziale Störungen sind gekennzeichnet durch anhaltende Verhaltensprobleme, die von deutlich und beharrlich trotzigem, ungehorsamem, provokativem Verhalten reichen (Auftreten am häufigsten in der Kindheit) bis hin zu Verhalten, das die Grundrechte anderer und/oder wichtige altersgemäße gesellschaftliche Normen, Regeln oder Gesetze verletzt (z. B. wiederholte Aggressivität gegenüber Menschen oder Tieren, Täuschungen, Sachbeschädigungen). Auch sie führen zu erheblichen persönlichen, familiären, sozialen, beruflichen Beeinträchtigungen. Isolierte dissoziale oder kriminelle Handlungen an sich sind kein Grund für die Diagnose „dissoziale Störung“.

Persönlichkeitsstörungen (Herpertz, 2018) offenbaren sich in langjährigen Störungen des Selbst (z. B. Identität, Selbstwert, Selbststeuerung) und/oder durch zwischenmenschliche Beeinträchtigungen (z. B. Fähigkeit, enge gegenseitige Beziehungen einzugehen und aufrechtzuerhalten, Fähigkeit, Perspektiven anderer zu verstehen und Konflikte zu bewältigen). Sie manifestieren sich in sog. Mustern der Wahrnehmung, der emotionalen Erfahrung, des emotionalen Ausdrucks und des Verhaltens, die nicht ausreichend angepasst bzw. nicht situationsangemessen flexibel oder regulierbar sind. Sie treten in verschiedenen persönlichen und sozialen Situationen zutage. Dabei sind die zugrundeliegenden Persönlichkeitsmuster nicht entwicklungsangemessen und können nicht durch soziale oder kulturelle Faktoren sowie gesellschaftspolitische Konflikte erklärt werden. Unterschieden werden folgende sechs Persönlichkeitsmuster:

- sog. *negative Affektivität,*
- emotionale und zwischenmenschliche *Distanziertheit,*
- *Dissozialität* (i. S. v. Ich-Bezogenheit und Empathiemangel),
- *Enthemmtheit* (i. S. v. Impulsivität; Ablenkbarkeit; Verantwortungslosigkeit, Leichtsinnigkeit),
- *Zwanghaftigkeit* (i. S. v. Perfektionismus und Kontrolliertheit).
- Das *Borderline-Persönlichkeitsmuster* (dauerhafte Instabilität zwischenmenschlicher Beziehungen, des Selbstbildes und der Affekte sowie eine ausgeprägte Impulsivität).

Auch diese Muster führen zu erheblichen persönlichen, familiären, sozialen und beruflichen Beeinträchtigungen. Unterschieden werden leichte, mittlere und schwere Ausprägungen von Persönlichkeitsstörungen, wobei davon ausgegangen wird, dass die Abstufungen dazwischen kontinuierlich sind und die individuellen Persönlichkeitsmuster (sog. *trait domains*) an sich auch mehr oder weniger „normal" sind, weil jeder Mensch ein gewisses Maß an Distanziertheit, Dissozialität, Enthemmtheit, Zwanghaftigkeit und psychischer Instabilität in sich trägt und die Kombination spezifischer Ausprägungen darin die menschliche Persönlichkeit in seiner Individualität ausmacht. Insgesamt stellen Persönlichkeitsstörungen eine der umstrittensten Kategorisierungen dar, weil sie die schwierige Frage aufwerfen, wie akzentuiert eine Persönlichkeit ausgeprägt sein darf, dass sie (noch) nicht als Persönlichkeitsstörung diagnostiziert werden sollte, sondern eher als ausgeprägter, individueller Persönlichkeitsstil. Zudem ist es oft schwierig, eine Behandlung anzuregen, weil vielen Betroffenen nicht bewusst ist, dass sie soziale und psychische Probleme haben, die auf ihre inflexiblen Denk- und Verhaltensweisen zurückzuführen sind, d. h. der Leidensdruck manifestiert sich oft eher im sozialen Umfeld oder indirekt aufgrund der Folgen des inflexiblen, ausgeprägten Verhaltens der Betroffenen (z. B. Einsamkeit).

Weitere in der ICD-11 aufgeführte Störungsgruppen sind unter anderem die sog. *Paraphilien* als anhaltende und intensive Muster atypischer sexueller Erregung (z. B. Pädophilie, Exhibitionismus, Sadismus), denen ihnen ausgesetzte Menschen nicht zustimmen können oder wollen. Ferner werden aufgeführt: bei sich oder anderen (vorzugsweise Kindern) *künstlich* und absichtlich herbeigeführte oder verschlimmerte körperliche Erkrankungen oder psychische *Störungen* (sog. *factitious disorders*), *neurokognitive Störungen* (z. B. Delire, Demenzen) sowie Syndrome im Zusammenhang mit Schwangerschaft oder Wochenbett. Sie werden hier nicht weiter ausgeführt (abrufbar unter https://icd.who.int/browse11/Kap. 06).

Die nachfolgenden *Prävalenzangaben* (12-Monats-Prävalenz) stützen sich überwiegend auf Ergebnisse aus der „Studie zur Gesundheit Erwachsener in Deutschland" (DEGS1) und deren Zusatzmodul „Psychische Gesundheit"

(DEGS1-MH) und lösen den 15 Jahre zurückliegenden Bundesgesundheitssurvey von 1998 ab (Jacobi et al., 2016).

Die Autor*innen stellten fest, dass die 12-Monats-Prävalenz psychischer Störungen in der deutschen Bevölkerung im Alter von 18 bis 79 Jahren (d.h. Erkrankungshäufigkeit innerhalb eines Zeitraums von 12 Monaten) insgesamt 27,8 % beträgt (ohne Nikotinabhängigkeit), wobei erhebliche Unterschiede in verschiedenen Gruppen (z.B. Geschlecht, Alter, sozialer Status) verzeichnet wurden. Weniger als die Hälfte der Betroffenen berichtete, aktuell wegen psychischer Probleme in Behandlung zu sein (10–40 % in Abhängigkeit von der Anzahl der Diagnosen).

Angststörungen treten am häufigsten auf (15,4 %), gefolgt von Affektiven Störungen (9,8 %), Substanzgebrauchsstörungen insgesamt (16,7 %; inklusive Nikotin; inklusive Substanzabhängigkeit und -missbrauch; Komorbidität verschiedener Substanzen), Zwangsstörungen (3,6 %), somatoformen Störungen (3,5 %), möglichen psychotischen Störungen (2,6 %), Posttraumatischer Belastungsstörung (2,3 %) und Essstörungen (0,9 %). Die Prävalenzen für Persönlichkeitsstörungen werden mit 6–10 % angegeben, wobei auch hier die Häufigkeiten in Abhängigkeit von soziodemographischen Daten schwanken und Zusammenhänge mit anderen psychischen Störungen und Auffälligkeiten wie Substanzmissbrauch oder Alkoholabhängigkeit festgestellt wurden (Fiedler, 2018).

Was die *Substanzgebrauchsstörungen* (sog. Suchterkrankungen) betrifft, ist festzuhalten, dass sie eine erhebliche Komorbidität zu anderen psychischen Störungen (z.B. Depressionen, Angststörungen) aufweisen. Zudem bestehen erhebliche Unterschiede in den Prävalenzen mit Blick auf verschiedene Substanzen (Jacobi et al., 2016): Nikotinabhängigkeit 13,2 %, Medikamentenmissbrauch und -abhängigkeit zusammen 2,1 %, Alkoholmissbrauch und -abhängigkeit zusammen 4,8 %, wobei hierzu beispielsweise von der Deutschen Hauptstelle für Suchtfragen vielfach höhere Prävalenzangaben für Substanzgebrauchsstörungen angegeben werden (Deutsche Hauptstelle für Suchtfragen [DHS], 2020).

Die Zusammenstellung zeigt, dass ein erheblicher Anteil der Bevölkerung – unbenommen der Dunkelziffer – psychische Probleme dergestalt haben, dass sie die Kriterien für psychische Störungen erfüllen, woraus sich ein Behandlungs- sowie Unterstützungsanspruch ergibt. Menschen mit psychischen Störungen oder in psychosozialen Krisen haben darüber hinaus ein deutlich erhöhtes *Risiko, durch Suizid zu sterben* (Eink & Haltenhof, 2017, S. 31). Besonders betroffen sind Menschen, die an einer Depression, an einer Suchterkrankung, einer bipolaren Störung, an einer Schizophrenie oder einer Persönlichkeitsstörung leiden (vgl. Wolfersdorf, 2000).

Darüber hinaus sind jene Menschen zu bedenken, die im Zusammenhang mit psychischen Problemen bzw. Störungen in die *Wohnungslosigkeit* geraten oder dort unterversorgt verbleiben. Wenngleich hier kaum Angaben zu Prävalenzen vorliegen (Briner, Jäger, Kawohl & Baumgartner-Nietlisbach, 2017; T. Reker & Eikelmann, 1997), ist davon auszugehen, dass Mehr als zwei Drittel wohnungsloser Menschen die Kriterien einer psychischen Störung erfüllen, wobei Suchterkrankungen dominieren, aber auch Psychosen, affektive Störungen und Persönlichkeitsstörungen häufiger als in der Allgemeinbevölkerung vorkommen (Kellinghaus, Eikelmann, Ohrmann & Reker, 1999).

Psychische Probleme und Störungen tangieren auch die Angehörigen der betroffenen Menschen, wenngleich nicht immer Kontakt zu ihnen besteht. Mit Blick auf die *Kinder psychisch erkrankter Menschen* wird davon ausgegangen, dass allein circa 20 % der Kinder von einer psychischen Störung ihrer Eltern betroffen sind (in Deutschland: ca. 3 Millionen Kinder) und dass betroffene Kinder selbst ein erhöhtes Risiko im Längsschnitt aufweisen, ebenfalls eine psychische Störung zu entwickeln (zusammenfassend Wlodarczyk, Metzner & Pawils, 2017).

Psychische Störungen (als Teilmenge psychischer Probleme) betreffen also direkt oder indirekt einen erheblichen Anteil der Bevölkerung, inklusive der Angehörigen, und gehen häufig mit erhöhten Sterberaten sowie weiteren psychosozialen Problemlagen einher.

5.4 Praxisbezüge: Vor- und Nachteile klinischer Diagnosen und soziale Diagnostik

Fachkräfte messen den Informationen, die sie zu einer Lebens- und Problemlage wie im Beispiel von Herrn K. bekommen, unterschiedliche Bedeutungen und Gewichtungen bei: Welche Informationen aus der Fallbeschreibung sind persönlich interessant, welche Informationen werden für die Arbeit mit Herrn K. für relevant gehalten (und warum)? Was lösen Informationen zu einer beispielsweise Schizophrenie-Diagnose aus? Welche Prognose wird aufgrund der Diagnose angenommen, wie wird es für Herrn K. weitergehen, mit und ohne professionelle Unterstützung?

Die vorangestellten Fragen zielen auf die Reflexion darüber ab, welche Vor- und Nachteile sich aus klinischen Diagnosen für die Betroffenen sowie Fachkräfte ergeben. Es handelt sich hierbei um ein kontrovers diskutiertes Themenfeld, das im Folgenden kurz skizziert werden soll. Ein wichtiger *Vorteil* sorgfältig erstellter, zuverlässiger Diagnosen ist, dass sie den Anspruch auf eine adäquate Behandlung begründen und die Möglichkeit geben, sich zu dem diagnostizierten Störungsbild, seinen üblichen Ursachen, seinem üblichen Verlauf und fachlich-begründeten Hinweisen zur angemessenen Begleitung und Behandlung zu belesen. Klinische Diagnosen beschleunigen auch die Kommunikation zwischen Fachkräften und verbessern die Veranlassung weiterer Untersuchungsschritte sowie die trennscharfe Indikation für die Behandlung bestimmter Störungsbilder. Das heißt, wenn beispielsweise eine Fachkraft die Diagnose von Herrn K. kennt, kann er dessen Symptomatik in akuten Phasen angemessen einordnen und zu anderen Störungsbildern abgrenzen sowie sich vergegenwärtigen, welche stationären, teilstationären und ambulanten Hilfsangebote und Möglichkeiten der Selbsthilfe für einen Menschen während und nach einer akuten Phase beispielsweise paranoider Schizophrenie oder schizoaffektiver Psychose existieren und für ihn in Frage kommen. Eine klinische Diagnose wird von vielen Betroffenen sowie Angehörigen oft auch als Erleichterung dahingehend aufgefasst, dass sie nun „wissen, was mit ihnen los ist" und sie damit auch Hoffnungen auf Besserung und Behandlung verbinden.

Die Klärung und damit verbundenen Hoffnungen sind allerdings nur eine Seite der Medaille: Ein *Nachteil* von Diagnosen ist ganz klar die damit einhergehende Stigmatisierung, um die viele betroffene Menschen wissen und sie befürchten. Diagnosen als „Etiketten" (vgl. sog. Labeling Approach, Szasz, 1960; Scheff, 1980) erhöhen nachgewiesen die Wahrscheinlichkeit von *Stigmatisierung,* d. h. sie können zu struktureller und öffentlicher Diskriminierung führen und selbstdiskriminierendes Handeln nach sich ziehen (Rüsch, Angermeyer & Corrigan, 2005). Diskriminierung erfolgt auf verschiedenen Ebenen:

Strukturelle Diskriminierung liegt vor, wenn beispielsweise psychisch erkrankte Menschen vor dem Gesetz anders behandelt oder über die Krankenkassen schlechter versorgt werden als somatisch erkrankte Menschen. Öffentliche Diskriminierung liegt vor, wenn beispielsweise in Krimis die Straftäter*innen überdurchschnittlich häufig als psychisch Kranke dargestellt oder Wohnungen und Arbeitsplätze auf dem ersten Arbeitsmarkt bevorzugt nicht an psychisch erkrankte Menschen vergeben werden. *Selbstdiskriminierendes Handeln* liegt dann vor, wenn betroffene Menschen die allseits bekannten *Stereotype* (z. B. „Verrückte sind nicht belastbar!"), die zu emotional nachteilig wirkenden *Vorurteilen* führen (z. B. „Ja, deshalb sollte man sie auch lieber nicht als Mitarbeiter*innen einstellen."), annehmen und sich entsprechend selbstdiskriminierend verhalten (z. B. sich deshalb nicht mehr auf Arbeitsplätze auf dem ersten Arbeitsmarkt bewerben oder sich sozial zurückziehen). Diagnosebetroffene Menschen (und ihre Angehörigen) kennen die in unserer Gesellschaft verbreiteten Stereotype genauso wie alle anderen, weil auch sie mit ihnen aufgewachsen sind. Selbstdiskriminierendes Verhalten geht häufig mit einem vermindertem Selbstwertgefühl und reduzierten Selbstwirksamkeitserwartungen einher und zieht sozialen Rückzug nach sich.

Es gibt allerdings zunehmend auch betroffene Menschen, die diese Prozesse und Zuschreibungen für ungerecht halten und als nicht gerechtfertigt erkennen und sich entsprechend dagegen wehren. Sie sind häufiger in Selbsthilfeinitiativen oder als Peer-Berater*innen aktiv und gehen mit der ihnen zugeschriebenen Diagnose öffentlich(er) und proaktiver um (beispielsweise über den Bundesverband Psychiatrie-Erfahrener: https://bpe-online.de/ oder über https://powerus.eu/countries/germany/).

Auch die Praxis trägt dieser Entwicklung zunehmend Rechnung, indem zum einen versucht und diskutiert wird, wie betroffene Menschen auch im Studium und in der Ausbildung für soziale Berufe stärker involviert werden können (sog. Service User Involvement), um deren Perspektive bereits in die Ausbildung angemessen einfließen zu lassen (Laging, 2018). Zum anderen stellen viele Träger mittlerweile auch Betroffene als sog. Peers ein, die die gemeindepsychiatrische Versorgung von Menschen mit psychischen Problemen, in psychosozialen Krisen oder mit psychischen Störungen bereichern, ergänzen und blinde Flecken der Versorgung durch Fachkräfte ausgleichen (beispielsweise als Berater*innen in Ergänzenden Unabhängigen Teilhabeberatungsstellen, sog. EUTBs, als Genesungsbegleiter*innen in Psychiatrischen Tages-/Kliniken oder bei Trägern der Eingliederungshilfe, vgl. Utschakowski, 2015). Auch im stationären Bereich (z. B. psychiatrischen Kliniken) werden vermehrt Expert*innen aus Erfahrung zur Förderung des Trialogs zwischen Fachkräften, Betroffenen und Angehörigen eingebunden (z. B. Schulz, 2016).

Ein weiterer Nachteil von klinischen Diagnosen ist der damit verbundene *Informationsverlust*. Wann immer wir klassifizieren, entgehen uns Informationen und damit ein Teil der Einmaligkeit der untersuchten Person. Entsprechend ist Herr K. kein „Schizophrener", sondern ein Mensch mit akuten Phasen einer (vermutlich) Paranoiden Schizophrenie oder schizoaffektiven Psychose (gewesen). Außerdem ist er Sohn, vielleicht begnadeter Tänzer, geschickter Handwerker, wunderbarer Koch, hilfsbereiter Nachbar und/oder das charmanteste Mitglied seiner Lesegruppe. Als weiterer problematischer Punkt ist zu erwähnen, dass Diagnosen als *kategoriale statt dimensionaler Klassifikation* insofern die Realität ignorieren, als sich die meisten Symptome angemessener dimensional (d. h. kontinuierlich abgestuft) beschreiben lassen. Schubladenartige Kategorien, wie „depressiv" versus „nicht depressiv", sind demnach künstlich, da die Häufigkeit und Intensität beispielsweise depressiver Symptome üblicherweise über die Zeit und über Situationen hinweg variieren. Diesem Umstand versuchen die Aktualisierungen der Klassifikationssysteme (im DSM-5 sowie der ICD-11) zunehmend Rechnung zu tragen, indem sie für zahlreiche Störungsbilder zwischen leichten, mittleren und schweren Zustandsbildern zu unterscheiden versuchen (und sich damit wiederum dem Vorwurf aussetzen, in unangemessener Weise zur Inflation klinischer Diagnosen beizutragen, vgl. Frances, Schaden & Keil, 2013).

Fakt ist, dass die in den aktuell geltenden Klassifikationssystemen beschriebenen Störungsbilder sowohl kulturell als auch historisch eingebettet zu verstehen, also einem beständigen Wandel unterworfen und keinesfalls fest definiert sind. Entsprechend ist damit zu rechnen, dass auch in den kommenden Ausgaben der Klassifikationssysteme Störungen gestrichen, anders beschrieben und neue Störungen „hinzugekommen" sein werden.

Für die Praxis der Arbeit mit Menschen mit psychischen Störungen bedeutet dies, dass klinische Diagnosen nur einen Ausschnitt des Denkens, Erlebens, Verhaltens dieser Menschen anhand künstlich geschaffener Klassifikationssysteme darstellen (sie sind zeit- und kulturabhängig konstruiert). Betroffenen sind nicht nur im Lichte ihrer Diagnosen zu betrachten und ihre Erlebens- und Verhaltensweisen sollten nicht nur auf ihre Diagnosen attribuiert werden. Zur Entstigmatisierung psychischer Störungen und Ermächtigung (Empowerment) von Menschen, die selbst psychische Störungen hatten, hat es sich sowohl für die sog. Professionellen (Sozialarbeiter*innen, Ärzt*innen, Psycholog*innen, weitere in sozialen Berufen Tätige) als auch für die Angehörigen betroffener Menschen als fruchtbar erwiesen, diese *Expert*innen aus Erfahrung* mit in die Begleitung und Behandlung psychischer Störungen und Krisen anderer Betroffener aktiv einzubeziehen.

Zusammenfassend lässt sich sagen, dass Fachkräfte, die Menschen mit psychischen Problemen und Störungen begleiten, sich auch mit der nicht leicht zu beantwortenden Frage befassen müssen, welcher Mehrwert sich aus der praktischen Arbeit für sie und die betroffenen Menschen ergibt, wenn klinische Diagnosen gestellt werden. Die Nützlichkeit von Diagnosen, zumindest im Austausch in multiprofessionellen Teams sowie mit betroffenen Menschen und ihren Angehörigen, ist nicht von der Hand zu weisen.

Im Rahmen der klinisch-psychologischen Diagnosestellung erfolgt neben der kategorialen Klassifikation (Welche Störung liegt vor?) auch die *dimensionale Erfassung des Schweregrades* sowie eine Einschätzung der psychosozialen Problemkonstellation jenseits der psychischen Symptomatik (sog. *Problemanalyse*). Zunehmend wird auch erkannt, dass nicht nur die Fokussierung auf Probleme angezeigt ist, sondern auch *Ressourcen* zu diagnostizieren sind (z. B. Willutzki, 2008; Klemenz, 2012; Wüsten, 2016). Das heißt, dass üblicherweise im Rahmen der klinischen Diagnostik auch weitere Informationen eingeholt werden, die über die ausschließliche Symptomerfassung und -verdichtung zu klinischen Diagnosen hinausgehen.

Für in sozialen Berufen Tätige sind zusätzlich Verfahren der Sozialen Diagnostik einschlägig (Buttner et al., 2018; Pantuček, 2009), die eine adäquatumsichtige Diagnostik im Sinne eines biopsychosozialen Verständnisses psychischer Probleme und Störungen befördern (Gahleitner et al., 2013). Dadurch werden störungsbedingte Einschränkungen in der alltäglichen Lebensführung und deren soziale Folgen dezidierter in den Blick genommen (z. B. Isolation, Arbeitsplatzverlust, vermeidbare stationäre Unterbringungen) und werden die sozialen Verhältnisse stärker beachtet, unter denen Menschen mit klinisch-psychologischen Diagnosen leben (vgl. Sommerfeld et al., 2016).

5.5 Selbstbezüge: Sekundäre Traumatisierung und Burnout

Fachkräfte, die Menschen mit psychischen Problemen und Störungen begleiten, müssen selbst damit rechnen und/oder haben die Erfahrung bereits gemacht, dass auch sie verletzlich sind und psychische Störungen entwickeln können. Dies ist dem Umstand geschuldet, dass Sozialarbeiter*innen, Psycholog*innen, Ärzt*innen, Pädagog*innen, Pflegende und weitere psychosozial tätige Berufsgruppen rein statistisch gesehen *auch* zu den knapp 30 % der Bevölkerung mit diagnostizierbaren psychischen Störungen gehören (vgl. Kap. 5.3). Es sind nicht nur „die anderen". Hinzu kommt, dass sie aufgrund ihrer Handlungsfelder und Tätigkeitsprofile dem Risiko für bestimmte Störungsbilder oder Syndrome eher ausgesetzt sind als andere Berufsgruppen, die weniger psychosozial intensiv tätig sind. Auf zwei *dieser* spezifischen Syndrome soll im Folgenden kurz für die Selbstreflexion im Sinne von Selbstfürsorge eingegangen werden.

Speziell in der Zusammenarbeit mit traumatisierten Menschen können für psychosozial professionell Tätige Belastungen entstehen, die denen einer Posttraumatischen Belastungsstörung nicht unähnlich sind. Bei dieser sogenannten *Sekundärtraumatisierung* (bzw. Sekundäre Traumatisierung) erleben die Helfenden vergleichbare Symptome, wie sie von traumatisierten Menschen berichtet werden (z. B. Alpträume, intrusive Gedanken und Bilder, Depression, Gereiztheit, Bedrohungsgefühle). Die Reaktionen darauf können einhergehen mit sozialem Rückzug, Konzentrationsschwierigkeiten und erhöhtem Konsum von Alkohol und Medikamenten (Daniels, 2008). Wenngleich die Existenz der Sekundärtraumatisierung als eigenständiges Syndrom oder Störungsbild kritisch diskutiert wird (Sonnenmoser, 2010), insbesondere weil (noch) nicht klar ist, ob die Symptome aufgrund der Beschäftigung mit den Traumaerfahrungen anderer Menschen entstehen und/oder Folge eigener Vorbelastungen und Vulnerabilität sind, so sollte dennoch die persönliche Belastung durch die Arbeit mit traumatisierten Menschen nicht unterschätzt werden. Nicht jede*r ist aufgrund seiner eigenen biopsychosozialen Konstitution und derzeitigen Verfassung in gleicher Weise für die Arbeit mit traumatisierten Menschen vorbereitet oder psychisch ausgestattet.

Gerade im Kontext sozialer und psychosozialer Berufe wird seit den 1990er Jahren das sog. *Burnout-Syndrom* vermehrt diskutiert und hat auch in Deutschland eine zunehmende Beachtung erfahren (Klassiker: Enzmann & Kleiber, 1989). Damit gemeint ist eine körperliche, geistige und emotionale Erschöpfung, die als Auswirkung auf langanhaltende negative Gefühle (emotionalem Stress) entsteht. Auch mit der Einführung der ICD-11 wird Burnout weiterhin nicht als psychische Störung aufgeführt, sondern als „Faktor, der den Gesundheitszustand oder den Kontakt mit Gesundheitsdiensten beeinflusst", speziell als „Problem in Verbindung mit Arbeit oder Arbeitslosigkeit“ (QD85). Hiernach wird Burnout definiert als Folge von chronischem Stress am Arbeitsplatz, der nicht erfolgreich bewältigt wird. Kennzeichnend sind drei Dimensionen:

1. Gefühle des Energieverlustes, der Erschöpfung, des Ausgebranntseins,
2. eine erhöhte innere Distanz zum Arbeitsplatz, arbeitsplatzbezogener Negativismus oder Zynismus und
3. eine verminderte berufliche Leistungskraft.

Burnout bezieht sich nun speziell auf Phänomene im beruflichen Kontext und soll nicht mehr zur Beschreibung von psychischen Erlebenswelten in anderen Lebensbereichen angewendet werden. Genau diese Veränderung mit der ICD-11 ist nicht unumstritten, weil erstens damit Burnout in nichtberuflichen Zusammenhängen nicht berücksichtigt wird (z. B. Genese durch Belastungen bei der Kindererziehung oder der Pflege Angehöriger), weil zweitens ignoriert wird, dass eine derartige Verfassung nicht auf die Arbeitssituation beschränkt sein kann, sondern immer auch in das Privatleben hineinreicht, und weil drittens die Diskussion darüber, ob Burnout nicht eine Unterform von Depressionen darstelle, nicht aufgelöst wird.

Dennoch ist hier Wachsamkeit angezeigt, was das „Ausbrennungspotenzial“ bestimmter Arbeitsfelder, Arbeitssituationen und Arbeitsprofile in Wechselwirkung mit der eigenen Vulnerabilität betrifft: Inwiefern sind die Arbeitsbedingungen und der eigene Arbeitsplatz so angelegt, dass dort anfallende psychosoziale Belastungen durch potenziell burnoutgefährdete Beschäftigte überhaupt erfolgreich bewältigbar sind?

Seit 2013 sind Unternehmen gemäß Arbeitsschutzgesetz (§ 5 Abs. 6 ArbSchG) dazu verpflichtet, auch eine Gefährdungsbeurteilung psychischer Belastung vorzunehmen. Dabei sind nicht die einzelnen Beschäftigten zu beurteilen, sondern die Arbeitsbedingungen entlang fünf psychosozial einschlägiger Themenbereiche (vgl. https://www.gda-psyche.de/):

1. Arbeitsinhalte und Arbeitsaufgaben (z. B. Handlungsspielräume, Verantwortung, Qualifikation, emotionale Inanspruchnahme),
2. Arbeitsorganisation (z. B. Arbeitszeiten, Arbeitsabläufe, Kommunikationswege),
3. soziale Beziehungen (z. B. mit Kolleg*innen sowie Vorgesetzten),
4. Arbeitsumgebung (z. B. Lärm, Arbeitsplatzgestaltung) und
5. Arbeitsformen (z. B. Telearbeit, Befristung von Arbeitsverträgen).

Somit wird deutlich, dass eben nicht allein das Individuum für seine psychische Gesundheit und die Minimierung des Burnout-Risikos verantwortlich gemacht werden kann, sondern auch Arbeitgeber*innen. Wie werden in Ihrer Organisation Gefährdungsbeurteilungen psychischer Belastung vorgenommen? Wo und wie wird das Thema in Ihrem Berufsalltag aufgegriffen?

6. Wie werden Menschen mit psychischen Problemen, Krisen, Störungen hilfreich begleitet, behandelt, verhandelt?

Die Bandbreite an Unterstützungsangeboten und -settings sowie Leitgedanken und wesentliche Handlungsmaxime sind Gegenstand dieses Kapitels. Aufgrund der bereits erläuterten Vielfalt an psychischen Problemen von akuten psychosozialen Krisen bis hin zu langwierigen Verläufen schwerer psychischer Störungen wird zunächst als Einordnungshilfe die „Versorgungslandschaft" für Menschen mit psychischen Problemen, Krisen und Störungen kurz skizziert. Ferner wird herausgestellt, dass eine hilfreiche Unterstützung zwei wesentliche Zielgrößen berücksichtigen muss: die zur Verfügung stehenden und weiter zu optimierenden Versorgungsstrukturen *und* die Adressat*innen psychologischer und psychosozialer Unterstützung als Individuen. Dabei sollten folgende haltungs- und handlungsbezogenen Ziele und Leitgedanken die Arbeit mit betroffenen Menschen prägen: Bedürfnisorientierung, soziale Teilhabe, Salutogenese, Resilienz, Recovery, Prävention und Gesundheitsförderung sowie ein lebensweltorientiertes und lebensweltenoffenes Vorgehen.

Es existieren verschiedene Varianten des psychosozialen Helfens („Helfen ist nicht gleich Helfen."), derer sich Fachkräfte durchaus bewusst sein sollten, um ihren Auftrag nicht aus dem Blick zu verlieren. Dabei können sie ihr Handeln auf personenzentrierter Ebene an (ursprünglich für die Psychotherapie empirisch abgesicherten) allgemeinen Wirkfaktoren ausrichten: das Bemühen um eine helfende Beziehung, die kontinuierliche Klärung von Motiven und Zielen, die explizite Ausrichtung auf Ressourcen und die aktive, lebensweltnahe Unterstützung bei der selbständigen Inangriffnahme psychischer Probleme. Darüber hinaus sollte die Spannbreite an multimodalen Unterstützungsangeboten individuumsbezogen zur Anwendung kommen, wobei die sog. S3-Leitlinien Anhaltspunkte geben, was im aktuellen fachlich-wissenschaftlichen Diskurs als wirksam oder wirkungsvoll erachtet wird.

Abschließend wird zusammengefasst, wo und wie Fachkräfte auch Menschen mit psychischen Problemen hilfreich begegnen können, die momentan oder durchweg keine professionelle Hilfe annehmen können oder möchten (von „Professionelle Hilfe? Nein danke!" bis „Nie wieder!"). Hierzu zählen sog. „hard to reach"-Klient*innen mit psychischen Problemen (z. B. psychisch erkrankte wohnungslose Menschen, Betroffene mit ungeklärtem Aufenthaltsstatus in Deutschland, Sexarbeiterinnen „ohne Papiere" u. a.), Menschen, die sich per Selbsthilfe – auch gegenseitig – helfen sowie Angehörige und Nahestehende von Menschen mit langwierigen und/oder schweren psychischen Problemen.

6.1 Fallbeispiele

Herr A. besucht aktuell eine Tagesklinik, nachdem er zwei Wochen wohnortnah, aber stationär in der psychiatrischen Abteilung einer Klinik wegen einer sog. drogeninduzierten Psychose behandelt wurde. Seine Einweisung erfolgte nicht freiwillig und er wollte so schnell wie möglich zurück nach Hause zu seiner Freundin und kleinen Tochter, traue sich aber noch nicht zu, tagsüber allein zu Hause „den Tag auf die Reihe zu kriegen" und wolle „sowas nicht noch einmal erleben". Er hofft, in einer Tagesklinik vorübergehend Unterstützung und Anregungen für seinen Genesungsweg zu finden.

Frau F. schreibt per E-Mail einem überregionalen Krisendienst von ihren psychischen Problemen: Sie habe große Angst aus dem Haus zu gehen, sei darüber total vereinsamt und befürchtet, eine „Trinkerin" geworden zu sein. Sie habe keine Ideen, wie sie aus ihrer misslichen Entwicklung wieder herauskommen kann. Das einzige, was sie am Leben halte, seien ihre beiden Kaninchen, für die sie sorgt. Alles, was sie brauche, bestelle sie über das Internet. Den Müll und ihre Flaschen entsorge sie nachts. Sie lebt von einer Witwenrente und den Ersparnissen ihres verstorbenen Mannes.

S. lehnt Schubladen wie psychiatrische Diagnosen oder „männlich/weiblich" ab. Als Geschlecht bei der Geburt wurde weiblich eingetragen, für die Bewilligung der psycho-sozialen Unterstützung wurde als Diagnose eine Borderline-Persönlichkeitsstörung festgehalten und eine Traumafolgestörung vermutet. S. lebt im sog. Appartementwohnen bei einem gemeindepsychiatrischen Träger der Eingliederungshilfe und lehnt wahlweise die Bezugsbetreuerin, die Mitbewohner*innen in der Einrichtung und/oder die psychosozialen Angebote (Einzeltreffen, Gruppenangebote) ab, wodurch S.s Platz gefährdet ist.

Herr P. lebt seit seinem Zuzug aus Osteuropa auf der Straße. Er trinkt ohne aufhören zu können und ist hochgradig gedrückt in seiner Stimmung, weil er seine Familie „verloren" habe. Sein Tag ist geprägt vom Aufsuchen der Unterstützungsangebote in der Großstadt, am liebsten gehe er zur Stadtmission am Bahnhof, unter anderem weil er dort auch medizinisch wegen seiner Hautprobleme behandelt werde. Er sei froh, wenn dort Herr S. Dienst hat. Der könne zuhören und verbreite immer Hoffnung, dass es eines Tages besser werde.

A. (17 Jahre) lebt in einem kleinen Dorf zusammen mit ihrer alleinerziehenden Mutter. Sie möchte in die Stadt ziehen und nach dem Schulabschluss (Abitur) eine Ausbildung anfangen. Ihre Mutter droht, sie werde sich umbringen, wenn sie weggehe. A. weiß weder Hilfe für sich noch für ihre Mutter, die seit langem psychische Probleme habe. Während eines Schulausflugs in die benachbarte Stadt kommt sie mit ihrer besten Freundin zufällig an einem Büro einer psychosozialen Beratungsstelle vorbei, nimmt „spontan" all ihren Mut zusammen und geht hinein.

Frau Z., die in einer Kleinstadt lebt, hat vor kurzem „heimlich" eine krankenkassenfinanzierte Psychotherapie angefangen. Offizielle Diagnosen sind eine Angst- sowie eine Somatisierungsstörung. Frau Z. erhofft sich insgeheim, dass sie sich traut, sich von ihrem gewalttätigen Mann zu trennen. Sie hat große Angst, dass ihr Mann und ihre Familien von ihren Absichten erfahren. Im Vorzimmer nimmt sie einen Flyer für eine Selbsthilfegruppe gewaltbetroffener Frauen mit, ist sich aber noch unsicher, welchen Weg sie gehen kann, um akut und perspektivisch für sich gut zu sorgen.

Die Skizzierung der Fallbeispiele veranschaulicht lediglich eine kleine Auswahl an Lebenslagen, in denen sich Erwachsene mit psychischen Problemen befinden können, und soll verdeutlichen, dass sowohl allgemeine Standards in der psychosozialen Unterstützung zu berücksichtigen als auch sehr spezifisch zugeschnittene bedürfnisorientierte Zugänge notwendig sind, um der individuellen Lage des jeweils betroffenen Menschen gerecht zu werden.

6.2 Versorgungslandschaft für Menschen mit psychischen Problemen

Das Wort Versorgungslandschaft ist etwas irreführend, wird aber dennoch in vielen Kontexten verwendet und daher hier übernommen: *Ver-Sorgung* impliziert eine „fürsorgliche" Perspektive, nach der jemand etwas für den anderen tut, ihn versorgt. Soweit man dabei an die staatliche Verpflichtung zur Versorgung seiner Bürger*innen denkt, mag der Terminus passen. Er vernachlässigt allerdings, dass die tatsächliche Unterstützung von Menschen mit psychischen Problemen im Rahmen der persönlich-individuellen Begegnung nicht mit einem Supermarkt, der die Anwohner*innen mit Lebensmitteln versorgt, vergleichbar ist, sondern – zumindest auf dieser personenbezogenen Ebene – auf ein interagierendes, hilfreiches Zusammenkommen im Sinne wirksamer psychosozialer Prozesse durch Koproduktion angewiesen ist: Fachkräfte müssen ihre personenbezogenen Dienstleistungen mit ihren Adressat*innen gemeinsam erbringen (von Spiegel, 2013, S. 34; Hochuli Freund & Stotz, 2017). Dies setzt voraus, dass „die Versorgungslandschaft" so gut und vielgestaltig wie möglich in Passung gebracht wird mit den Bedürfnissen der heterogenen Zielgruppe Erwachsener mit psychischen Problemen (siehe Fallbeispiele).

Für die Versorgung von Menschen mit schweren psychischen Erkrankungen auf der *strukturellen Ebene* haben Wienberg und Steinhart (2020) ein sog. *Funktionales Basismodell* zusammengestellt und an die neueren Entwicklungen seit seiner Erstfassung angepasst (z. B. die Einführung sog. stationsäquivalenter Behandlungsmöglichkeiten gem. § 115d Abs. 2 SGB V, sog. Assistenzleistungen zur selbstbestimmten und eigenständigen Bewältigung des Alltags gem. § 78 SGB IX, die sog. ergänzende unabhängige Teilhabeberatung gem. § 32 SGB IX sowie die Aktualisierung der S3-Leitlinie für die Versorgung von Menschen mit schweren psychischen Erkrankungen, DGPPN, 2019).

Sie plädieren hier

1. für eine personenbezogene Beratung und Steuerung des Unterstützungsgeschehens,
2. die ambulante, multiprofessionelle, bei Bedarf mobile und nachgehende Behandlung und Teilhabe-Assistenz durch Gemeindepsychiatrische Teams und
3. für die Erschließung passgenauer, ergänzender Leistungen (i. S. v. Psychotherapie, Rückzugsorte, Intensivbehandlung, Gesundheitsförderung, Medizinische Rehabilitation, Teilhabe Bildung und Teilhabe Arbeit).

Die vielschichtige Zusammenstellung enthält auch zahlreiche Angebote für Menschen, die sich in mittleren oder leichteren psychischen Krisen und Problemlagen befinden.

Darüber hinaus existieren zahlreiche Bemühungen, SGB- und trägerübergreifend Hilfen für Menschen mit psychischen Problemen übersichtlich zusammenzustellen: Beispielsweise macht der Dachverband Gemeindepsychiatrie durch ein Förderprojekt der DAK seit 2015 die vielfältigen Angebote seiner Verbandsmitglieder in einem Online-Atlas unter http://dvgp.mapcms.de zugänglich. Ferner läuft 2019–2023 für schwer psychisch erkrankte Menschen mit Teilhabeeinschränkungen das vierjährige Modellprojekt Gemeindepsychiatrische Basisversorgung (GBV), das eine ambulant-aufsuchende psychosoziale Gesamtversorgung zum Ziel hat, die alle individuell erforderlichen Hilfen miteinander vernetzt. Das Vorhaben wird aus dem Innovationsfonds zur Verbesserung der Gesundheitsversorgung in Deutschland gefördert (https://gbv.online/).

Eine Bündelung der Bemühungen, die Versorgung von Menschen mit psychischen Problemen stetig fachlich und praxisorientiert zu verbessern, findet sich unter anderem in folgenden Zusammenschlüssen:

- Psychiatrienetz, dem der *Dachverband Gemeindepsychiatrie*, die *Deutsche Gesellschaft für Soziale Psychiatrie*, der *Bundesverband der Angehörigen psychisch erkrankter Menschen* sowie der Psychiatrie Verlag angehören (https://www.psychiatrie.de/).
- *Deutsche Gesellschaft für Psychiatrie und Psychotherapie, Psychosomatik und Nervenheilkunde* (DGPPN) (https://www.dgppn.de/)

- Die *Sektion Klinische Sozialarbeit der Deutschen Gesellschaft für Soziale Arbeit* (DGSA) (https://www.dgsa.de/index.php?id=49)
- *Berufsverband Deutscher Psychologinnen und Psychologen* (BDP) (https://www.bdp-verband.de/) sowie die *Fachgruppe Klinische Psychologie und Psychotherapie der Deutschen Gesellschaft für Psychologie* (DGPs) (https://www.dgps.de/fachgruppen/fgkl/)
- *Bundesverband Psychiatrie-Erfahrener* (BPE) (https://bpe-online.de/).

6.2.1 Versorgungsstrukturen und ihre Adressat*innen als Individuen

Wenn Menschen mit psychischen Problemen unterstützt werden sollen, lohnt sich auf psychologischer Ebene zunächst die Unterscheidung zwischen *„Bedarf und Bedürfnissen"* (vgl. Walther, 2017, S. 24): Bedarfe sind das, was einem Betroffenen zugestanden oder angetragen wird (Außenperspektive/Versorgungslandschaft), Bedürfnisse sind das, was der betroffene Mensch sich selbst wünscht oder für sich als notwendig und hilfreich erachtet (Eigenperspektive). Idealerweise decken sich beide Zugänge, was jedoch nicht immer der Fall ist. Dafür existieren verschiedene Gründe und Einflussfaktoren, die sich zudem wechselseitig beeinflussen. Der offensichtlichste Grund dürfte eine mangelnde echte gemeinsame Besprechung und Abwägung sein, die allerdings je nach Schweregrad und Vielschichtigkeit des psychischen Problems unterschiedlich herausfordernd ist, mitunter kaum möglich erscheint und dennoch immer anzustreben ist. Aufgrund der Wechselwirkungen zwischen Bedarf und Bedürfnis bekommen bedürftige Menschen mitunter nicht die Hilfe, die sie für sich hilfreich und angemessen empfinden, sondern andere oder keine (ausreichende) Unterstützung. Vor allem in den Fallbeispielen von S. und Herrn P. deutet sich an, wie schwierig diese Auslotung in der Praxis sein kann.

Die Maxime *„ambulant vor stationär"* lässt sich nicht nur aus § 13 SGB XII ableiten und aus monetären Erwägungen rechtfertigen, sondern bedient auch die in Kap. 2.3 erläuterten psychischen Grundbedürfnisse nach

- Bindung (Menschen bevorzugen es, in ihren sozialen Gefügen verbleiben zu wollen, selbst wenn diese nicht durchweg gesundheitsförderlich sind),
- Orientierung und Kontrolle (zu Hause oder durch selbstbestimmte Wege und Zugänge sind Menschen besser orientiert und erleben subjektiv mehr Einflussnahme),
- Selbstwertschutz und Selbstwerterhalt („Ich kann mein Leben – weitgehend – allein aus meiner Welt und Wohnung heraus zu Hause meistern.") sowie
- Lustgewinn und Unlustvermeidung (z. B. eigene Mahlzeiten bestimmen können, nicht mit Fremden unfreiwillig ein Zimmer teilen oder nicht personaler Fluktuation ausgesetzt sein müssen u. a.).

Nichtsdestotrotz erleben mehr Menschen als nötig, dass ihre psychischen Probleme häufig eher stationär behandelt, statt ambulant begleitet und unterstützt werden. Dass selbst Menschen mit schweren psychischen Krisen und Erkrankungen ambulant geholfen werden kann oder könnte, wird in der Literatur vielschichtig diskutiert, hergeleitet und empirisch belegt (z. B. Weinmann, Bechdolf & Greve, 2021; Steinhart & Wienberg, 2017; Seikkula, Arnkil & Hess, 2011).

Neben der ambulanten Versorgung, bestenfalls zu Hause in den eigenen vier Wänden oder wenn nötig in einer Wohnung eines Trägers, der Betreutes Wohnen anbietet, und der stationären Versorgung, üblicherweise in einer Psychiatrischen Klinik/Station eines Krankenhauses, gibt es noch sog. teil-stationäre Angebote. Hierbei handelt es sich üblicherweise um an die Krankenhäuser angegliederte sog. Tageskliniken, die Menschen mit psychischen Problemen tagsüber besuchen, aber ansonsten zu Hause leben können (vgl. Fallbeispiel Herr A). Ferner haben verschiedene Kliniken ihre Angebote über die Aufnahme in einer „klassischen" psychiatrischen Station (offen und geschlossen) hinaus erweitert, sodass sich in der Versorgungslandschaft mancherorts auch sog. milieutherapeutische Settings finden lassen, die eine sehr individuell-bedürfnisorientierte Begleitung in „Wohngruppen auf Zeit" bei schweren psychischen Krisen erlauben (beispielsweise sog. Soteria-Einrichtungen in Berlin, Bern oder München-Ost).

Je nach Situation und Bedürfnissen der betroffenen Menschen mit psychischen Problemen ist eine *aufsuchende versus anbietende* psychosoziale Versorgung oder eine Kombination daraus angemessen. Menschen mit akuten schweren psychischen Problemen profitieren zunächst am ehesten von einer aufsuchenden Hilfe, beispielsweise, wenn ein*e Mitarbeiter*in eines Sozialpsychiatrischen Dienstes (SpD) oder eines Krisendienstes einen an einer Psychose erkrankten Menschen bei sich zu Hause aufsucht und mit ihm zusammen bespricht, was nun am hilfreichsten für ihn in seiner Bedürftigkeit wäre. Auch das Betreute Wohnen und die Einzelfallhilfe werden üblicherweise aufsuchend umgesetzt (mittlerweile auch unter dem Schlagwort der „Assistenz zur Alltagsgestaltung"), wenngleich hier auszuloten gilt, inwiefern die unterstützten Menschen mit dem Ziel sozialer und beruflicher Teilhabe auch Unterstützung und Ansprache außerhalb ihrer eigenen vier Wände erhalten sollten. Im Sinne sog. *Home Treatment Ansätze* probieren seit einiger Zeit auch einige psychiatrische Kliniken aus, ihre Patient*innen aus der Klinik heraus in multiprofessionellen Teams zu Hause aufzusuchen, zu begleiten und zu behandeln, um stationäre Unterbringungen zu vermeiden und damit im Rahmen ihrer Möglichkeiten die „Sektorisierung" der Versorgung von Menschen mit psychischen Problemen gemäß SGB V und SGB IX zu überwinden (zum Beispiel: sog. FlexiTeams des Berliner Klinikum Am Urban als stationsäquivalente Behandlung in Kooperationen mit einer Krankenkasse oder in Hamburg als Variante der sog. Integrierten Versorgung).

Mit dem Ziel, ein selbstbestimmtes Leben in sozialer Teilhabe führen zu können, sollte nichtsdestotrotz vor allem eine *anbietende Unterstützung* die Versorgungslandschaft prägen. Damit einher geht, dass Menschen dann, wenn sie (oder ihre Angehörigen) das Bedürfnis nach psychosozialer Unterstützung haben, beispielsweise Beratung, Therapie, Austausch mit ähnlich Betroffenen, Rückzug, Nichtverschlimmerung ihres Zustandes, ihnen passgenaue Angebote zur Verfügung stehen sollten. Die Palette hier ist ausgesprochen breit gefächert, unterschiedlich hoch- und niedrigschwellig erreichbar und „professionell ambitioniert" ausgestattet und in der Versorgungslandschaft verschieden verortet (vorrangig im SGB V, wenn es um Behandlung geht, und im SGB IX, wenn es um Eingliederung geht). Sie reicht im niedrigschwelligen Bereich von klassischen Kontakt- und Beratungsstellen (KBS), Telefonseelsorge, Krisendiensten, Sprechstunden der Sozialpsychiatrischen Dienste, Selbsthilfegruppen (auch für betroffene Angehörige) bis hin zur neueren Ergänzenden unabhängigen Teilhabeberatung (EUTB), Psychoseseminaren und anderen auf Augenhöhe und verstehender Verständigung aller Beteiligten angelegten Formaten des sog. Trialogs, welche deutlich stärker auch auf die Erfahrungsexpertise einst Betroffener setzen (sog. Peer-Ansatz).

Weitere wichtige anbietende Unterstützungsangebote für Menschen mit psychischen Problemen sind auch die psychosoziale Beratung sowie Psychotherapie. Das Erfordernis, dass Akut-/*Psychotherapie* zeitnah – nämlich dann, wenn jemand in einer psychischen Krise steckt oder behandlungsbedürftige psychische Probleme hat – aufgesucht werden kann, ist bislang längst nicht erfüllt. Psychotherapie gilt nach wie vor als vergleichsweise hochschwellig, muss über die Krankenkassen diagnoseabhängig bewilligt werden und geht meist mit unangemessen langen Wartezeiten für die betroffenen Menschen einher, vor allem wenn diese bei niedergelassenen Psychotherapeut*innen gewünscht ist. Insbesondere Menschen mit schweren psychischen Problemen erhalten daher diese Form der Behandlung nicht, zu spät oder „nur" über spezifische Angebotsstrukturen (z. B. Psychiatrische Institutsambulanzen, sog. PIAs). Insgesamt sollte sich die psychotherapeutische Versorgungslandschaft im Sinne von Angebotsvielfalt und Bedürfnisorientierung in Zukunft mehr auch für mobile, aufsuchende Arbeit öffnen (was ein Umdenken und flexibleres Ausrichten der Gesundheitsversorgung erfordert) und auch Menschen mit schweren psychischen Störungen (z. B. sogenannten Psychosen) oder „am Rande der Gesellschaft lebend" (z. B. Fallbeispiel Herr P) expliziter in ihrer Vielfältigkeit berücksichtigen als bisher (vgl. Beushausen, 2014).

Viele Betroffene mit psychischen Problemen wenden sich aus diesem und anderen Gründen entsprechend häufiger an *Beratungsstellen,* in denen sie – niedrigschwelliger, unbürokratischer, zeitnaher – psychosoziale Beratung bekommen. Allerdings ist dieses Versorgungsangebot nicht für alle psychischen Probleme indiziert, beispielsweise weil die vordergründige Problemlage eben aus einer schweren psychischen Erkrankung besteht, welche durch Beratung allein nicht behandelbar oder angemessen auflösbar ist. Meist unterstützen allgemeine Beratungsstellen dann beim Finden geeigneter problemspezifischer Behandlungs- und weiterer Unterstützungsangebote (z. B. bei freien Trägern der Suchthilfe, der ergänzenden unabhängige Teilhabeberatung, bei Anbietern Betreuten Wohnens oder von Übergangswohnheimen, Schutzräumen vor häuslicher Gewalt, Zugängen zu Selbsthilfegruppen usw.). Von dieser Variante niedrigschwelliger Unterstützung für Menschen mit psychischen Problemen könnte auch Frau Z. (Fallbeispiel) über die Psychotherapie hinaus profitieren.

Da Menschen mit psychischen Problemen (und oft auch professionell Tätige) selten die Vielfalt der Angebote in der Versorgungslandschaft überblicken können, sei hier abschließend noch einmal auf die Notwendigkeit eines integrierenden Basismodells für die Praxis der Versorgung von betroffenen Menschen hingewiesen, das konsequent ihre Bedürfnisse ins Zentrum rückt und die unübersichtliche Zergliederung der Versorgungslandschaft überzeugender als bisher überwindet (vgl. Wienberg & Steinhart, 2020). Wenn Erwachsene mit psychischen Problemen Unterstützung erhalten, die bei Bedarf verschiedene Angebote integriert, kann diese dabei

1. *personenzentriert* auf der individuellen Ebene erfolgen (z. B. in Einzelberatungsgesprächen, Psychotherapie, Telefonseelsorge, Online-Beratung per E-Mail, Genesungsbegleitung durch Peer-Support usw.),
2. *gruppenbezogen* (z. B. in einer Gruppenpsychotherapie oder in Selbsthilfegruppen) *und*
3. *gemeinwesenorientiert* (im Sinne der Sozialraumarbeit z. B. über die Bereitstellung von Informations- und Vernetzungsveranstaltungen wie die „Woche seelischer Gesundheit“, Kontakt- und Beratungsstellen sowie Nachbarschaftszentren, die beispielsweise gesundheitsbezogener Präventiv- und Rehabilitationskurse, Angebote zur sozialen Teilhabe und Angebote auch für Angehörige organisieren).

Auch hier sollte die Ausprägung des psychischen Problems und die vom betroffenen Menschen formulierten Bedürfnisse ausschlaggebend dafür sein, welche Kombination an Unterstützungsangeboten zum Tragen kommt. Auch ist eine noch mehr zu verstärkende Zusammenarbeit zwischen diesen Angebotsstrukturen anzustreben. Zudem stehen in sozialen Berufen Tätige vor der nicht geringen Herausforderung, selbst die Übersicht über die bestehende Versorgungslandschaft und ihren Veränderungen zu behalten und dabei personenzentriert das zu den Bedürfnissen der Betroffenen passende Unterstützungspaket in gemeinsamer Absprache zusammenzustellen, auf den Weg zu bringen und individuell angemessen anzupassen.

6.2.2 Psychologische und soziale Besonderheiten verschiedener Versorgungssettings

Erleben von Hilfe und Kontrolle: Manche Handlungsfelder, Situationen und persönlichen Begegnungen sind davon geprägt, dass die Unterstützung von Menschen mit psychischen Problemen nicht nur als Hilfe wahrgenommen wird, sondern auch Aspekte von Kontrolle beinhaltet und diese die Begegnung bestimmen. Dies ist beispielsweise der Fall, wenn Professionelle in einer Einrichtung des Betreuten Wohnens die Hausregeln durchsetzen, auf die Teilnahme an Kontaktgesprächen oder Gruppenangeboten bestehen müssen, wenn sie in der Suchthilfe bei einem Träger arbeiten, der die Abstinenz der betreuten Personen mindestens während der Kontaktzeiten zur Bedingung macht oder wenn sie auf Vorgabe des behandelnden Psychiaters die Einnahme von Psychopharmaka kontrollieren sollen.

Mit diesem strukturellen, daher nicht aufhebbaren Konflikt sind in sozialen Berufen Tätige häufig konfrontiert. Er wird unter dem Begriff des „doppelten Mandats" diskutiert und lässt sich auf den Ausdruck des „Triplemandats" erweitern (Staub-Bernasconi, 2007), wenn neben dem Bedürfnis nach Hilfe und dem Auftrag des Staates oder der Gemeinschaft zudem die eigenen Ansprüche und professionsethische Haltung einbezogen werden. Beispielsweise: „Kann ich aus menschenrechtsbezogener Perspektive das begründen und rechtfertigen, was ich hier als Hilfe anbiete und umsetze?"

Die Anerkennung dieser Strukturbedingung und Reflexion dessen, was tatsächlich kontrollierend ausgeübt werden muss, gehören zu einer professionellen Unterstützung genauso dazu, wie das Transparentmachen dieser Kontrollbefugnisse gegenüber den begleiteten Menschen und die stetige selbstkritische Auseinandersetzung mit Machtprozessen in Hilfekonstellationen (vgl. Walther, 2017). Müller und Hochuli Freund (2017, S. 150) wiesen in diesem Zusammenhang zu Recht darauf hin, dass die Gegenüberstellung von Hilfe und Kontrolle gewisse Unschärfen mit sich bringe, weil beispielsweise Kontrolle nicht immer Eingriffscharakter habe (wenn sie z. B. mit „informierter Zustimmung" erfolgt) und Hilfen nicht immer hilfreich wirken können, weil sie z. B. von den Adressat*innen abgelehnt werden. Helfende haben demzufolge die Aufgabe, auch offene (potenziell hilfreiche) Angebote in gemeinsam ausgehandeltes Handeln zwischen ihnen und den jeweils Betroffenen zu überführen.

Mit dem doppelten Mandat geht das *Handeln in bürokratischen Abläufen und Ertragen* dieser Abläufe einher (Walther, 2017): Professionelle Unterstützung muss individuumsbezogen beantragt, bewilligt und im Rahmen der Verfahrens- und Verwaltungsvorschriften – und möglichen Ermessensspielräume – umgesetzt und datenschutzkonform sowie nachvollziehbar dokumentiert werden. Auch dieses Merkmal der Versorgung kann die Begegnung oder das Verhältnis zwischen Menschen mit psychischen Problemen und ihren Helfer*innen mitunter belasten, beispielsweise, wenn jemand sich aufgrund seiner psychischen Probleme aktuell nicht in der Lage sieht, den „Bürokratiekram“ zu bewältigen oder auf die Bewilligung der Hilfe zu warten, aufgrund seiner Sozialisation nicht nachvollziehen kann, warum und wofür die Formalien in dieser Ausführlichkeit notwendig sind oder seine Datenschutzrechte als verletzt ansieht, wenn Informationen über ihn oder sie intransparent oder unter Verletzung der Schweigepflichten verbreitet werden. Professionell unterstützendes Handeln ist somit in diverse Gesetze, Verordnungen und Verwaltungsvorschriften eingebunden: von Menschen- und Grundrechten sowie der UN-Behindertenrechtskonvention über beispielsweise das Betreuungsrecht im BGB, die Psychisch-Kranken-Gesetze der Länder (sog. Psych-KGs) bis hin zur beispielsweise Datenschutzgrundverordnung. Das Berücksichtigen und Ertragen dieser bürokratischen Abläufe ist letztendlich nicht nur den Adressat*innen der Hilfen angetragen.

Auch die Helfenden müssen psychologisch meistern, dass sie im Zuge der Einhaltung formaler Anforderungen zum einen nicht den eigentlichen persönlichen Kontakt zu ihren Hilfesuchenden verlieren und zum anderen nicht verzagen und verbittern, wenn sich für sie die verschiedenen Vorgaben als unangemessen oder überarbeitungsbedürftig erweisen.

Erleben von Freiwilligkeit und Zwang: Ebenfalls unter der Oberthema Kontrolle ist neben der Durchsetzung als unfreiwillig wahrgenommener Maßnahmen oder Erwartungen (beispielsweise die regelmäßige Teilnahme an den Angeboten einer Einrichtung, die turnusmäßige Vorstellung beim Sozialpsychiatrischen Dienst oder die Einnahme verschriebener Medikamente) auch die Umsetzung freiheitsentziehender Unterbringungen zu berücksichtigen. Freiheitsentziehende Unterbringungen wegen psychischer Erkrankungen und Krisen sind grundsätzlich zu vermeiden und nur in sehr präzise zu begründenden Einzelfällen zu rechtfertigen. Dies bekräftigen zum einen menschenrechtsbasierte Argumente und die Regelungen im Grundgesetz und Betreuungsrecht, die öffentlich-rechtlichen Landesgesetze und die UN-Behindertenrechtsreform. Zum anderen sind mit personzentriertem Blick die (physiologischen und) psychologischen Grundbedürfnisse insbesondere nach Selbstbestimmung (Kontrolle des eigenen Lebensvollzuges und Selbstwertschutz) zu wahren. Ausnahmen zeichnen sich ab, wenn beispielsweise die Gefährdung des eigenen Lebens (Selbstgefährdung: Schutz des Betroffenen) und/oder anderer Menschen (Fremdgefährdung: Schutz Dritter) nicht anders verhindert werden kann oder wenn ein Mensch schuldunfähig Straftaten begeht aufgrund seiner bestehenden psychischen Erkrankung (Maßregelvollzug gem. §§ 63, 64 StGB zur Sicherung, Behandlung und Besserung). Eine fehlende Bereitschaft, sich behandeln zu lassen oder Medikamente einzunehmen, rechtfertigt keine Unterbringung. Ebenso dürfen Fixierungen oder Isolierungen nur vorgenommen werden, wenn akute und erhebliche Gefahr abgewendet werden muss (Brosey & Osterfeld, 2017; Zinkler, Laupichler & Osterfeld, 2016).

Die Ausführungen sind für die Arbeit mit Erwachsenen mit psychischen Problemen deshalb so einschlägig, weil es vorkommen kann, dass Fachkräfte in sozialen Berufen in Situationen kommen, in denen sie entscheiden müssen, ob jemand zu seinem Schutz oder dem Schutz anderer unfreiwillig untergebracht werden muss. Die fällen diese Entscheidungen nicht allein, sondern soweit möglich gemeinsam mit dem Betroffenen, nahestehenden Menschen und in aller Regel zusammen mit anderen Fachkräften und Entscheidungsträger*innen (z. B. Richter*innen, gesetzlichen Betreuer*innen, Mitarbeitenden im Sozialpsychiatrischen Dienst oder Polizist*innen) und/oder anderen Bevollmächtigten (z. B. ausdrücklich für die Bestimmung des Aufenthalts und die Gesundheitssorge bevollmächtigte Angehörige). Ihnen muss bewusst sein, dass die Erfahrung (als psychologische Dimension), gegen den eigenen Willen einer Behandlung oder einem Aufenthalt zugeführt zu werden, für Betroffene traumatisierende Ausmaße annehmen und zu einer Verschlechterung des psychischen Befindens führen kann. Es muss also immer eine rechtliche Legitimierung gegeben, die Suche nach Alternativen gründlich betrieben und die Wahrung der Verhältnismäßigkeit gesichert sein. Im Vorfeld bzw. während der krisenhaften Situation ist der Ansatz der unterstützten Entscheidungsfähigkeit (*supported decision making* gemäß UN-BRK bzw. *shared decision making*, vgl. Heres, Holzhüter & Hamann, 2021) zu berücksichtigen. Wenn eine freiheitsentziehende Unterbringung oder gar weitere Maßnahmen vollzogen wurden, ist dringend eine Nachbesprechung mit den betroffenen Menschen anzustreben, mit dem Ziel, ihre Menschenwürde, ihr Recht auf Selbstbestimmung und ihre Persönlichkeitsrechte unverzüglich wieder zu wahren und sie mit ihren Erfahrungen nicht allein zu lassen (vgl. Fallbeispiel Herr A.). Mitunter berichten Betroffene auch (in solchen Nachbesprechungen), dass sie dankbar sind, von „noch Schlimmerem" abgehalten worden zu sein oder auch, dass sie sich gemeinsam ausgehandelte Vorkehrungen für potenziell zukünftige, vergleichbare Situationen wünschen.

Von diesen Erfahrungen sind ebenfalls die Helfenden „sekundär" betroffen, mindestens weil sie unserem psychischen Grundbedürfnis nach Lustgewinn und Unlustvermeidung (vgl. Grawe, 2004) massiv zuwiderlaufen, sodass auch sie im Sinne der Selbstfürsorge und Qualitätsentwicklung in den eigenen Handlungsfeldern diese Situationen gemeinsam in ihren Teams und Beteiligtengruppen thematisieren sollten.

Face-to-face und online: Ein ganz anderes Thema, das die Begegnung zwischen Professionellen und Menschen mit psychischen Problemen ebenfalls sehr unterschiedlich ausfallen lässt, ist die Unterscheidung zwischen leiblicher Begegnung („face-to-face"/f2f) beispielsweise in einer Beratungsstelle, in einer psychiatrischen Praxis oder einer Selbsthilfegruppe und Unterstützungsangeboten, die telemedial-vermittelt online erfolgen, beispielsweise die Beratung und Therapie per E-Mail, der Austausch durch Chatten, in einschlägigen Foren oder als Videoberatung. Hinzu kommen evidenzbasierte Behandlungs- und Selbsthilfe-Apps, die beispielsweise die Krankenkassen ihren Versicherten anbieten, aber auch diverse Tutorials im Internet (z. B. über YouTube), die Menschen mit psychischen Problemen Hilfe versprechen.

Aufgrund der Digitalisierung unserer Lebenswelten ist es daher ratsam, in der Begleitung von Menschen mit psychischen Problemen nicht nur nach den bisherigen Unterstützung face-to-face zu erkundigen, sondern auch danach, was die betroffenen Menschen bereits an Hilfe „aus dem Netz" ausprobiert und welche Erfahrungen sie damit gemacht haben. Die internetbasierte Online-Beratung und Online-Therapie befindet sich nach 30 Jahren zwar nicht mehr in den Kinderschuhen, erfährt aber in der Literatur und Praxis sozialer Berufe mit Menschen mit schweren psychischen Störungen oder psychosozialen Multiproblemlagen weiterhin weniger Beachtung als die Face-to-face-Unterstützung.

Wie weit das Setting der psychosozialen Online-Beratung und Online-Therapie mittlerweile theoretisch und praxiserfahren aufgestellt ist für die Arbeit mit Menschen mit psychischen Problemen, kann zahlreichen aufschlussreichen Grundlagenwerken entnommen werden: z. B. Engelhardt, 2018; Justen-Horsten & Paschen, 2016; Knaevelsrud, Wagner & Böttche, 2016; Kühne & Hintenberger, 2011.

Praktiziert werden auch gemischte Prozesse und damit einhergehende Settings, beispielsweise aus Face-to-face-Beratungen und Videoberatung. Auch haben sich bereits peer-gestützte Projekte etabliert (beispielsweise U25 Deutschland, im Rahmen dessen suizidgefährdete junge Menschen von Peers per E-Mail unterstützt und beraten werden).

Für die Arbeit mit Menschen mit psychischen Problemen in ihrer Vielfalt der Probleme und Schweregrade ist es wichtig, dass mit den jeweiligen Settings unterschiedliche Vor- und Nachteile einhergehen. Daraus ergibt sich, dass für den einen oder anderen betroffenen Menschen eher der Face-to-face-Kontakt fachlich indiziert und von ihm gewünscht ist, für andere Betroffene eher ein Online-Setting in Frage kommt: Beispielsweise bieten viele ländliche Regionen keinen Zugang zu passender Unterstützung an oder jemand schämt sich für sein psychisches Problem zu sehr, um eine Beratungsstelle aufzusuchen. Manche Menschen möchten lieber anonym per E-Mail oder über Foren beraten werden, auch um öffentliche Stigmatisierungen zu vermeiden (beispielsweise bei Substanzgebrauchsstörungen, Essstörungen, Coming-Out-Themen, Partnerschaftsproblemen; vgl. Fallbeispiele Frau F. und Frau Z.).

6.3 Leitgedanken und Ziele in der Arbeit mit Menschen mit psychischen Problemen, psychologisch betrachtet

Im vorherigen Abschnitt wurden bereits verschiedene Prämissen angesprochen, die die Arbeit mit Menschen mit psychischen Problemen prägen sollten. Sie werden im Folgenden ausführlicher vorgestellt und mit weiteren inhaltlichen Anforderungen und Aspekten verknüpft. Dabei liegt der Schwerpunkt darauf, ihre Relevanz aus psychologischer Perspektive herauszuarbeiten.

6.3.1 Bedürfnisorientierung

Diese Forderung entspringt nicht nur der Erfordernis einer Orientierung an den psychischen Grundbedürfnissen von Menschen mit psychischen Problemen (vgl. Kap. 2.3), sondern ebenso dem allgemeinen Anspruch, Menschen mit psychischen Problemen das Maximum an *Selbstbestimmung* und *Autonomie* zu bewahren. Sie entspricht auch dem Ansatz des *need-adapted treatment,* der seine Wurzeln im Skandinavischen Raum hat (z. B. Cullberg, 2008; Bergström et al., 2018) und eindrucksvoll belegt, dass Menschen mit Psychosen eine deutlich bessere Genesung erfahren und psychosoziale Entwicklung nehmen können, wenn sie nicht standardmäßig über Neuroleptika behandelt werden (Aderhold & Greve, 2007). Voraussetzungen hierfür sind ein frühestmöglicher Beginn der Intervention mit sehr engmaschiger Begleitung in den ersten zwei Wochen und dann kontinuierlicher bedürfnisangepasster Unterstützung über einen sehr langen Zeitraum (Kontinuität). Zahlreiche Elemente dieses Behandlungsweges finden sich im Rahmen der „Integrierten Versorgung“ gemäß § 140a SGB V, beispielsweise im „Netzwerk psychischer Gesundheit“ oder im „Hamburger Modell“ oder auch im Rahmen neuerer stationsäquivalenter Behandlungsangebote gemäß § 115d SGB V wieder (Längle, Holzke & Gottlob, 2019). Bedürfnisorientiertes Vorgehen spielt selbstverständlich auch eine erhebliche Rolle in der ambulanten Betreuung, unter anderem wenn Menschen mit psychischen Problemen beispielsweise psychosozial beraten werden oder eine Psychotherapie wahrnehmen. Auch hier ist es notwendig, in jeder Begegnung neu zu erfragen, worum es dem hilfesuchenden Menschen aktuell geht, was ihn unterstützen würde, was er gerade braucht.

Zusätzlich findet das Gesprächskonzept des „Offenen Dialogs“ *(open dialogue)* Anwendung, im Rahmen dessen versucht wird, Verstehen maximal darüber herzustellen, was passiert und passiert ist, indem alle Beteiligten ihre Sicht der Situation „laut denkend“ schildern und der betroffene Mensch an allen Phasen der Behandlung beteiligt ist. Ein Variante in der Umsetzung des offenen Dialogs im stationären Setting findet sich im sog. Weddinger Modell wieder. Durch dieses Vorgehen, das eine Normalisierung der psychisch und sozial aufwühlenden Situationen begünstigt, scheinen sich auch Zwangsmaßnahmen zu reduzieren (Mahler, Jarchov-Jádi, Montag & Gallinat, 2014). Auch im ambulanten Setting, beispielsweise im Rahmen von Kriseninterventionen, psychosozialer Beratung oder Psychotherapie, sollte dem Grundbedürfnis nach Orientierung und Kontrolle nachgekommen werden, indem im Rahmen offener Kommunikation den hilfesuchenden Menschen jeweils erkennbar gemacht wird, was gerade warum passiert, wo für wen welche Einflussmöglichkeiten bestehen und wem aus welchen Gründen was wichtig ist. Allerdings wird dieser Prämisse in der Therapie und Beratung je nach theoretischer Grundauffassung (vgl. Kap. 4.3) unterschiedliche Bedeutung beigemessen.

Beispielsweise ist insbesondere im systemischen Vorgehen wichtig, Transparenz und offenere Kommunikation durch die Sichtbarmachung von Perspektiven (zirkuläres Fragen) herzustellen und diese Sichtweisen (vor allem im Mehrpersonen-Setting) zu nutzen.

Damit einher geht auch der Leitgedanke der personenzentrierten *individualisierten Hilfen:* Wenn Menschen mit länger währenden psychischen Problemen (mehr als sechs Monate) im Hilfesystem der sog. Eingliederungshilfe Versorgung bedürfen, werden sie weiterhin unter dem unpassenden Terminus „Menschen mit seelischer Behinderung" gelabelt (vgl. § 2 (1) SGB IX) und erhalten auf der Grundlage von sog. gemeinsamen Hilfeplangesprächen und über Entscheidungen der regionenbezogenen sog. Hilfeplankonferenzen/Steuerungsgremien (zusammengesetzt aus Leistungsträgern und Leistungserbringern sowie Vertreter*innen aus den psychiatrischen Abteilungen und sozialpsychiatrischen Einrichtungen, z. B. dem Sozialpsychiatrischen Dienst), in denen ihr individueller Bedarf (!) ausgelotet wird, bestenfalls die Hilfe, derer sie bedürfen. Die Erfassung des persönlichen Hilfebedarfs greift auf das Diagnosesystem der ICD unter Berücksichtigung der sog. Funktionsfähigkeit gem. ICF zurück. Der Hilfebedarf wird oft einer sog. Hilfebedarfsgruppe zugeordnet und erfolgte seit Ende der 1990er Jahren üblicherweise über sogenannte Behandlungs- und Rehabilitationspläne, die meist die Lebensfelder Selbstversorgung & Wohnen, soziale Teilhabe (Tages-, Freizeit- und Kontaktgestaltung), Teilhabe an Bildung, Arbeit und Beschäftigung, Gesundheit, Pflege, Behandlung und Rehabilitation sowie Wünsche des bedürftigen Menschen abfragen. Oft sehen diese Hilfepläne auch Indikatoren vor, über die erkundet und vereinbart wird, woran die Erreichung von Zielen im Rahmen der sog. Eingliederung erkennbar sei. Daraus werden dann die individuellen Leistungen abgeleitet, die ein bedürftiger Mensch in der Eingliederungshilfe erhält und deren Erreichung turnusmäßig überprüft wird. Letzte Entscheidungshoheit liegt beim Leistungsträger. Daraus ergibt sich das mitunter unbefriedigende Problem, dass die betroffenen Menschen nicht wirklich selbst bestimmen, sondern sich im Spektrum der vorhandenen Leistungsangebote bewegen müssen (z. B. Betreutes Einzelwohnen) und „echt individuelle" Bedürfnisse kaum aufgegriffen werden können (z.B. wenn ein Mensch davon ausgeht, dass er in einer Gartensiedlung wohnen möchte, weil er sich davon die beste Genesung verspricht). Hoffnungen wurden mit der Einführung des sog. *Persönlichen Budgets* (§ 29 SGB IX) verbunden, dass hierdurch mehr Selbstbestimmung und Individualität in der Hilfe ermöglicht werden könne. In der Praxis hat sich das Persönliche Budget seit seiner Einführung 2008 bislang nicht durchsetzen können, weshalb sich das Wunsch- und Wahlrecht der betroffenen Menschen auf diesem Wege nicht zufriedenstellend ausschöpfen ließ. Als Hauptgrund wird aus der Praxis argumentiert, dass die Umsetzung des Persönlichen Budgets häufig durch Ämter bzw. Kostenträger behindert werde mit der Argumentation, dass die Antragstellenden nicht ausreichend zuverlässig wären, das ihnen bewilligte Geld adäquat in unterstützende Sachleistungen zu investieren.

Für die Unterstützung von Menschen mit länger währenden psychischen Problemen, die den „Status einer Behinderung" mit sich bringen, lohnt sich also die Beschäftigung damit, wie ihre individuellen Bedürfnisse über die hartnäckige Beantragung von Unterstützungsleistungen so berücksichtigt werden können, dass sie individuell besser genesen und dabei mehr soziale und berufliche Teilhabe erfahren können (z.B. die „Buchung" individuell ausgewählter Kurse zur Tagesstrukturierung, professionell agierender Menschen im Hilfesystem oder die Anschaffung eines Fahrrads, um selbstbestimmter zu einem Beratungsangebot zu kommen). Nicht nur aus psychologischer Sicht mit Blick auf die Befriedigung psychischer und psychosozialer Bedürfnisse ist die Erarbeitung individuell zugeschnittener Unterstützungsangebote für Menschen mit psychischen Störungen anzuraten, Rückendeckung erhält sie auch über die Argumentation des sog. Capabilities Approachs (im Sinne von Martha Nussbaum, 2015), wonach Menschen für ein gutes, gerechtes Leben durch Erweiterung ihrer Möglichkeitsräume darin zu unterstützen sind, ihre Befähigungen *(internal capabilities)* umzusetzen und dabei ein Minimum all ihrer individuellen Grundbedürfnisse zu erreichen (Schwellenmodell). Es geht ihr um die Verwirklichung persönlicher und gesellschaftlicher Verwirklichungschancen, womit ihr Ansatz auch einschlägig für die Begleitung und Unterstützung von Menschen mit psychischen Problemen ist, weil er sowohl die Berücksichtigung individueller Fähigkeiten und Befähigungen als auch gesellschaftlich voranzutreibender Befähigungen in den Fokus rückt und somit dem Auftrag Sozialer Berufe gerecht wird.

6.3.2 Teilhabe am gesellschaftlichen Leben

Wir hätten in unserer Gesellschaft *Inklusion* erreicht, wenn alle Menschen – also auch diejenigen mit psychischen Problemen bis hin zu „seelischen Behinderungen" – umfassend, gleichberechtigt, selbstverständlich und barrierefrei die Möglichkeit haben, in allen Lebensbereichen einbezogen zu werden. Dem liegt zugrunde, dass alle Menschen das Recht auf umfassende Teilhabe in allen Gebieten des Lebens haben, z. B. bei der Arbeit, beim Wohnen, in der Freizeit. Dieses Recht ist nicht nur über das Grundgesetz abgesichert, sondern wird insbesondere über die UN-Behindertenrechtskonvention (UN-BRK) in besonderer Weise betont.

Inklusion im Sinne sozialer und beruflicher Teilhabe wäre demzufolge erreicht, wenn Menschen mit psychischen Problemen weiterhin gleichberechtigt und selbstverständlich am gesellschaftlichen Leben partizipieren und Arbeit und Beschäftigungen nachgehen können, die ihren individuellen (nicht von außen zugeschriebenen) Bedürfnissen entsprechen. Dass dieses Ziel gerade für Menschen mit psychischen Problemen trotz vieler positiver Entwicklungen seit der sog. Psychiatrie-Enquete (Bericht 1975) nicht zufriedenstellend erreicht ist, ist hinlänglich bekannt und wird immer wieder angemahnt (z. B. Deutsche Gesellschaft für Soziale Psychiatrie [DGSP], 2017).

Psychologisch betrachtet ist die Ermöglichung von *Teilhabe* von Menschen mit psychischen Problemen mit dem Ziel der Inklusion deshalb so bedeutsam, weil auch sie die Befriedigung psychischer Grundbedürfnisse unterstützt: Wenn Menschen am sozialen und beruflichen Leben partizipieren können und normaler Bestandteil des gesellschaftlichen Lebens sind bzw. wären, können sie Bindung im Sinne sozialer Eingebundenheit erfahren, ihren Selbstwert wahren und erweitern (weil sie nicht an den Rand der Gesellschaft geschoben werden und ihren Beitrag beisteuern können) und mit höherer Wahrscheinlichkeit die angenehmen Seiten des Lebens weiterhin oder mehr erleben (Lustgewinn). Wenn sie in die Prozesse, Entscheidungen und Herausforderungen der Lebensgestaltung nicht nur auf individueller, sondern eben auch auf institutioneller sowie gesellschaftlicher Ebene eingebunden sind oder es mehr wären, können Menschen mit psychischen Problemen vermehrter die Erfahrung von Orientierung und Kontrolle im Leben haben, die jeder Mensch braucht, um psychisch gesund zu bleiben oder es wieder mehr zu werden.

Daraus lässt sich die Aufgabe ableiten, in der Begleitung von Menschen mit psychischen Problemen darauf zu achten, dass sie durch ihre Problemlage nicht aus ihren gesellschaftlichen Bezügen herausfallen und mehr noch, dass ihnen zu mehr gesellschaftlicher Teilhabe verholfen wird, weil der Mangel daran auch einen Risikofaktor für die Entstehung, Entwicklung und Aufrechterhaltung bzw. Verfestigung psychischer Probleme darstellt. Diese Aufgabe ist nicht losgelöst zu betrachten von der zuvor besprochenen Bedürfnisorientierung in der Begleitung betroffener Menschen, weil Menschen unterschiedlich stark ausgeprägt bedürftig nach gesellschaftlicher (sozialer, beruflicher) Teilhabe sind und selbst bei gleich starkem Teilhabebedürfnis dieses sehr unterschiedlich in seiner Umsetzung gewünscht ist: Die einen möchten mit anderen Menschen zusammen ein Berufsleben teilen, im Chor singen, verreisen, andere bedürfen einer besseren technischen Ausstattung, um beispielsweise über Internetforen, mit anderen Menschen im Kontakt zu sein oder wollen sich als Ehrenamtliche als Teil einer Gemeinschaft erleben, weiterhin Kontakt mit ihren Kindern haben oder scheinbar unbeteiligt im Café sitzend den Strom der vorbeiziehenden Menschen beobachten.

Eine wertvolle Variante, Menschen mit Vorerfahrungen mit psychischen Problemen (sog. Erfahrungsexpert*innen bzw. Expert*innen aus Erfahrung) Teilhabe, gesellschaftlich sinnvolles Engagement und damit verbunden Selbstwirksamkeit und -bestärkung zu ermöglichen, ist der sog. *Peer-Support* (Utschakowski, Sielaff, Bock & Winter, 2016). Die Idee ist, dass Menschen mit ähnlichen Erfahrungen, andere Betroffene unterstützen und beraten können, ist nicht neu, sondern verwandt mit der Selbsthilfebewegung. Dadurch ermächtigen sich Menschen mit psychischen Problemen selbst *(Empowerment)* und können die Perspektive von professionell Helfenden, Angehörigen und Betroffenen um die der *Erfahrungsexpertise* erweitern. Der Unterschied zur Selbsthilfe ist, dass Peer-Berater*innen als Mitarbeitende in Teams von Krisendiensten, im Betreuten Wohnen, auf psychiatrischen Stationen als sog. *Genesungsbegleiter*innen* nicht nur sich selbst, sondern auch ihrem Arbeitgeber und Team gegenüber verpflichtet sind und dass sie dafür eine Ausbildung durchlaufen haben (vgl. www.ex-in.de).

Im Zuge der Unterstützung und Begleitung von Menschen mit psychischen Problemen im Nachgang zu ihren Erfahrungen kann es also fruchtbar sein, sie zu ermutigen, ihre Expertise anderen Menschen mit vergleichbaren psychischen Problemen zur Verfügung zu stellen. Dabei ist es motivationspsychologisch betrachtet wichtig, dass sie einen guten Mittelweg finden zwischen Unterforderung (nicht mit ihrer spezifischen Expertise gebraucht oder nicht authentisch erwünscht im Team zu sein) und Überforderung (in individuell zu belastende Tätigkeiten und Teamstrukturen zu geraten, inklusive unterbezahlter Beschäftigung).

Vor diesem Hintergrund stellt sich auch die Frage, inwieweit sozialprofessionell Helfende, die Menschen mit psychischen Problemen begleiten und unterstützen, selbst von einer inneren Haltung geprägt sind, die deren spezifisches Erfahrungswissen wertschätzt und adäquat einzubinden versteht: im Kontakt mit den Peers, in der Unterstützung anderer betroffener Menschen und in der Gesprächskultur mit befürwortenden und skeptischen Kolleg*innen in multiprofessionellen Teams.

Eine weitere wichtige sozialpsychiatrische Leitidee ist die des sog. *Trialogs.* Damit gemeint ist die gleichberechtigte und konsequente Einbindung von Erfahrungsexpert*innen (auch ohne EX-IN-Ausbildung) und Betroffenen, Angehörigen und Professionellen (z. B. Sozialarbeiter*innen, Sozialpädagog*innen, Psycho-/Therapeut*innen, Psychiater*innen, Ärzt*innen, Wissenschaftler*innen, Pfleger*innen). Grundidee ist, dass nur so ein erfahrungsbasierter, herrschaftsfreier Diskurs und Perspektivwechsel aller Involvierten im Rahmen der Unterstützung und Versorgung von Menschen in psychiatrischen Kontexten gelingen kann (vgl. Clausen & Eichenbrenner, 2016). Letztendlich müsste in diesen Austausch auf wertfreier, phänomenologischer Betrachtungsebene zusätzlich die große Gruppe der Ehrenamtlichen eingebunden werden, da diese in vielfältigsten Handlungsfeldern Menschen mit psychischen Problemen begegnen und sie mehr oder weniger explizit begleiten und unterstützen (beispielsweise in der Seelsorge, Wohnungslosenunterstützung, Hospizarbeit). Eine Umsetzungsvariante der Idee des Trialogs sind neben den Ansätzen, die der *open dialogue*-Idee folgen (s. o.), sogenannte *Psychoseseminare*. Das Ringen um eine gemeinsame Sprache, ein offenes Psychoseverständnis und eine andere Beziehungskultur stehen im Vordergrund der Begegnungsrunden, um eine andere Wahrnehmung von sich und anderen sowie neue Handlungsoptionen für alle Beteiligten zu ermöglichen (https://www.trialog-psychoseseminar.de/grundidee/). In den meisten größeren Städten werden Psychoseseminare angeboten und wenden sich vor allem an Involvierte bei schweren psychischen Problemen (sog. Psychosen). In ihrer Zusammensetzung werden sie eher von Betroffenen und Erfahrungsexpert*innen sowie Angehörigen dominiert und die dritte Gruppe der „Professionellen" ist unterrepräsentiert. Für Menschen, die Betroffene professionell, ehrenamtlich, als Angehörige oder als Erfahrungsexpert*innen begleiten und Betroffene selbst stellt sie eine alternative oder zusätzliche Unterstützungsmöglichkeit dar, in sozialer Gemeinschaft wichtige genesungsförderliche Erfahrungen zu machen und mit anderen Menschen zu einem persönlich relevanten Themenkomplex zusammenzukommen. Auch darüber lässt sich also soziale Teilhabe als Ziel in der Begleitung von Menschen mit psychischen Problemen und soziale Eingebundenheit als psychisches Grundbedürfnis realisieren.

6.3.3 Salutogenese und Resilienz

Die Begleitung und Verhandlung psychischer Probleme ist nach wie vor stark von einer pathogenen Sichtweise geprägt, im Rahmen derer vor allem auf Störungen, klinische Diagnosen und ihre krankmachenden Auslöser fokussiert und somit vernachlässigt wird, was psychische Gesundheit ausmacht und welche Faktoren gesund erhalten, wenn jemand psychische Probleme hat. Eine ausschließlich pathogene Sicht auf psychische Probleme versperrt letztendlich den Blick auf Ressourcen, Lösungen und Schutzbedingungen und belässt den sog. Patienten oder die Klientin in ihrer Rolle als krankes, problemdominiertes, zu behandelndes und eher passives Wesen. Da diese Sichtweise in ihrer Ausschließlichkeit nicht förderlich ist für die angemessene Unterstützung von Menschen mit psychischen Problemen, hat sich seit geraumer Zeit zunehmend mehr eine salutogenetische Sichtweise etabliert, die das Gesunde und Gesunderhaltende in den Mittelpunkt ihrer Betrachtungen gerückt und damit die Sicht auf psychische Probleme, Krisen und Störungen sowie den Umgang damit nachhaltig erweitert hat. Sie sollte daher allgemein in der Begleitung von Menschen mit psychischen Problemen Berücksichtigung finden. Psychologisch betrachtet führt eine salutogenetische Sichtweise zu genesungsförderlicheren mentalen Prozessen und Verhaltensweisen.

Es geht also um die Frage, was Menschen psychisch gesund erhält und welche Faktoren hierbei ausschlaggebend sind. Das pathogenetische und das salutogenetische Modell unterscheiden sich grundsätzlich hinsichtlich ihrer Annahmen über das Verhältnis von Gesundheit und Krankheit zueinander (vgl. Faltermaier, 2020): Während im pathogenetischen Modell Gesundheit als Normalfall und Krankheit als davon abweichenden Zustand betrachtet wird, nimmt das salutogenetische Modell Gesundheit und Krankheit als Pole eines gemeinsamen, multifaktoriell beeinflussten Kontinuums an (sog. *Gesundheits-Krankheits-Kontinuum*). Entsprechend sind Menschen nach dem salutogenetischen Modell *eher* krank oder *eher* gesund – je nachdem, ob sie sich näher am einen *(Health-ease)* oder am anderen Pol *(Dis-ease)* befinden. Salutogenetische Fragestellungen sind demnach, warum Menschen trotz potenziell gesundheitsgefährdender Einflüsse oder extremster Belastungen gesund bleiben und wie sie es schaffen, sich trotz psychischer Probleme wieder zu erholen.

Diese salutogenetischen Ausgangsfragen sind maßgeblich auf Aaron Antonovsky (1923–1994) zurückzuführen, der Gesundheit aus systemtheoretischer Sicht als labiles, aktives und sich dynamisch regulierendes Geschehen betrachtete (Antonovsky, 1997). Schlüsselkonstrukt seiner Überlegungen ist das sog. *Kohärenzgefühl* (*sence of coherence* – SOC) als zentraler psychologischer Erklärungsfaktor und globale mentale Orientierung im Sinne eines durchdringenden, andauernden, aber dynamischen Gefühls des Vertrauens, dass die eigene interne und externe Umwelt vorhersagbar ist und dass sich die Dinge so entwickeln, wie man es vernünftigerweise erwarten kann (Antonovsky, 19997, S. 16). Gemeint ist also ein Zusammenhangs- und Stimmigkeitsgefühl, das die individuelle Fähigkeit und Grundüberzeugung ausmacht, dass das Leben sinnvoll ist und dass man es meistern kann, auch wenn es manchmal schwierig ist. Das Kohärenzgefühl setzt sich aus drei Komponenten zusammen (Zusammenfassung aus Lübeck, 2021, S. 140 f.): dem Gefühl der *Verstehbarkeit* der eigenen Person und der Umwelt, Gefühlen von *Handhabbarkeit* und Bewältigbarkeit sowie von *Sinnhaftigkeit* und Bedeutsamkeit. Je ausgeprägter das Kohärenzgefühl einer Person ist, desto gesünder sollte sie sein bzw. desto schneller sollte sie gesund werden und bleiben. Ein hohes Kohärenzgefühl entsteht Antonovsky zufolge durch sog. *generalisierte Widerstandsressourcen* (Schutzfaktoren), die sich aus wiederholten Erfahrungen von Einflussmöglichkeiten, einer steten Balance von Über- und Unterforderung, einem ausgewogenes Verhältnis von

Konsistenz und Überraschung bzw. von lohnenden und frustrierenden Ereignissen speisen. Diese Widerstandsressourcen lassen sich sowohl im Individuum als auch in seinem Umfeld und in der Gesellschaft finden:

- Zu den *individuellen Widerstandsressourcen* gehören z. B. eine gute körperliche Konstitution, kognitive Ressourcen (z. B. Wissen, Intelligenz und Problemlösefähigkeit) und psychische Ressourcen (z. B. Optimismus, Selbstvertrauen, Ich-Identität, Gesundheitswissen).
- Zu den *interpersonalen Ressourcen* zählen beispielsweise soziale Unterstützung, soziale Integration und die aktive Teilnahme an individuell bedeutsamen Entscheidungs- und Kontrollprozessen.
- Als *soziokulturelle Ressourcen* gelten beispielsweise die Einbindung in stabile Kulturen, Orientierung an Werten und Überzeugungen, materielle Sicherheit und ein sicherer Arbeitsplatz und als wichtige *gesellschaftliche Widerstandsfaktoren* Frieden, intakte Sozialstrukturen und funktionierende gesellschaftliche Netze sowie ein sichereres Sozialsystem (z. B. der Kranken- und Rentenversicherung).

So dürften im Sinne des salutogenetischen Modells beispielsweise Herr A. aktuell insbesondere von seinen sozialen Ressourcen (Familie) profitieren, Frau F. von ihrer materiellen Absicherung, S. und Herr P. von sozialstaatlicher Unterstützung (Eingliederungs- und Wohnungslosenhilfe), Herr P. von seiner individuellen und der interpersonellen Hoffnung des Sozialarbeiters, A. von ihrem Mut und der Freundin als soziale Ressource und Frau Z. beispielsweise von ihrem Tatentschluss und der Gesundheitsversorgung in diesem Land. All diese Menschen haben auch gesunde Anteile in ihrem Denken, Erleben und Handeln und bestehen nicht nur aus ihren psychischen Problemen und Folgen daraus, auch wenn sie sich (und/oder die sie begleitenden Menschen) auf dem Kontinuum zwischen gesund und erkrankt im Moment eher in Richtung „krank" erleben.

In der Begleitung dieser Menschen mit ihren unterschiedlichen Problemen kommt es also darauf an, ihre persönlichen Widerstandsressourcen (wieder) zu entdecken und nutzbar zu machen und dabei mit den Betroffenen gemeinsam mehr als das hier beispielhaft-vordergründig Offensichtliche zu entdecken und auszubauen. Insbesondere die psychosozialen, interpersonellen Ressourcen sind bedeutsam, weil sie am ehesten unmittelbar beeinflussbar sind.

Antonovsky postulierte, dass das Kohärenzgefühl eines erwachsenen Menschen ab dem 30. Lebensjahr eher fest ausgeprägt und wenig flexibel sei, und setzte sich damit einiger berechtigter Kritik aus.

Nichtsdestotrotz sollte dieser Punkt daran erinnern, wie wichtig es ist, gerade Kinder, Jugendliche und junge Erwachsene bei der Bildung ihrer generalisierten Widerstandsressourcen zu unterstützen, weil sie ihnen helfen, ein hohes oder höheres Kohärenzgefühl zu entwickeln und im weiteren Leben besser psychische Probleme und Herausforderungen des Lebens bewältigen zu können. Da die salutogenetische Perspektive für ein hohes Kohärenzgefühl und auf die Stärkung der individuellen Bewältigungspotenziale sowie Förderung gesundherhaltender sozialökologischer Rahmenbedingungen abzielt, geht sie sehr gut mit Zielvorstellungen der Sozialen Arbeit und anderer sozialer Berufe einher, welche sowohl gesellschaftliche Veränderungen, soziale Entwicklungen und den sozialen Zusammenhalt als auch die die Stärkung der Autonomie und Selbstbestimmung von Menschen anstreben (d. h. gesellschaftliche und individuelle Widerstandsressourcen). Damit sind auch die bereits erläuterten psychischen Grundbedürfnisse involviert (vgl. Kap. 2.3).

In den letzten Jahren hat das psychologische Konzept der *Resilienz* Einzug in diverse Diskurse zur Bewältigung von Lebensherausfordernissen und psychischen Problemen erhalten. Während die Risikofaktoren in der biopsychosozialen Entwicklung eines Menschen unter der Überschrift Vulnerabilität (Verletzlichkeit) diskutiert werden, werden Schutzfaktoren unter dem gegenläufigen Begriff der Resilienz (Widerstandsfähigkeit) thematisiert. *Resilienz als psychische Widerstandskraft* gegenüber Belastungen bzw. die in diesen Diskursen aufgegriffenen Schutzfaktoren haben zwar Ähnlichkeiten zur Beschreibung der Stressbewältigungsprozesse und zu den postulierten Widerstandsressourcen im Salutogenese-Ansatz (vgl. Bengel & Lyssenko, 2016), sie stellen aber in der Zusammenschau keine umfassende bio-psycho-soziale Theorie der Gesundheit wie der Salutogenese-Ansatz dar und beziehen sich vor allem auf die psychische Entwicklung von Menschen (vgl. Faltermaier, 2020). Gerade Menschen in sozialen Berufen sollte zudem bewusst sein, dass der adäquate Umgang mit psychischen Problemen, oft in Folge diverser „Herausforderungen des Lebens“ und in der Interaktion des Individuums mit seinen sozialen und gesellschaftlichen Bedingungen, in denen es lebt, nicht allein auf das Individuum und dessen persönliche Widerstandskraft abgewälzt werden darf. Auch die gesellschaftlichen und politischen Zustände, in denen der betroffene Mensch lebt, sind zur Verantwortung zu ziehen (z. B. https://www.medico.de/resilienz/). Wegen seiner „psychologischen Wurzeln“ soll das Resilienz-Konzept jedoch hier seine Beachtung finden, um zu skizzieren, wie es in der Begleitung und Unterstützung aus psychologischer Perspektive heraus hilfreich sein kann.

Durch die interdisziplinäre Beachtung des Resilienz-Konzepts lässt sich mittlerweile eine begrifflich, inhaltlich und methodisch recht unübersichtliche Vielfalt in der Auffassung dessen, was alles unter Resilienz diskutiert wird, feststellen. In früheren Forschungen galt Resilienz vielfach als zeitlich stabile, situationsübergreifende Eigenschaft oder Persönlichkeitsmerkmal. Inzwischen wird Resilienz als eine *variable Kapazität* verstanden, die sich über die Zeit im Kontext der Mensch-Umwelt-Interaktion entwickelt (Bengel & Lyssenko, 2016).

Daraus lässt sich ableiten, dass auch durch psychosoziale Begleitung und Unterstützungsprozesse ein Mensch seine Resilienz ausbauen kann und dadurch stärker gefeit sein kann gegen zukünftige psychische Krisen oder die Entwicklung psychischer Probleme.

Da Resilienz nicht als Persönlichkeitsmerkmal zu verstehen ist, sondern sowohl als *Ergebnis* und/oder auch als *Prozess* dahin, der eine positive Anpassung des Individuums trotz vorhandener Risikofaktoren widerspiegelt, ist Resilienz also nicht per se da und messbar. Sie lässt sich nur indirekt erschließen aus der „Risikoexposition" (z. B. ein Arbeitsplatzverlust) und der positiven Anpassung daran (z. B. das darauffolgende Sozialverhalten, adaptive Denkprozesse, Aspekte der Emotionsregulation). Hinzu kommen potenzielle Resilienzfaktoren auf individueller (z. B. Persönlichkeitsmerkmale und Kompetenzen), sozialer (z. B. familiäre Bezüge, Peers) und gesellschaftlicher (z. B. sozialstaatliche Ressourcen) Ebene. Diese stehen allesamt in enger Wechselwirkung zueinander. Dementsprechend kann sich ein Merkmal (z. B. hohe Religiosität oder Einbindung in einen festen Familienverbund) je nach Anpassungsverhalten des Individuums in einem Kontext als Risikofaktor, in einem anderen Kontext als Resilienzfaktor erweisen: Erweisen sich beispielsweise bei Verlust eines Partners, mangelnder Wertschätzung am Arbeitsplatz oder körperliche Gebrechlichkeit nach einem Unfall die eigene Religiosität und familiäre Anbindung als förderlich/hinderlich mit Blick auf die eigene psychische Widerstandfähigkeit?

Für die Arbeit mit Menschen mit psychischen Problemen bedeutet dies, dass es weniger ratsam ist, ihnen allgemeine Tipps zu geben, die als Schutzfaktoren gelten (z. B. soziale Anbindung fördern oder subjektiv sinnstiftende Tagesbeschäftigungen erkunden), sondern auf einer individuumsbezogenen und biografisch reflexiven Ebene gemeinsam zu erarbeiten, *wie* aus subjektiver Sicht des Individuums ein guter Umgang mit der Krise oder dem psychischen Problem angegangen werden kann (Prozess) und woran sich eine gute oder erstmal bessere Anpassung erreichen ließe. Dabei sind mit Anpassung nicht „Aufgeben und Mitschwimmen" gemeint, sondern intrapsychische, hilfreiche Prozesse und Handlungen, die kurz- oder mittelfristig zu einer Stabilisierung oder Besserung der individuellen psychischen Befindlichkeit führen.

Im Fallbeispiel von A. hat sich ihre Resilienz allein schon dadurch gezeigt (als Prozess), dass sie das Abitur macht unter den für ein Kind stressreichen Aufwachsbedingungen mit einem anscheinend psychisch instabilen und bedrohlich agierenden Elternteil (vgl. Lenz, 2012) und dass sie in einer für sie belastenden Lebenslage proaktiv psychosoziale Hilfe aufsucht und zufällige Gelegenheiten beherzt nutzt (wobei der zweite Aspekt sich in anderen Konstellationen auch als Risikofaktor erweisen kann). Letztendlich können wir nicht wissen, wie resilient A. aufgrund ihrer biografischen Erfahrungen ist, weil wir die vielfältigen situativ, wechselseitigen Einflussfaktoren nicht in ihrer Wirkung kausal abschätzen können.

Dennoch ist es für die Haltung im Umgang mit Menschen, die psychische Probleme haben, hilfreich, anzunehmen, dass sie durch diese Erfahrungen und den Umgang damit auch immer Strategien erworben haben, „irgendwie" im Leben zurechtzukommen, was einen Teil ihrer individuellen Resilienz (als „Zwischen"-Ergebnis) ausmacht.

6.3.4 Recovery, Prävention und Gesundheitsförderung

Ebenso wie das Konzept der Resilienz hat auch der Recovery-Ansatz in den letzten Jahren einen enormen Zuwachs an Aufmerksamkeit erfahren. *Recovery* meint die *Wiedergesundung* als persönlichen Prozess und ist als Ansatz einzuordnen, der das *Genesungspotenzial* psychisch erkrankter Menschen hervorhebt. Als wichtige Kernelemente spielen hier Hoffnung, Grundsicherung (Wohnung, Finanzierung, Gewaltfreiheit, Gesundheitsversorgung), unterstützende soziale Beziehungen, eigene Copingstrategien, Empowerment und Selbstbestimmung, Lebenssinn sowie die Bewältigung von Verlusten eine maßgebliche Rolle. Außer der notwendigen Grundsicherung handelt es sich hier bei allen anderen Konstrukte um psychologische (oder psychosoziale) Zugänge.

Amering und Schmolke (2012) beschreiben Resilienz als dynamischen Recovery-Faktor und Recovery „als *Entwicklung aus den Beschränkungen der Patientenrolle hin zu einem selbstbestimmten, sinnerfüllten Leben.*" Gemeint ist also ein Veränderungsprozess hinsichtlich Überzeugungen, Werten, Zielen, Gefühlen, Fertigkeiten und Rollen, der es Menschen mit psychischen Problemen und in psychosozialen Krisen ermöglicht, wieder und auch ein befriedigendes, hoffnungserfülltes und aktives Leben zu führen, trotz der Einschränkungen und gravierenden Auswirkungen durch ihre psychische Problemlage. Es geht dabei nicht darum, zu einem Zustand vor der Erkrankung zurückzufinden, sondern um persönliches Wachstum und die Überwindung oft negativer diagnosebedingter Auswirkungen auf der individuellen und gesellschaftlichen Ebene – als Prozess, Lebensstil und Einstellung (vgl. Amering & Schmolke, 2012, S. 25). Insofern ist auch der Recovery-Ansatz assoziiert mit dem zuvor skizzierten Resilienz-Konzept und distanziert sich wie die salutogenetische Betrachtung von ausschließlich pathogenetischen Sichtweisen auf psychische Erkrankungen und Krisen.

Leitgedanke der Unterstützung von Menschen sollte demzufolge auch die Orientierung am *individuellen Genesungsprozess* sein, der im Zuge jeder Problemlage und den darin involvierten Menschen sehr unterschiedlich ausfallen kann und wird. Ziel ist damit, dass den Menschen – auch in den Fallbeispielen – dazu verholfen wird, ein selbstbestimmtes, sinnerfülltes Leben führen zu können, selbst wenn störungsbedingt keine vollständige Rückkehr zum einstigen biopsychosozialen Ausgangsniveau erreicht werden kann, im

Einzelfall mitunter auch gar nicht erreicht werden sollte und selbst wenn Teilaspekte der psychischen oder psychosozialen Problemlage (aktuell oder auch perspektivisch) nicht lösbar sind. Darin enthalten ist auch die Annahme, dass sich Menschen durch die Erfahrung einer psychosozialen Krise und psychischen Störung (selbst bei „schweren" Formen und langwierigen Verläufen) auch weiterentwickeln und an diesen Erfahrungen „wachsen" können (vgl. Resilienz-Konzept). Schlüsselaspekte in der Begegnung sind hier Respekt, Zuversicht und Hoffnung und folgende recoveryfördernde Aspekte (Clausen & Eichenbrenner, 2016, S. 41 f.): Empowerment durch Ressourcenorientierung, Information durch belehrungsfreie Psychoedukation, Selbstbestimmung in der Lebensführung, Mitsprache bei der Behandlungsplanung und Mitbestimmung in der Behandlung, Selbsthilfe als „self-made care", individuelles Engagement und die Partizipation am Genesungsprozess anderer Betroffener.

Entsprechend müssen Fachkräfte, wenn sie Menschen mit psychischen Problemen unterstützen, sich auch die Frage stellen, wie viel Eigensinn sie in der Begleitung individueller Selbststeuerungsprozesse „aushalten", wie flexibel sie im Erkunden von Selbsthilfepotenzialen (auch abseits der klassischen Versorgunglandschaft) sein können und welche Vereinbarungen zum Genesungsprozess sie professionell fördern wollen und strukturbedingt können (vgl. Becker & Schlutz, 2019). Sie bewegen sich dabei zwischen ihren eigenen ethischen und professionsbezogen Ansprüchen, den individuellen Genesungsbedürfnissen der betroffenen Menschen und gesellschafts- und institutionsseitigen Erwartungen (vgl. Triplemandat, Kap. 6.2.2).

Psychischen Problemen und der Gesundung bzw. Genesung kann nicht nur im Sinne der pathogenetischen Sichtweise über *Prävention* als Krankheitsverhinderung und Reduktion von krankmachenden Risikofaktoren begegnet werden, sondern auch im Sinne salutogenetischer Auffassung über den Zugang der *Gesundheitsförderung* (vgl. Franke & Broda, 1993).

Menschen bei ihrer Genesung zu unterstützen, heißt demzufolge a) die Verminderung von Risikofaktoren und b) die Stärkung von Schutzfaktoren, um die individuelle Resilienz zu festigen. Prävention und Gesundheitsförderung ergänzen sich also.

Eine Teilaufgabe von Gesundheitsförderung ist die „Stabilisierung und Verbesserung von Krankheitsverläufen", auch bei psychischen Problemen und Störungen. Dadurch hat Recovery als Konzept einen sinnvollen Platz in der Gesamtkonzeption von Gesundheit (Amering & Schmolke, 2012. S. 82). Den Autorinnen zufolge bietet sich insbesondere in der Begleitung von Menschen mit schwerwiegenden psychischen Problemen (d. h. in Form länger währender psychischer Störungen) folgende Unterscheidung an: Eine „harte" Recovery-Auffassung erwartet im Zuge der Genesung keine klinischen Symptomen und damit in Verbindung stehender Einschränkungen mehr und eine unabhängige Lebensführung (d. h. Verbesserung und Beseitigung). Eine „weiche" Recovery-

Auffassung argumentiert für einen Lern- und Entwicklungsprozess, der trotz problembasierter Einschränkungen ein aktives, erfülltes Leben erlaubt (d. h. Verstehbarkeit, Handhabbarkeit und Kompensation, Sinnerfülltheit als Aspekte von Kohärenzerleben im Sinne des Salutogenese-Modells unterstützt, vgl. Kap. 6.3.3) und darüber gesundheitsförderlich wirkt.

Sowohl Gesundheitsförderung als auch Recovery haben ein relatives und Prozessverständnis. Es geht also nicht um ein „Entweder-oder", sondern darum, dass Individuen gleichzeitig gesund *und* mit psychischen Problemen behaftet sein können (vgl. Antonovsky, 1997).

Für die professionelle Unterstützung und Begleitung von Menschen mit psychischen Problemen bedeutet dies, dass sowohl die krankmachenden Symptome und funktionalen Einschränkungen als auch die Stärken, Fähigkeiten, Fertigkeiten und Anstrengungen in Richtung Recovery erkannt und aufeinander bezogen werden sollten. Dieser integrierenden Sichtweise folgend sind in der stationären sowie ambulanten Praxis guttuende Wege, Begegnungen, Erfahrungen genauso sicht- und (wieder) nutzbar zu machen, wie die ohnehin sichtbaren Einschränkungen aufgrund der Problemlagen. Entsprechend ist je nach psychischer und psychosozialer Problemlage eine multimodale Unterstützung angezeigt, die Genesung und Gesundung nicht nur auf Behandlung und Prävention vor erneuten Krisen und Störungen reduziert, sondern auch Gesundheitsförderung anstrebt. Dabei sind viele Professionen gefragt, nicht nur Sozialarbeiter*innen, Psycholog*innen, Sozialpädagog*innen, Seelsorger*innen, Psychotherapeut*innen, Sozialpsychiater*innen, sondern auch Ergo-, Musik- und Kunst-, Physiotherapeut*innen, Integrative Therapeut*innen, Soziotherapeut*innen, Pflegekräfte sowie Peers in Selbsthilfegruppen oder als Genesungsbegleiter*innen u. a., die einen ganzheitlichen, eklektischen, biopsychosozialen, mitunter auch spirituellen Recovery-Prozess begleiten können.

Abschließend seien noch einmal folgende Gedanken genannt, die das Bewusstsein für die eigenen psychosozialen Tätigkeiten schärfen sollten:

1. Die beste (primäre) Prävention ist eine gelungene praktizierte Gesundheitsförderung, da sie potenziell die individuelle Resilienz steigert.
2. Psychische Probleme, Krisen, Störungen gehören zum Leben aller dazu, ebenso Genesung und Gesundheit.

6.3.5 Lebensweltorientierung, psychologisch betrachtet

Lebensweltorientierung stellt auch in der Arbeit mit Menschen mit psychischen Problemen einen wichtigen Leitgedanken dar. Sie bewegt sich „zwischen einem Akzeptieren der vorgefundenen Lebensentwürfe auf der einen Seite und auf der anderen Seite einem Sich-Einmischen in Verhältnisse, einem Entwerfen und Unterstützen von Optionen aus der Distanz des professionellen Wissens" (Thiersch, Grunwald & Köngeter, 2012, S. 175). Im Handeln ergibt sich daraus die Verbindung von gegenwärtig spezifischen Lebensverhältnissen mit pädagogischen Konsequenzen. Dabei ist das Zusammenspiel von Problemen und Möglichkeiten, von Stärken und Schwächen im sozialen Feld besonders zu beachten, woraus sich ein jeweils spezifisches Handlungsrepertoire zwischen Vertrauen, Niedrigschwelligkeit, Zugangsmöglichkeiten und gemeinsamen Konstruktionen von Hilfsentwürfen ergibt. Lebensweltorientierung geht dabei zum einen von den alltäglichen Erfahrungen betroffener Menschen in ihrer gesellschaftlichen Situation aus (z. B. Erfahrungen von gesellschaftlicher oder institutioneller Diskriminierung psychischer Probleme und Störungen) und wie sich diese gesellschaftliche Situation im Alltag des betroffenen Menschen repräsentiert (z. B. psychische Probleme als Tabuthema in der Herkunftsfamilie; Ablehnung bei der Wohnungs- oder Arbeitssuche). Sie sieht zum anderen die eigensinnigen Strukturen im Alltag, die praktischen Bewältigungsversuche und das Selbstverständnis der Beteiligten (z. B. in den Fallbeispielen die Verwobenheit der psychischen Probleme mit anderen Problemlagen, z. B. häuslicher Gewalt, das spontane Aufsuchen von Hilfsangeboten bei passender Gelegenheit oder die Ablehnung offizieller Diagnosen).

Mit Blick auf die einschlägigen psychologischen Dimensionen – Denken, Erleben/Fühlen, Handeln in seinen sozialen Bezügen – ist einer lebensweltorientierten Begleitung und Unterstützung insbesondere an der alltäglichen Praxis des Verstehens und dem darauf bezogenen Handeln gelegen. Diese rekonstruierte Lebenswirklichkeit und Handlungsmuster erfolgen vor allem unter dem Gesichtspunkt der *Alltäglichkeit* als Wirklichkeit. Sie ist strukturiert durch die erlebte Zeit, den erlebten Raum und die erlebten sozialen Bezüge, in ihr wird pragmatisch Relevantes von Nicht-Relevantem unterschieden und Interpretationen und Handlungen gerinnen zu Alltagswissen und Routinen (Thiersch et al., 2012, S. 183).

Für die professionelle Fachkraft ergibt sich daraus die Herausforderung (und Haltung), Alltag dialektisch zu betrachten: einerseits in seiner entlastenden Funktion von Routinen, seiner Sicherheit und Produktivität im Handeln, andererseits in seiner Enge und Unbeweglichkeit, wodurch er Menschen in ihrer Entwicklung und ihren Möglichkeiten, ihre psychischen Probleme selbst in ihren Lebenswelten und Lebenslagen zu bewältigen (vgl. Böhnisch, 2019), einschränken und behindern kann. Entsprechend lässt sich für die Begleitung festhalten (Thiersch et al., 2012, S. 184 f.): Ein Mensch mit psychischen Problemen sollte nicht abstrakt als Individuum verstanden werden, sondern in der subjektiven Erfahrung einer alltäglichen Wirklichkeit, in der er sich immer schon vorfindet (phänomenologischer Zugang). Diese ist auf der Handlungsebene beschreibbar als „Sich-Arrangieren im Überleben" und psychologisch einfangbar über sein Wahrnehmen und Erleben dessen, was er innerhalb seines Alltags mental erfasst und wie er hier dafür handelt.

Die Lebenswelt eines Menschen ergibt sich aus verschiedenen Lebensfeldern (z. B. Familie, Nachbarschaft, aktuelle Gesundheitsversorgung), die ihn nebeneinander und nacheinander (z. B. Schule, Arbeitsplatz) beeinflussen. Bronfenbrenner (1981) würde hier von Mikro-, Makro-, Exo-, Meso- und Chronosystem(en) sprechen (vgl. Kap. 1.3). Die subjektiv erfahrene Wirklichkeit ist dabei immer bestimmt durch gesellschaftliche Strukturen und Ressourcen. Was dabei als Anpassung und was als Unterdrückung, was unzumutbar und was als gelingend erlebt wird, ist nicht objektiv definiert und kann somit im fachlichen Handeln nicht unreflektiert und unverhandelt festgelegt werden.

Wenn Fachkräfte also Menschen mit psychischen Problemen begleiten und unterstützen, ist es eine Frage der sensitiven, personenzentrierten Aushandlung in der jeweiligen Konstellation vorgefundener Lebensräume und Bewältigungsmuster, welche neuen Chancen, aber auch welche Belastungen und Überforderungen in diesen Erfahrungsräumen und Lebensentwürfen entstehen, wenn Menschen mit psychischen Problemen aus ihrer Lebenswelt heraus professionelle Hilfen aufsuchen, annehmen oder (teilweise) ablehnen oder ihnen die psychosoziale Hilfe angetragen wird. Fachkräfte müssen sich hierbei bewusst sein und anerkennen, dass die Lebenswelt, aus der heraus sie agieren, nicht kongruent ist und sein kann mit der Lebenswelt ihres unterstützungsbedürftigen Gegenübers. Sie würden zudem mit verkürztem Blick vorgehen, wenn sie die Lebenswelt(en) ausschließlich auf psychologische Dimensionen des Denkens, Erlebens und Handelns ihres Gegenübers reduzieren und von Nichtveränderbarkeiten ausgehen und dabei übersehen, wie sehr diese psychologischen Dimensionen durch die lebenslange, biografisch unterschiedlich ausgefallene, umweltseitige Beeinflussung geprägt sind (vgl. Kap. 1.3). Eine lebensweltorientierte Unterstützung von Menschen mit psychischen Problemen bedeutet demzufolge

1. alltagsberücksichtigendes gedankliches Einlassen und Handeln in den aktuellen räumlichen und zeitlichen Gegebenheiten,
2. Agieren in den Ressourcen und Spannungen der sozialen Bezüge,
3. Herstellen von Transparenz und Klarheit in den Alltagsvollzügen,
4. Hilfe zur Selbsthilfe, Empowerment und Identitätsarbeit, um sich als Subjekt in den eigenen Verhältnissen erfahren zu können und
5. Kooperation mit den Institutionen und Instanzen, die die Alltagswelten der Betroffenen im Einzelfall und im Allgemeinen beeinflussen (vgl. Thiersch et al., 2012, S. 86 f.).

Adressat*innen von Hilfe sollen dabei immer auch als Expert*innen ihres Lebens gesehen werden. In der Beratung und Begleitung von – eher informellen und nonformellen – Lernprozessen im alltäglichen Lebensvollzug kommt es entsprechend auch auf die Ermöglichung von Diversität als Neben- und Miteinander unterschiedlicher Lebenswelten an (Walther & Deimel, 2017, S. 55).

6.4 Grundarten des Helfens

Ludewig (1991) hat aus systemischer Perspektive heraus eine nützliche Aufstellung verschiedener Arten des Helfens verfasst, die zwar ursprünglich fokussiert auf supervisorisches Handeln gedacht ist, aber dennoch Klarheit verschafft, wie unterschiedlich Hilfe für Menschen mit psychischen Problemen ausgestaltet sein kann. Er ging dabei von zwei zentralen Aspekten aus, auf deren Grundlage er ein Vierfelder-Modell entwarf, das vier Grundarten des psychosozialen Helfens erfasst:

1. Ziel der Hilfesuche: *Erweiterung* als Zunahme an Fähigkeiten, Entscheidungskriterien, Optionen oder *Verringerung* als Abnahme von Lebensproblemen, Leiden, Einsamkeit, Orientierungslosigkeit usw.
2. Mittel der Hilfestellung: *Konvergenz* als Hilfestellung über die Angleichung der Strukturen zwischen Helfer*innen und Hilfesuchenden, z. B. durch Beziehung, Kontinuität, Ankoppelung, Gemeinsamkeit (Synomie) oder *Differenz* als Bereitstellung von Hilfe mit absichtlicher Differenzerhaltung zwischen Hilfesuchenden und Helfer*innen, um rasches Abkoppeln zu ermöglichen (Dysnomie)

Wenn Menschen mit unterschiedlichen psychischen Problemen unterstützt werden, so kann sich die Hilfe also zwischen Erweiterungs- und Verringerungsambitionen bewegen und dabei eher auf Angleichung oder eher auf Abstandswahrung angelegt sein. Zwei der von Ludewig (1991) beschriebenen vier Grundarten des Helfens zielen mehr auf die Erweiterung gewünschter Erfahrungen und Zustände (Anleitung/Erziehung und Beratung) und zwei Grundarten mehr auf die Verringerung unangenehmer Erfahrungen oder ungewollter Zustände ab (Begleitung und Therapie), wobei Anleitung und Begleitung eher auf Konvergenz hinarbeiten, während Beratung und Therapie eher Differenzbildung beabsichtigen (siehe Abb. 3).

Die vier Grundarten des Helfens unterscheiden sich ferner nach Art der Hilfesuche, der dazu entsprechende Definition der Beteiligten hinsichtlich ihrer Rollen und Dauer.

1. *Anleitung:* „Hilf mir, mein Wissen zu erweitern!“ (z. B. in der klassischen Auffassung von Psychoedukation von Menschen mit psychischen Problemen): Hier definiert sich der bedürftige Mensch als Leidender, der sein

Abbildung 3: Grundarten des Helfens (nach Ludewig 1991)

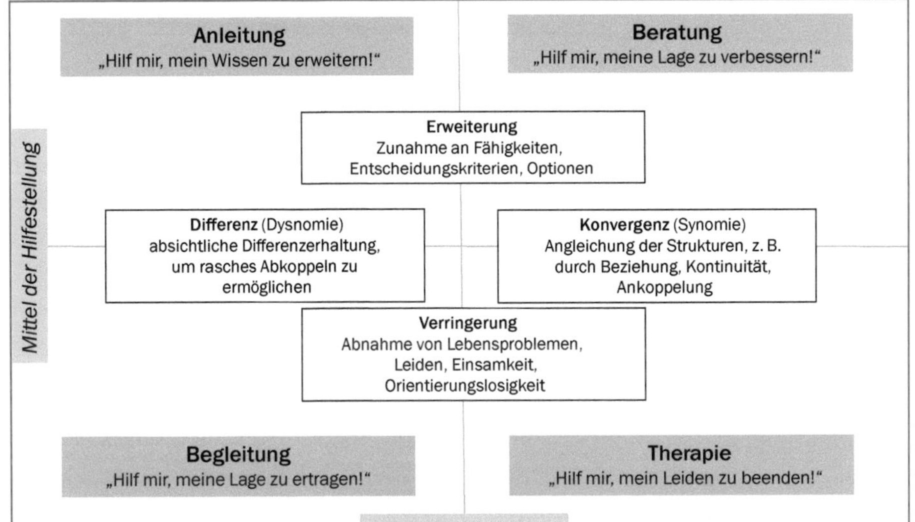

Repertoire an Fertigkeiten beim Umgang mit seiner Welt erweitern möchte und der*die Anleitende übernimmt reziprok die Rolle als Erzieher/Trainer/Lehrer/Ausbilder*in und stellt sein*ihr Wissen zur Verfügung.

2. *Begleitung:* „Hilf mir, meine Lage zu ertragen!“ (z.B. in der Begleitung von wohnungslosen Menschen mit psychischen Problemen, die momentan eher grundversorgende Angebote als verbindliche psychosoziale Hilfe annehmen (können)): Hier thematisiert der bedürftige Mensch sein Leiden infolge einer oder mehrerer Problemlagen in einer Weise, aus der für die Fachkraft weder deutlich hervorgeht, ob die Lösung des Problems unmittelbar angestrebt wird, noch ob die vorgetragene Problemlage prinzipiell lösbar ist. In der Rolle als Begleiter*in strebt er*sie nicht rasches Problemlösen an, sondern die Stabilisierung der aktuellen Lage des*der Hilfesuchenden durch Unterstützung etwaiger im Leben des*der Hilfesuchenden relevanter sozialer Systeme, sich als Angebot und System eingeschlossen.
3. *Beratung:* „Hilf mir, meine Lage zu verbessern!“ (z.B. in der Beratung dahingehend, wie ein Mensch seine Einsamkeit, seine inneren Konflikte in Anbetracht verschiedener weitreichender Optionen beispielsweise bei Schwangerschaftsabbruch, Trennung vom Vater der gemeinsamen Kinder oder seine Distanzierung von häuslicher Gewalt oder gesundheitsschädigenden Substanzen meistern kann). Hier thematisiert der bedürftige Mensch seine Problemlage mit dem Ziel, diese durch Aufklärung, Entscheidungshilfen, Erkenntnisse erweiternde Techniken usw. so zu verbessern,

dass bereits vorhandene Strukturen, Fähigkeiten, Fertigkeiten optimiert werden und dadurch die Problemlage handhabbar und behebbar(er) wird. In der Rolle als Berater*in mit hilfreicher Außenperspektive konzentriert er*sie sich auf die interne Veränderung, Optimierung der Strukturen und Erweiterung vorhandener Fähigkeiten und Fertigkeiten.

4. *Therapie:* „Hilf mir, mein Leiden zu beenden!" (u.a. in der Psychotherapie psychischer Störungen, beispielsweise Angststörungen, Depressionen, Traumafolgestörungen, Substanzgebrauchsstörungen, oder in Form von Schmerztherapie). Hier definiert der hilfesuchende Mensch infolge einer oder mehrerer Problemlagen das ausdrückliche Ziel, diese rasch zu beenden. Die*Der Therapeut*in hält die vorgetragene Problemlage für behandelbar und damit lösbar. Dafür setzt sie*er wirksame, erlernbare Techniken und Methoden ein und stellt sein Handeln ein, wenn sich das Leiden aufgelöst hat.

Insbesondere für die Beratung und Therapie braucht es einen gemeinsam und konsensuell ausgehandelten, expliziten *Auftrag* zu Ziel und Methode des Helfens, der aus dem ursprünglichen, allgemeinen, oft zunächst diffusen und subjektiven *Anliegen* der Beteiligten hervorgeht. Aber auch die anderen Formen des Helfens bedürfen eines Auftrags, der wenn er nicht im Einvernehmen mit der hilfesuchenden Person erarbeitet wurde, aus einem gesellschaftlichen Auftrag, gekoppelt an Erwartungen und mitunter Handlungsanweisungen, erwachsen ist.

Insgesamt soll noch einmal betont werden, dass es sich weder bei der Unterscheidung in Anliegen mit *Erweiterungs-* und *Verringerungs*auftrag bezüglich der psychischen Probleme, noch bei der Unterscheidung in *Angleichungs-* versus *Differenzbildungs*intentionen noch der in vier postulierten *Grundformen des Helfens* um statische Kategorien („Schubladen") handelt, sondern vielmehr um einen Vorschlag, um über die eigenen Ziele, die Ziele des hilfesuchenden Menschen sowie Ziele des Auftraggebers/Arbeitgebers/institutionellen Rahmens sortiert nachzudenken.

Differenzierte Betrachtungen könnten beispielsweise sein, sich zu fragen, ob man im Rahmen der eigenen Beratungsstelle für Menschen mit psychischen Problemen (z.B. einem Krisendienst für akute Problemlagen oder einer Familienberatungsstelle) tatsächlich psychosozial beratend agiert oder eher psychotherapeutisch oder begleitend, ob dies so zwischen den Beteiligten vereinbart und gewünscht ist, wie sich die Hilfe über die Zeit verändert und/oder ob eine Veränderung oder Kombination der Hilfeformen angezeigt ist (z.B. die Überleitung in eine Psychotherapie, der explizite Einbezug psychoedukativer Elemente oder eine Kombination beispielsweise aus Anleitung und Begleitung).

Auch in der Erstbegegnung mit Menschen mit psychischen Problemen, die sehr verschieden geschehen kann, obliegt der helfenden Fachkraft die Aufgabe zu erkunden, welche Grundart(en) von Hilfe aktuell hilfreich sein dürfte(n). Hierbei sollten die Bedürfnisse des hilfsbedürftigen bzw. hilfesuchenden Menschen im Vordergrund stehen (vgl. Kap. 6.3.1).

6.5 Was hilft?

Die Frage, was Menschen mit psychischen Problemen hilft, lässt sich sehr unterschiedlich beantworten. Im Folgenden werden exemplarisch der grundbedürfnisseorientierte Ansatz von Klaus Grawe (Kap. 6.5.1), die Würdigung von Bewältigungsstrategien, sog. Coping-Strategien (Kap. 6.5.2) und der Zugang über die sogenannten S3-Leitlinien (Kap. 6.5.3) skizziert, um zu veranschaulichen, wie breit die Spanne an Antwortmöglichkeiten ist.

Nebenbei sei auch hier an die Verzahnung und Wechselwirkungen der Zugänge erinnert (person-in-environment): Eine grundbedürfnisse- und bewältigungsorientierte Arbeit auf individueller Ebene an sich ist schon ein interaktiver, sozialer Vorgang, bei dem individuell und gesellschaftlich konstruierte Systeme und Lebenswelten aufeinandertreffen. Sie geschieht nicht im „Vakuum", sondern ist eingebettet in eine Versorgungslandschaft, die Stärken aufweist, aber auch Veränderungsbedarfe mit sich bringt. Diese Versorgungslandschaft ist historisch gewachsen und berücksichtigte mehr oder weniger die aktuellen S3-Leitlinien, deren Berücksichtigung Stärken (z. B. systematischer Einbezug empirisch fundierter Wirksamkeitsnachweise) und Schwächen (z. B. Einengung bestehender Entscheidungsspielräume, weniger Evidenzbasierung als angenommen, Vernachlässigung individuell wirksamer Unterstützungsmöglichkeiten, Verzerrungen durch ökonomische und pharmaindustrielle Einflussnahmen) mit sich bringt.

6.5.1 Psychosoziale Wirkfaktoren professioneller Unterstützung

Geht man davon aus, dass Menschen mit universellen *psychischen Grundbedürfnissen* ausgestattet sind und durchs Leben gehen (siehe Kap. 2.3; Lübeck, 2017), deren Frustration oder widersprüchliches Zusammenwirken zur Entstehung psychischer Probleme und Störungen beiträgt, ist es naheliegend, beraterische und psychotherapeutische Vorgehensweisen zu extrahieren, welche diese Grundbedürfnisse befriedigen und so zur psychischen Genesung sowie Problem- und Krisenbewältigung verhelfen.

Grawe (2000, 2004) ging hierzu von vier *zentralen Wirkfaktoren* aus, die die Bewältigung psychischer Probleme wahrscheinlicher machen:

1. die *motivationale Klärung und Motivation zur Veränderung:* Die Unterstützung von Menschen mit psychischen Problemen sollte dabei helfen, Einsicht in die un-/bewussten Motive, Werte, Ziele und durch entsprechende Bezugnahme auf die Bedingungen der Leidenszustände zu gewinnen. Nur so lassen sich anfänglich und im Prozess die *Problemlagen* analysieren und Unterstützungs*ziele* vereinbaren.
2. *Ressourcenaktivierung:* Jede Form der Unterstützung sollte (auch) auf die positiven Möglichkeiten, Eigenschaften, Fähigkeiten des hilfesuchenden Menschen fokussieren, um diese für die Gesundung, Genesung, Problemlösung, Krisenbewältigung usw. zu nutzen.
3. *Problemaktualisierung:* Leidenszustände werden dann am wirksamsten verändert, wenn deren Bedeutung in der Begleitung durch unmittelbare Erfahrung real erlebbar werden können (z. B. durch sog. Expositionsverfahren, Rollenspiele, Gedankenexperimente).
4. *aktive Hilfe zur Problembewältigung:* Durch die Auswahl wissenschaftlich begründeter, zum Teil problem- und störungsspezifischer Interventionen (z. B. Selbstsicherheitstraining, Entspannungsverfahren, Hinterfragen und „Ersetzen" irrationaler Kognitionen, Modell sein für proaktives Handeln) können Menschen mit psychischen Problemen wirksam(er) unterstützt werden.

Als am zentralsten wird allerdings die professionelle Gestaltung und Qualität der *helfenden Beziehung* angesehen, meist „therapeutische Beziehung" genannt (z. B. Hermer & Röhrle, 2008). Sie gilt im Sinne einer qualitativ guten, tragfähigen Allianz zwischen hilfesuchendem und professionell unterstützendem Menschen als wichtigster Prädiktor für erwünschte Veränderungen und sollte sowohl eine professionelle Beziehungs- als auch adäquate Umfeldgestaltung umfassen (vgl. Gahleitner, 2020). Renneberg et al. (2009, S. 234) fassten aus psychotherapeutischer Perspektive folgende positive Merkmale als ausschlaggebend für die Qualität der Beziehung zusammen:

1. klare Rollenverteilung auf beiden Seiten (professionelle Beziehung),
2. Offenheit und Vertrauen auf Seiten des Klienten bzw. der Klientin sowie
3. Empathie, Wertschätzung und Kongruenz gepaart mit Strukturiertheit des Therapeuten bzw. der Therapeutin.

Diese Merkmale sind zwar auch für andere Unterstützungsformate aufschlussreich, in denen Fachkräfte psychosozial gefragt sind, jedoch sind hier auch Spezifika zu beachten. So ist beispielsweise die Rollenklarheit seitens der Fachkraft und die Offenheit der Klient*innen aufgrund des *Triplemandats* in sozialen Berufen (für die Soziale Arbeit: vgl. Staub-Bernasconi, 2007) für Klient*innen nicht immer eindeutig bestimmbar und nur im Zuge aufmerksamer Nähe-Distanz-Regulierung möglich. Auch lassen sich Verlinkungen zum Postulat der *Koproduktion* in der Sozialen Arbeit (vgl. von Spiegel, 2013, S. 170, 251) herstellen: Der Prozess der Unterstützung und die Formulierung sowie Inangriffnahme tragfähiger Ziele kann nur im motivierten, vertrauensvollen Dialog der Beteiligten erfolgen.

Die verschiedenen Unterstützungsansätze, z. B. Beratung, Psychotherapie, Krisenintervention, Sozialtherapie, setzen mit unterschiedlicher Gewichtung an den beschriebenen Wirkfaktoren an und auch die Beziehung erfährt eine unterschiedliche Gewichtung. So messen beispielsweise tiefenpsychologisch vorgehende Fachkräfte der Therapiebeziehung und Arbeit *in* den Sitzungen deutlich mehr Bedeutung bei als systemisch arbeitende Therapeut*innen und Berater*innen, die davon ausgehen, dass die „relevanten Veränderungen" letztlich *zwischen* den Sitzungen geschehen. Entsprechend sind tiefenpsychologisch vorgehende Therapeut*innen mehr überzeugt von der Wirkkraft häufiger Kontakte, systemisch arbeitende Therapeut*innen hingegen unterstützen gerne oft längere Zeiträume zwischen den Sitzungen, in denen sich die Klient*innen Impulse und Irritationen aus den Begegnungen weiterdenken, sich entwickeln und damit ausprobieren.

Dennoch profitieren psychosozial agierende Fachkräfte und letztendlich ihre Klient*innen, Adressat*innen, Nutzer*innen, Hilfe-Inanspruchnehmer*innen am meisten, wenn die aufgeführten Wirkfaktoren bei gleichzeitiger Aufrechterhaltung einer professionellen helfenden Allianz umgesetzt werden, da sie maßgeblich zur Befriedigung psychischer Grundbedürfnisse beitragen.

6.5.2 Der individuelle Einsatz von Copingstrategien

Schon bevor Menschen mit psychischen Problemen externe Unterstützungsangebote wahrnehmen, setzen sie üblicherweise die ihnen aktuell zur Verfügung stehenden individuellen Bewältigungsstrategien *(Copingstrategien)* für herausfordernde Situationen und Lebenslagen, psychosoziale Krisen und die Lösung ihrer Probleme ein. Als Coping werden jegliche Maßnahmen zur Bewältigung von Stress in Form von Aktivitäten eines Individuums verstanden, um Verluste und Gefährdungen wichtiger Anliegen oder eines positiven Selbstbildes durch Schicksalsschläge, Versagen, Konflikte, unerwartete Barrieren u. a. zu meistern und/oder die dadurch ausgelösten belastenden Gefühle zu dämpfen. Im Groben können drei Varianten von Copingstrategien unterschieden werden, die Menschen helfen können, ihre psychischen Problemen zu mindern oder lösen:

1. *Problemorientiertes Coping,* d. h. proaktiv an ein konkretes Problem (z. B. Frühwarnsymptome) herangehende Strategien mit dem Ziel der Problem-

lösung. Beispiele hierfür wären: die problemauslösende oder -aufrechterhaltende Situation verändern, Klärungsgespräche führen, eine Beratungsstelle aufsuchen, eine Kur oder Psychotherapie beantragen/machen etc.

2. *Emotionsorientiertes Coping* mit dem vordergründigen Ziel, die negativen Emotionen im Zusammenhang mit Stressoren zu regulieren. Beispiele hierfür wären: Entspannungsübungen machen, über die eigenen Gefühle sprechen, Ablenkungs-/Verdrängungsversuche und Vermeidungsstrategien (Substanzkonsum, sich „einigeln", Sport treiben etc.) und
3. *Akkomodatives Verhalten,* d. h. eine Neubewertung der problembehafteten Situation vornehmen, um dadurch eine Adaptation („psychische Anpassung") an die neue Situation zu erreichen. Beispiele hierfür wären: persönliche Ziele ändern, Umdeuten (Reframing), Suchen nach besseren Reaktionen auf die Krise.

Je nach Herausforderung werden diesen Strategien unterschiedlich hohe Erfolgschancen zugestanden, psychosoziale Krisen und Problemlagen abzuwenden, sie nicht gravierender werden zu lassen oder zu meistern. Psychologisch betrachtet, ist *Coping als Prozess* anzusehen, in dem Menschen verschiedene kognitive, emotionale und handlungsbezogene Strategien ausprobieren, einsetzen, erweitern. Die jeweiligen Copingstrategien greifen dabei sowohl auf mentale, intrapsychische als auch auf sozial-interaktive, „nach außen sichtbare" Prozesse zurück und können funktional und/oder dysfunktional wirken, d. h. zur Reduktion von Stress sowie Bewältigung von kritischen Lebensereignisse und Krisen mehr oder weniger allgemein geeignet und im konkreten Fall hilfreich sein.

In der Praxis werden im Zuge einer beispielsweise psychosozialen Beratung oder Psychotherapie die bisher unternommenen Bewältigungsversuche angesprochen, gewürdigt, sortiert, hinsichtlich ihre Funktionalität besprochen und wird mitunter zu angemesseneren proaktiven Strategien ermutigt, um die Autonomie und Selbstwirksamkeit der betroffenen Menschen zu stärken und sie zuversichtlicher zu stimmen. Oft sind zunächst emotionsregulierende Strategien, im weiteren Verlauf dann akkomodative und problemorientiertere Strategien angezeigt. Akkomodatives Verhalten würde sich beispielsweise anbahnen, wenn ein betroffener Mensch hinterfragen würde, inwiefern er immer und für alle in bisheriger Weise „zur Verfügung" stehen und „bestens funktionieren" müsste. Psychosoziale Fachkräfte können in diesem Zusammenhang auch thematisieren, inwiefern kritische Lebensereignisse und psychosoziale Probleme zwar auch unangenehm und stressreich sind, dennoch zum Leben dazu gehören und zur wachsenden Lebenserfahrung hilfreich beitragen.

Bezogen auf die eingangs vorgestellten Fallbeispiele (Kap. 6.1) könnte man Frau F.s hilfesuchende E-Mail und A.s „spontaner Eintritt" in die Beratungsstelle als problemorientiertes Coping verstehen, weil beide proaktiv nach Unterstützung suchen für psychische Probleme, die sie momentan nicht (mehr) ohne professionelle Unterstützung zu bewältigen vermögen. Das aufsuchende Verhalten von Herrn P. mag eine Mischung aus problemorientiertem und (mehr noch) emotionsorientiertem Coping darstellen, weil es ihm zunächst um die hoffnungsstiftenden Anteile der Begegnungen zu gehen scheint. Auch Frau Z.s Handeln kann als problemorientiertes Coping verstanden werden (Wahrnehmen einer Psychotherapie und Inbetrachtziehen einer Selbsthilfegruppe). Aus diesen Schritten könnten auch neue Bewältigungserfahrungen und Überzeugungen erwachsen oder sich verfestigen, beispielsweise die Festigung der Wahrnehmung, dass sie eheliche Gewalt in keiner Weise ertragen muss und es sehr rechtens ist, für den Ausstieg Hilfe „von außen" anzunehmen.

6.5.3 Die S3-Leitlinien der medizinischen Fachgesellschaften

Bei den S3-Leitlinien handelt es sich um *Entscheidungshilfen* vor allem für Ärzt*innen und Psycholog*innen, aber auch Pflegekräfte und andere Menschen im Gesundheitssystem in spezifischen Situationen, beispielsweise der Behandlung psychischer Störungen. Sie geben also auch eine Antwort auf die Frage „Was hilft?" und beruhen auf aktuellen evidenzbasierten Erkenntnissen (empirischen Studien) sowie in der Praxis bewährten Verfahren, argumentieren aber auch unter ökonomischen Aspekten und geben Empfehlungen zu Diagnosen, Therapien und psychosozialer Unterstützung, Rehabilitation und Nachsorge. Leitlinien fassen das aktuelle, schwerpunktmäßig medizinische und therapeutische Wissen zusammen, müssen entsprechend regelmäßig aktualisiert werden und sind rechtlich nicht bindend. Sie geben *Empfehlungen* mit unterschiedlichem Evidenzgrad auf drei Ebenen heraus: Einzelinterventionen (z. B. Training sozialer Kompetenzen), Systeminterventionen (z. B. aufsuchende gemeindepsychiatrische Hilfe im multiprofessionellen Team) und Selbsthilfe (z. B. Peer-Support). Diese Leitlinien sind also nicht als „genuin psychologisch" zu verstehen, vervollständigen aber die Ausgangsfrage dieses Kapitels danach „Was hilft?" im Sinne eines biopsychosozialen Verständnisses psychosozialer Problemlagen und damit zu kombinierender multimodaler Behandlung (vgl. Kap. 1.4).

Für einige psychische Störungen und Problemlagen gibt es sogenannte Patienten-Leitlinien, die allgemeinverständlich für Hilfesuchende, Angehörige und nahestehende Personen verfasst sind: zum Beispiel für psychosoziale Therapien bei schweren psychischen Erkrankungen, für Essstörungen, für unipolare Depressionen und für Schlaflosigkeit. Sie stehen, wie die Leitlinien insgesamt, kostenfrei im Internet zur Verfügung (https://www.awmf.org/leitlinien/).

6.6 Menschen mit psychischen Problemen und (fast) ohne professionelle Hilfe

Menschen mit psychischen Problemen bekommen oft nicht in ausreichendem Ausmaß und/oder in der Qualität die Unterstützung, welche aus psychosozial-professioneller oder menschenrechtsbasierter Perspektive geboten scheint. Dazu gehören unter anderem Menschen, die als schwer erreichbar durch die aktuellen Versorgungssysteme und -strukturen gelten (sog. *„hard to reach-*Klient*innen“), Menschen, die sich sehr adäquat oder aus fachlicher Sicht mitunter auch unangemessen selbst helfen (und damit letztendlich nicht helfen) oder auch Angehörige, die selbst psychische Probleme entwickeln, weil sie sich zu lange, zu intensiv, zu isoliert, zu ressourcenarm um die ihnen nahestehende Menschen mit psychischen Problemen sorgen und kümmern.

6.6.1 Schwer erreichbare Menschen mit psychischen Problemen

Dass Menschen mit psychischen Problemen mitunter nicht gut durch die bestehenden Versorgungssysteme erreichbar sind *(hard to reach),* ist eine Herausforderung, der sich soziale Berufe und die Versorgungslandschaft stellen müssen, indem die Versorgung und ihre Strukturen den jeweils individuellen Bedürfnissen entsprechend gestaltet werden, statt die mangelnde Anpassungsfähigkeit der Klientel als „mangelnde Compliance“ zu beklagen. Das ist keine einfache Aufgabe, weil die meist komplexen Bedürfnisse der betroffenen Menschen oft schwer zu fassen sind und nicht einfach in simplen, zu wenig vernetzten Hilfsangeboten aufgefangen werden können. Die unbefriedigende Erreichbarkeit einiger Menschen mit psychischen Problemen reicht von Nicht-Wahrnehmen bis offensivem Ablehnen von Hilfsangeboten und betrifft zahlreiche Handlungsfelder, beispielsweise die Wohnungslosen-, die Sucht-, die Eingliederungs-, die Flüchtlings- oder auch die Familienhilfe. Giertz, Große und Gahleitner (2021) plädieren in diesem Zusammenhang dafür, bedürfnisorientierte Beziehungsarbeit zu praktizieren, Partizipation anzustreben und umzusetzen, explizit sozialraumorientiert vorzugehen (Milieuarbeit) und die Bereitschaft, individuell passende Unterstützungsnetzwerke aufzubauen. Gelingt es Helfenden, diese komplexen Anforderungen gut vernetzt anzugehen, können sie Modell dafür sein, dass es möglich ist, auch schwer erreichbare Adressat*innen psychosozialer Unterstützung individuell und sozial einzubinden und auf ihrem persönlichen Weg zu begleiten, anzuleiten, zu beraten und mitunter auch zu therapieren.

Wenn Menschen mit psychischen Problemen als „Systemsprenger*innen“ etikettiert werden, müssen auch die pathologisierenden und paternalistischen Anteile des Versorgungssystems, das sie zu sprengen vermögen, hinterfragt werden. Die andere Seite der Medaille ist aber auch, dass das ohne Frage herausfordernde Verhalten mancher Menschen mit psychischen Problemen nur angemessen begleitet werden kann, wenn die Menschen (und Teams sowie Netzwerke) angemessen darin unterstützt werden, diese Personengruppe unterstützen zu *können* (u. a. durch die organisational implementierte Pflege stabiler, gut funktionierender Teams und ein wertschätzendes Klima in den begleitenden Einrichtungen, aber auch regelmäßige Supervision und qualifizierende Weiterbildung als selbstverständlicher Bestandteil der Arbeitszeit).

6.6.2 Menschen mit psychischen Problemen, die sich selbst helfen

Wenn Menschen psychische Probleme haben, sich in psychischen Krisen befinden oder an Symptomen einer psychischen Störung leiden, versuchen sie zunächst in aller Regel, sich selbst zu helfen. Dies ist letztendlich der wünschenswerte Weg, weil er – psychologisch betrachtet – individuelle Grundbedürfnisse befriedigt, indem die Betroffenen sich selbst als wirksam, selbstbestimmt und kompetent erleben, weil sie dabei ihren Selbstwert schützen und ausbauen können, Einfluss auf ihre Lebensführung haben (Orientierung und Kontrolle erleben), so vorgehen, wie sie es für sich am passendsten finden und dabei bestenfalls auch auf diejenigen sozialen Ressourcen zurückgreifen, die ihnen weiterhelfen (z. B. Familie, Freunde, Nachbar*innen, gute Bekannte). Letztendlich lösen die meisten Menschen ihre psychischen Probleme über ihre eigenen Wege, indem sie ihre persönlichen, materiellen und immateriellen sowie sozialen Ressourcen und Bewältigungsstrategien nutzen und durch die Erfahrung, dass sie selbst die Probleme und Krisen meistern, ihre individuelle Resilienz gegenüber zukünftigen Herausforderungen des Lebens erhöhen.

Die Inanspruchnahme von Selbsthilfe-Angeboten kann dazu führen, dass Betroffene mit psychischen Problemen nie oder kaum „professionelle“ psychosoziale Unterstützung annehmen, diese lediglich als Begleitung nutzen (während sie parallel Selbsthilfeangebote besuchen) oder im Anschluss an „professionelle“ psychosoziale Unterstützung auf Selbsthilfe-Formate zurückgreifen. Weitere Beweggründe, Selbsthilfeangebote wahrzunehmen, sind, dass das komplexe Hilfesystem als nicht durchschaubar, die Wartezeiten auf professionelle Hilfe als zu lang oder die Angebote in der eigenen Region als nicht vorhanden oder passend wahrgenommen werden oder auch einfach kein Vertrauen (mehr oder noch nicht) in professionelle Hilfe besteht. Die gesetzliche Krankenversicherung ist gem. § 20h SGB V zur Förderung von Selbsthilfe verpflichtet. Auch in den S3-Leitlinien für Menschen mit schweren psychischen Erkrankungen wird Selbsthilfe mittlerweile als ein fester Bestandteil im Hilfesystem gesehen: Sie unterstütze die Selbstmanagementkompetenzen, diene dem Austausch und der Aktivierung von Ressourcen und Selbstheilungskräften und dem Verständnis und der Akzeptanz einer Erkrankung (DGPPN, 2019; vgl. S3-Leitlinie für Menschen mit schweren psychischen Erkrankungen). In Deutschland findet Selbsthilfe überwiegend ohne, in bestimmten Settings mitunter mit fachlich-professioneller und/oder erfahrungsbezogener Unterstützung statt (z. B. in sogenannten Trialog-/Psychoseseminaren, sofern sie als Selbsthilfe aufgefasst werden).

Zunehmende Bedeutung erlangt die mediengestützte Edukation und Selbsthilfe (DGPPN, 2019, S. 36). Hierzu gehören *Ratgebermaterialien,* die in der Regel eine detaillierte Auflistung und Beschreibung typischer Beschwerden sowie möglichen diagnostischen Erfassung, Informationen über unterschiedliche Verläufe, die Beschreibung möglicher persönlicher und sozialer Folgen, die Darstellung der wichtigsten Behandlungsverfahren und praktische weiterführende Hilfen enthalten. Hierbei ist zu fordern, dass diese Ratgeber und Selbsthilfemanuale interessenunabhängig (z. B. ohne Einflussnahme pharmazeutischer Interessen), leicht verständlich und qualitativ hochwertig sein sollen, d. h. sich auf wissenschaftlich begründete Erklärungs- und Behandlungsvarianten berufen.

Entsprechend kommt Fachkräften in sozialen Berufen die Rolle zu, mit den betroffenen Menschen gemeinsam die Qualität und Unabhängigkeit der für sie potenziell einschlägigen Ratgebermaterialien zu besprechen und bei Bedarf fachlich seriösere Internetquellen, Flyer, Broschüren, Websites etc. aufzuzeigen (z. B. der Gesetzlichen Krankenkassen). Gleiches gilt für *Internet- und computerbasierte Selbsthilfeinterventionen,* die durch ihren einfachen Zugang sowie ihre zeitliche und lokale Flexibilität immer mehr an Bedeutung gewinnen, sowie für *Online-Selbsthilfe-Foren,* die zunehmend als Kommunikationsplattform von und für Menschen mit psychischen Problemen genutzt werden. Neben den Vorteilen, wie hohe Flexibilität, Anonymität und Selbstregulation, bringen sie auch Gefahren mit sich, die in der professionellen Begleitung, Anleitung und Beratung zu thematisieren sind (z. B. Fachlichkeit der Informationen, Umgang mit Datenschutz, Wahrung des Persönlichkeitsschutzes, isolierte Nutzung spezieller Chatrooms für beispielsweise suizidgefährdete oder anorexiebetroffene Menschen). Fachkräfte müssen sich letztendlich regelmäßig „auf dem Laufenden halten“, um die mittlerweile kaum überschaubare Vielfalt computer- und internetbasierter Ansätze zur Behandlung psychischer Probleme und Erkrankungen zu überblicken.

Neben einfachen Informationsseiten und Selbsthilfe-Foren existieren auch wissenschaftlich abgesicherte *internetbasierte Interventionen* für viele psychische Erkrankungen, die unterschiedlich benannt werden (z. B. Internet-Therapie, iCBT, Online-Coach, Skype-Therapie, Chat-Therapie) und sich nach dem Grad des selbständigen Durchlaufens mit oder ohne professionelle, therapeutische Begleitung unterscheiden lassen. Aus der Perspektive von Nutzer*innen und Expert*innen wird eine hohe Akzeptanz in der Nutzung der

Programme beschrieben (DGPPN, 2019, S. 37), sie passen jedoch nicht zu allen psychischen Problemlagen und zu allen Adressat*innen.

In *Selbsthilfegruppen* kommen Menschen zusammen, die unter vergleichbaren Problemen leiden, um mit vereinten Kräften und üblicherweise ohne professionelle Leitung etwas zu deren Überwindung beizutragen.

Insbesondere die Nationale Kontakt- und Informationsstelle zur Anregung und Unterstützung von Selbsthilfegruppen (NAKOS) gibt einschlägige Informationen und Publikationen zur Arbeit in und mit Selbsthilfegruppen auch für Menschen mit psychischen Problemen heraus (https://www.nakos.de/themen/seelische-gesundheit/). Sie sieht Selbsthilfe als Möglichkeit, sich mit Gleichbetroffenen zu treffen, auszutauschen und zu unterstützen und streicht dabei die wahrgenommenen Vorteile von Selbsthilfegruppen heraus: Erfahrungen austauschen, Gemeinschaft erleben und sich gegenseitig helfen (NAKOS, 2019). Eine wichtige Wegweiser-Funktion nehmen sog. *Selbsthilfekontaktstellen* als Mittler zwischen professioneller Versorgung (z.B. durch Psychotherapeut*innen) und Menschen in Selbsthilfegruppen ein. Die bekannteste Selbsthilfegruppe ist die der Anonymen Alkoholiker (AA), die mit offenen und geschlossenen AA-Meetings arbeitet, denen mittlerweile zahlreiche vergleichbar organisierte Gruppenangebote folgten, beispielsweise Narcotics Anonymous (NA; https://narcotics-anonymous.de/) und Emotions Anonymous (EA; https://www.ea-selbsthilfe.net/).

Viele Menschen mit psychischen Problemen durchlaufen im Zuge ihrer Selbsthilfe – psychologisch betrachtet – verschiedene „Stadien" (Clausen & Eichenbrenner, 2016, S. 154): den Entschluss, Scham und Angst zu überwinden (auch im Sinne eines Coming-outs), die erleichternde Erfahrung, nicht allein zu sein und Verständnis für die individuelle Lage und das eigene Leid zu erhalten, bis hin zur Motivation und Erfahrung, über das eigene Leid hinaus auch andere Menschen unterstützen zu können. Nicht wenige der Betroffenen organisieren sich explizit zu ihren Themen und Anliegen, gründen Vereine und *Interessenverbände,* geben Selbsthilfematerialien und Zeitschriften heraus und mischen politisch aktiv in der Versorgungslandschaft mit. Auch diese Wege ermöglichen manchen Betroffenen mit psychischen Problemen, Facetten ihrer Identität genesungs- und selbstwertdienlich zu erweitern und sich andere, sich hilfreiche Erfolgserlebnisse (auch in Gruppen) zu erschließen, die die professionelle Versorgungslandschaft nicht zu leisten vermag.

Bekannte Beispiele sind hier auf Bundesebene der Berufsverband Psychiatrie-Erfahrener e.V. – BPE (https://bpe-online.de/) und das Bundesnetzwerk Selbsthilfe seelische Gesundheit e.V. – NetzG (https://www.netzg.org/startseite/), auf deren Seiten zahlreiche regionale Selbsthilfeverbünde recherchiert werden können.

Die Perspektiven in und durch die Selbsthilfe werden beispielsweise in der Broschüre „Inklusion selbst in die Hand nehmen – Mehr Teilhabe für psychisch erkrankte Menschen durch Selbsthilfe in seelischen Krisen" vorgestellt (Heuchemer, 2016). Auch geben die Verbände hilfreiche Materialien aus der Sicht ihrer Erfahrungsexpertise heraus, die Menschen mit psychischen Problemen (und ihren Unterstützer*innen) eine Hilfe sein können, z. B. einen Leitfaden Krisenbegleitung (https://bpe-online.de/leitfaden-krisenbegleitung/) und veranstalten Selbsthilfetage unter spezifischen Fokusthemen (z. B. 2018 zum Thema „Arbeit und Psyche", vgl. Odenwald & Stemmler, 2019).

6.6.3 Angehörige, die Menschen mit psychischen Problemen begleiten

Menschen mit psychischen Problemen haben in der Regel Angehörige, die – vor allem bei schwerwiegenden psychischen Problemen, Krisen, Störungen und langwierigen Verläufen – häufig an den Punkt kommen, dass sie selbst psychische (und/oder lebenspraktische) Unterstützung brauchen. Diese Personengruppe erfährt im Zuge offensiverer Öffentlichkeitsarbeit mittlerweile mehr Aufmerksamkeit. Mit zu dieser Entwicklung beigetragen haben der „Freispruch" der Familie, die häufig als alleinige Verursacherin psychischer Erkrankungen betrachtet wurde, ohne die psychosoziale Belastung der betroffenen Angehörigen zu sehen, und die Anregung zahlreicher Angehörigengruppen durch Professionelle im psychosozialen Versorgungssystem (Klaus Dörner, Egetmeyer & Koenning, 2014).

Der Bundesverband der Angehörigen psychisch erkrankter Menschen (BApK) e. V. versteht *Angehörige* als vertraute Personen, die sich aufgrund einer persönlichen Beziehung verantwortlich um psychisch erkrankte Menschen kümmern und vertritt als Selbsthilfe-Organisation Familien mit psychisch kranken Menschen auf Bundesebene (https://www.bapk.de/der-bapk/).

Angehörige als Gruppe sind zu differenzieren, weil Eltern, Geschwister, Partner*innen, Kinder in unterschiedlichen Rollenverhältnissen zu den Menschen mit psychischen Problemen stehen (vgl. Bock & Kluge, 2017, S. 66 f.). Mit diesen Rollenverhältnissen gehen unterschiedliche Erwartungen an das Kümmern, Folgen des Kümmerns (vom Bedarf nach präventiver Unterstützung bis hin zur Versorgung eigener psychischer Probleme aufgrund der Angehörigenbegleitung), Möglichkeiten der Selbstfürsorge sowie Abgrenzung einher. So stehen betroffene Geschwister zu ihren psychisch belasteten Angehörigen in einem anderen Verhältnis als Eltern (vgl. Peukert, 2018) und haben jüngere Kinder aufgrund ihres Alters und von Abhängigkeitsstrukturen selten die Möglichkeit, die Vorgänge zu verstehen und für sich angemessen zu sorgen oder sich von der Problemlage abzugrenzen (vgl. Lenz, 2012). Entsprechend sind die Versorgungslandschaft, die Selbsthilfe sowie professionelle Begleitung für Angehörige, die sich um Menschen mit psychischen Problemen kümmern und sie unterstützen, unterschiedlich zu gestalten und sowohl förderliche als auch hinderliche Aspekte der Familie als Bezugsgröße von Menschen mit psychischen Problemen zu erkennen und zu thematisieren (vgl. Themenheft „Familiensachen“ der Zeitschrift „Sozialpsychiatrische Informationen Jg. 50 3/2020; Lampert & Scherer, 2017). Der Bundesverband der Angehörigen Psychisch Erkrankter (BApK) gibt vielfältiges Selbsthilfematerial heraus, das nicht nur für Angehörige, sondern auch direkt für Betroffene und ihre Familienverbünde gedacht ist (z. B. BApK e. V., 2021; BApK e. V., 2016).

Das Material kann auch in der Unterstützung von Menschen mit psychischen Problemen durch Fachkräfte in sozialen Berufen und in der Einbeziehung von Familien genutzt werden.

Die Landschaft an Unterstützungsangeboten für Angehörige ist mittlerweile recht breit gefächert, sodass für verschiedene Personenkreise, verschiedene Problemlagen und verschiedene Anliegen der Angehörigen diverse Angebote zur Verfügung stehen (z. B. das https://geschwisternetzwerk.de/; für „Erwachsene Kinder von suchtkranken Eltern und Erziehern“ https://www.eksev.org/; die Bundesarbeitsgemeinschaft „Kinder psychisch erkrankter Eltern http://bag-kipe.de/). Sämtliche Selbsthilfegruppen auch für Angehörige werden gem. § 20h SGB V (Förderung der Selbsthilfe) seitens der Krankenkassen unterstützt. Insbesondere um den Austausch zwischen Angehörigen, psychisch erkrankten Menschen und Professionellen im Hilfesystem machen sich zudem sog. *Trialog*-Seminare verdient. Mittlerweile können sich Angehörige auch im Sinne der EX-IN-Idee (vgl. Kap. 6.3.4) zum *Angehörigenbegleiter* beziehungsweise zur Angehörigenbegleiterin ausbilden lassen, indem persönliche Erfahrungen als Angehörige im Zuge der Ausbildung zu Erfahrungswissen und Kompetenz entwickelt werden, die in der Krisenbegleitung für andere Angehörige helfen können.

Zusammenfassend soll noch einmal betont werden, dass Menschen mit psychischen Problemen, die nicht professionell unterstützt werden, unterschieden werden müssen: Manche Betroffene werden durch das weiterhin ausbau- und vernetzungsbedürftige Versorgungssystem und die darin agierenden, mitunter überforderten Fachkräfte nicht ausreichend mit ihren individuellen Bedürfnissen gesehen, angesprochen, begleitet. Andere Menschen mit psychischen Problemen helfen sich (lieber) im Rahmen der Selbsthilfe weiter und kommen damit exklusiv zurecht. Dennoch muss berücksichtigt werden, dass die Selbsthilfebewegung – aus psychologischer Argumentation heraus – nicht nur eine wünschenswerte Entwicklung ist, um Menschen zu autonomer, selbstbestimmter Lebensführung und sozialer Teilhabe zu verhelfen, sondern mitunter auch ein Hinweis ist für Lücken in den Unterstützungssystemen.

6.7 Praxis- und Selbstbezüge

6.7.1 Praxisbezüge: Motivationspsychologische Rahmung

In Abbildung 4 werden die eingangs geschilderten Fallkonstruktionen (Kap. 6.1) sowie wesentlichen Annahmen darüber, wie Menschen mit psychischen Problemen hilfreich durch in sozialen Berufen Tätige begleitet, behandelt, unterstützt werden können, noch einmal zusammengefasst. Hierbei wird deutlich, dass sowohl die fallbezogen unterschiedlich gewichtete Umsetzung der Leitgedanken und Ziele als auch ein personzentriertes, individualisiertes Vorgehen indiziert sind. Welche Form(en) der Hilfe zum Tragen kommen, muss sich an den Bedürfnissen der Hilfesuchenden orientieren.

Unter Berücksichtigung psychischer Grundbedürfnisse (Kap. 2.3) ist hier maßgeblich Selbstbestimmung (Autonomie) und Teilhabe (Partizipation) anzustreben und auf ein transparentes Vorgehen Wert zu legen, damit die individuellen Bedürfnis nach Orientierung und Kontrolle (Einflussmöglichkeiten) sowie Selbstschutz und -erhöhung maximal gewahrt werden.

Das beschriebene Vorgehen lässt sich auch aus motivationspsychologischer Perspektive ableiten, um auf kooperativ erarbeitete Ziele von Hilfen hinarbeiten zu können: Menschen sind dann zum Handeln motiviert, wenn sie sich als selbstbestimmt, fähig und sozial eingebunden erleben können (Deci & Ryan, 2008) (vgl. Kap. 4.5). Im Rahmen der sog. *Selbstbestimmungstheorie der Motiva-*

Abbildung 4: Unterstützung von Menschen mit psychischen Problemen

Herr A. *nach einer drogeninduzierten Psychose*

Steph *mit einer Borderline-Persönlichkeitsstörung, traumatisiert*

Frau Y. *mit einer Angst- sowie Somatisierungsstörung, Gewalt*

Frau F. *mit einem „Alkoholproblem", ängstlich & vereinsamt*

Herr P., *depressiv, „süchtiges Trinken", migrationsbedingt wohnungslos, mit körperlichen Beschwerden*

A. (17) *als minderjährige Angehörige einer Mutter mit psychischen Problemen*

Leitgedanken und Ziele
- Bedürfnisorientierung
- Ressourcenorientierung
- Lebensweltorientierung
- Soziale Teilhabe
- Salutogenesefokus und Resilienzstärkung
- Recoveryförderung
- Prävention und Gesundheitsförderung

- ambulant vor stationär
- aufsuchend und anbietend
- supported/shared decision making

☝ **Autonomie & Teilhabe** ☝

VORGEHEN: *personzentriert, individualisiert* durch
⇨ das Bemühen um eine helfende Beziehung,
⇨ die kontinuierliche Klärung von Motiven und Zielen,
⇨ die explizite Ausrichtung auf Ressourcen und
⇨ die aktive, lebensweltnahe Unterstützung bei der so weit wie aktuell möglichen, selbständigen Inangriffnahme der psychischen und psychosozialen Probleme
unter Nutzung der zur Verfügung stehenden und weiter zu optimierenden *Versorgungsstrukturen* (vgl. SGB V, SGB IX) (face-to-face // online // kombiniert)

Anleitung – Begleitung – Beratung – Therapie durch
– ausgebildete und supervidierte Fachkräfte und/oder
– Peers (Erfahrungsexpert*innen, Selbsthilfegruppen)
unter Einbindung und Unterstützung Angehöriger, nahestehender Personen und im sozialen Umfeld

tion, die ihre Wurzeln in der Motivationspsychologie und Pädagogischen Psychologie hat, wird herausgearbeitet, was Menschen brauchen, um motiviert zu sein. Sie geht von folgenden Annahmen aus: Menschen sind motiviert, wenn sie (aufgrund ihrer Grundbedürfnisse) etwas erreichen wollen und entsprechend intentional (absichtlich) handeln. Motivationale Handlungsenergie speist sich dabei aus drei Quellen: (1) Physiologischen Grundbedürfnissen (sog. Triebe), (2) Emotionen und (3) psychischen Grundbedürfnissen. Psychische Grundbedürfnisse sind dieser Theorie zufolge deshalb so bedeutsam, weil sie nicht nur die energetische Grundlage vieler Alltagshandlungen liefern, sondern auch unsere Prozesse der autonomen Steuerung von Trieben und Emotionen beeinflussen. Nimmt man an, dass jeder Mensch in sich die Hoffnung (oder gar das Ziel) auf Wohlergehen und persönliche Entwicklung hegt, so wird die Befriedigung dieser drei Grundbedürfnisse als Voraussetzung gesehen:

1. *Kompetenz* als effektive Interaktion mit der Umwelt (positive Ergebnisse erzielen, negative verhindern können, und wirksam sein),
2. Autonomie als selbsterlebte, freie Bestimmung des eigenen Handelns und selbstbestimmte Interaktionen mit der Umwelt und
3. soziale Eingebundenheit im Sinne sozialer Zugehörigkeit.

Deci und Ryan (2008) gehen dabei in humanistischer Tradition von einem grundsätzlich neugierigen, entwicklungswilligen Menschen aus. Wenn menschliches Handeln sich auf die Erfüllung dieser drei grundlegenden Bedürfnisse ausrichtet, ist es in der Regel *intrinsisch* (d.h. von innen) motiviert und somit relativ robust gegen Rückschläge, Verzögerungen, Stagnation, d.h. auch hinderliche soziale Bedingungen.

Um beispielsweise S. für die Angebote im betreuten Wohnen stärker zu motivieren oder für Herrn P. eine Perspektive auf den Weg zu bringen, wie es für ihn in kleinen Schritten „anders als auf der Straße lebend" weitergehen könnte, bietet sich im Sinne dieser Theorie an zu eruieren, was diese beiden Menschen bräuchten, um sich fähiger, selbstbestimmter und/oder sozial angebundener zu fühlen als es momentan der Fall ist. Für Herrn P. lässt sich annehmen, dass der Kontakt zu Herrn S. in der Stadtmission ein erster Schritt in Richtung sozialer Anknüpfung sein kann.

1. Wie hätten Sie die Inhalte dieses Kapitels für sich jeweils fallbezogen dargestellt und wo/wie würden Sie die spezifische Problemlage der skizzierten Fallbeispiele einordnen?
2. In welche Unterstützungssysteme ist Ihr berufliches Handeln eingebunden? Wie gut funktioniert dieses System, wo sehen Sie die größten Herausforderungen – in Anlehnung, Abgrenzung, Ergänzung zu den Ausführungen in diesem Buchkapitel?

3. Von welchen Leitgedanken und Zielen ist Ihr berufliches Handeln geprägt? Welche „blinden Flecken“ haben Sie durch die Lektüre in Ihrer Praxis entdeckt oder bestätigt gefunden und welche Aspekte einer hilfreichen Unterstützung für Menschen mit psychischen Problemen fehlen aus Ihrer Sicht?
4. Wer oder was motiviert Sie in Ihrem alltäglichen Tun auf Arbeit?

6.7.2 Selbstbezüge: Der sich und anderen helfende Mensch

Bock und Kluge (2017) haben zahlreiche Aspekte herausgearbeitet, die Helfer*innen zur Selbstreflexion nützlich sein können, wenn sie Menschen mit psychischen Problemen begegnen, unabhängig davon, ob in klinischen, ambulanten oder sozialräumlichen Kontexten.

Folgende Schlüsselgedanken sind hier unter anderem von Bedeutung:

1. Nicht nur mein Gegenüber riskiert etwas von sich, wenn er*sie sich einlässt auf die Begegnung, sondern ich auch (um überhaupt eine Begegnung zu ermöglichen).
2. In jedem „gestörten“, „krankhaften“, abweichenden Handeln steckt auch etwas Sinnhaftes. Daraus ergibt sich, dass die Suche nach den Bedingungen des „gestörten“ Handelns aufgenommen werden muss.
3. Jede psychosoziale Fachkraft soll sich die Frage stellen, was er*sie unter Hilfe versteht, was ihn*sie zum Helfen anstiftet, wie es ihm*ihr geht, wenn ihnen selbst geholfen wird und unter welchen Bedingungen er*sie selbst Hilfe annehmen würde (oder auch schon hat) und unter welchen Bedingungen nicht. Zu erkunden ist auch, ob ihm oder ihr selbst Hilfe immer guttut und guttat und wann/wie er*sie sich zum Helfen ansprechen lässt. Damit einher geht die Aufforderung, den Unterschied zwischen „krank“ und „hilfebedürftig“ wahrzunehmen.
4. Insbesondere in machtvollen Institutionen, wie der Psychiatrie oder im Maßregelvollzug, muss sich die Frage gestellt werden, ob man mit dem Gegenüber so umgeht, wie man es für sich umgekehrt angemessen und wünschenswert fände. Wichtig ist vor allem nach machtausübenden Situationen diese zu entdramatisieren und im kommunikativen Kontakt zu bleiben oder wieder miteinander ins Gespräch zu gehen.
5. Damit verbunden sollte jede und jeder sich die Frage stellen, was sie oder er persönlich als würdevoll empfindet und wie tolerant er*sie sein möchte und kann, um auch oder gerade den sehr geschwächten, schwer und lange erkrankten, Tabus in Frage stellenden oder durch ihr Handeln herausforderndsten Menschen ein menschenwürdiges Leben zu ermöglichen.
6. Für eine angemessene Arbeitshaltung in der Begegnung mit Menschen mit psychischen Problemen ist eine Suchhaltung einzunehmen, die bei den ei-

genen Gegenübertragungen anfängt. Sie soll dazu führen, dass das Gegenüber sich besser verstanden und anders wahrgenommen erlebt, dadurch sich selbst besser verstehen und die eigenen Unzufriedenheiten selbstinitiiert angehen kann.

7. In der Ohnmacht, nie genug tun zu können, die Last der Welt auf sich zu tragen und nicht umgehend genug Notlagen lindern zu können, muss erkannt werden, dass auch andere diese herausfordernde Arbeit tun oder tun können und man selbst „nur“ Ersatzspieler*in ist. Die damit verbundenen Gefühle sind also Ausdruck der eigenen Übertragung: Was lösen Psychiatrie und die Begegnungen mit Menschen mit psychischen Problemen in mir aus?
8. Die Normalisierung der Begegnungen und Abläufe ist anzustreben. Dabei helfen auch „Fremde“ von außen und „Neue“ im Team (z. B. Praktikant*innen, Genesungsbegleiter*innen, Supervisor*innen), die deshalb nicht als Bedrohung, sondern als Chance zu begreifen sind, die eigenen Gepflogenheiten und den Umgang miteinander zu erkennen und mitunter zu hinterfragen.
9. Die differenzierte Berücksichtigung der Einflüsse und Anliegen zugehöriger Menschen ist unerlässlich, ihr Ignorieren kann als „Kunstfehler“ betrachtet werden. Sie kann am besten durch das Besuchen oder Leiten von Angehörigengruppen oder Trialogseminaren erfahren werden.
10. Es muss von unsystematischen Verläufen ausgegangen werden, was nicht dazu führen darf, dass Helfende gleichgültig den Verläufen und Menschen gegenüber werden. Die Bedeutung informeller Kontakte (über die professionell angelegten Begegnungen hinaus) hat regelhaft eine unterschätze Bedeutung, ebenso der Einfluss unspezifischer, allgemeiner Wirkfaktoren (vgl. Kap. 6.5.1 und Kap. 6.5.2). Hinzu kommen zahlreiche Einschränkungen und Kränkungen, die dafür sorgen, dass bedürftige Menschen sich einem systematischen „Zugriff“ entziehen, lieber unverbindlich in Kontakt- und Beratungsstellen auftauchen oder nur für Hometreatment-Angeboten in den eigenen vier Wänden öffnen mögen. Dies muss anerkannt werden und Helfende sollten sich die Frage stellen, wie offen sie auch außerhalb ihrer „systematischen Angebotsstrukturen“ für Begegnungen sind.

Es bietet sich an, darüber nachzudenken, wie und mit wem diese Fragen im eigenen beruflichen Handlungsfeld konkret angegangen werden können bzw. sollten.

7. Ausgewählte Ansätze – Methoden – Techniken zur Unterstützung bei psychischen Problemen

Wenn Menschen aufgrund eines psychischen Problems, einer psychosozialen Krise oder einer psychischen Störung professionelle Unterstützung in Anspruch nehmen, verbinden sowohl sie als auch die professionell Helfenden sowie Kostenträger (z. B. Krankenkassen) damit die Hoffnung, dass es ihnen im Anschluss besser geht, die Hilfe also wirksam ist. Allgemeine Wirkfaktoren für das Gelingen professioneller psychosozialer Unterstützung, die Bedeutung von Bewältigungsstrategien *(coping)* und die Abbildung dessen, was gemäß S3-Leitlinien aktuell als wirksam angesehen wird, wurden in Kap. 6.5 erläutert. Dass die Hilfe für Menschen mit psychischen Problemen unterschiedliche Schwerpunkte hat, wurde anhand der Unterscheidung in Begleitung, Anleitung, Beratung, Therapie veranschaulicht (Kap. 6.4). Daraus können unterschiedliche psychologische Unterstützungsangebote abgeleitet werden.

Gegenstand des folgenden Kapitels ist zunächst die Tatsache, dass in sämtlichen Unterstützungsangeboten für Menschen mit psychischen Problemen neben biologischen und sozialen Faktoren auch psychologische Grundlagen zum Tragen kommen, weil denkende, erlebende, handelnde Menschen in Beziehung zueinander treten und diese Prozesse hinsichtlich ihrer Wirkung und Wirksamkeit reflektiert und genutzt werden können. Entsprechend sind diversere psychosoziale Unterstützungsangeboten davon tangiert.

Als „psychologischste" Unterstützungsangebote für Menschen mit psychischen Problemen, Krisen, Störungen gelten allgemein die personzentrierte Beratung, Psychotherapie und psychosoziale Krisenintervention, für die es jeweils eine professionelle Ausbildung bedarf, die im Versorgungssystem eine wesentliche Rolle spielen und auf die bedürftige Menschen über die Sozialgesetzgebung einen Anspruch haben. Anhand von Fallbeispielen werden dementsprechend in diesem Kapitel psychosoziale Beratung, psychosoziale Krisenintervention und psychologische Psychotherapie hinsichtlich ihrer wesentlichen Merkmale, Varianten und Ziele dargestellt. Dabei wird unberücksichtigt gelassen, dass in der Praxis die Grenzen zwischen diesen Angeboten schwer zu ziehen sind, vor allem wenn die Settings der Umsetzung fluide sind (z. B. in multiprofessionellen Hometreatment-Angeboten oder in aufsuchenden Hilfestrukturen der Wohnungs- oder Flüchtlingshilfe, wo sowohl Krisenintervention als auch Beratung, mitunter auch Psychotherapie, anteilig oder versetzt stattfinden). Zudem nehmen bedürftige Menschen im Prozess ihrer

Entwicklung oft verschiedene Unterstützungsleistungen in Anspruch, mitunter aber auch parallel.

Für die Arbeit mit Menschen mit spezifischen Symptomen/Syndromen (z. B. depressive Stimmung, Antriebslosigkeit und Interessenverlust) und damit verbundenen, zum Teil bislang nicht ausreichend beachteten verschiedenen, psychischen Bedürfnissen, haben sich in der Praxis akzentuierte Vorgehensweisen etabliert, die Helfende – neben allgemeinen Wirkfaktoren und biologischen sowie sozialen Bedingungen – mit im Blick haben sollten.

7.1 Von Ergo-, Kunst-, Musik- bis Sozialtherapie: Psychologischer Blick auf Unterstützungsleistungen für Menschen mit psychischen Problemen

Sowohl im ambulanten als auch im teil- und vollstationären Setting (z. B. Tagesstätten, Tageskliniken, psychiatrische Stationen, Rehabilitationskliniken) werden verschiedene Therapieformen angeboten, die Menschen im Rahmen der *Behandlung* und *Rehabilitation* ihrer psychischen Störungen bei ihrer Gesundung und Genesung helfen. Diese Angebote umfassen neben Einzel- und Gruppengesprächen üblicherweise auch ergo-, kunst- und/oder musiktherapeutische Angebote. Wenngleich jede dieser Therapieformen eigene Ziele verfolgt und unterschiedliche Erlebensebenen, Methoden und Techniken nutzt, so dürfte sie hinsichtlich ihrer Wirkung und Wirksamkeit auch von den in der Psychotherapieforschung extrahierten psychologischen bzw. psychosozialen Wirkfaktoren profitieren (vgl. Kap. 6.5.1):

(1) die motivationale Klärung und Motivation zur Veränderung (z. B. für dieses oder jenes Unterstützungsangebot und damit verbundene Hoffnungen auf Veränderung), (2) die dezidierte Ressourcenaktivierung (z. B. durch Wieder-/Entdecken abhanden gekommener Fähigkeiten und Zustände von Freude), (3) eine möglichst lebensweltnahe, realistische Problemaktualisierung (z. B. durch sich Erproben in spezifischen Situationen) und (4) die aktive Hilfe zur Problembewältigung (z. B. wie Antriebs- oder Ideenlosigkeit in spezifischen Situationen überwunden werden kann).

Hinzu kommt die Qualität der helfenden Beziehung als *tragfähige Allianz* zwischen hilfesuchendem und professionell unterstützendem Menschen in einem adäquaten Umfeld, das weder über- noch unterfordert, den Betroffenen selbstbestimmte Entscheidungen in adäquater sozialer Zusammensetzung erlaubt und das Gefühl sozialer Eingebundenheit fördert. Die daraus resultierenden Erfahrungen von Kompetenz und Autonomie sowie sozialer Eingebundenheit gelten als wesentliche psychologische *Motivations*faktoren in jeglicher Form von *Arbeit, Betätigung und Beschäftigung*, von Ergo-, Musik- und Kunsttherapie über Zuverdienstmöglichkeiten und Werkstätten bis hin zum sog.

Supported Employment für Menschen mit psychischen Beeinträchtigungen oder auch ehrenamtlichen Betätigungen (vgl. Selbstbestimmungstheorie der Motivation, Deci & Ryan, 2008).

Diese Faktoren stehen auch im engen Zusammenhang mit den von Grawe (2000) herausgearbeiteten *psychischen Grundbedürfnissen* nach Lustgewinn und Unlustvermeidung, nach Selbstwertschutz und -erhalt, nach Orientierung und Kontrolle und nach Bindung (vgl. Kap. 2.3; Lübeck, 2017), die zur Gesundung beitragen. Sie können auch präventiv eine psychisch gesunde Entwicklung fördern, weil sie im Sinne des Salutogeneseansatzes von Antonovsky (1997) Verstehen, Bewältigungszuversicht und Sinnerleben fördern. Damit unterstützen sie auch psychologisch begründet die Forderungen nach *Selbstbestimmung* und *sozialer Teilhabe,* wie sie unter anderem im Gesetz zur Stärkung der Teilhabe und Selbstbestimmung von Menschen mit Behinderung" (BTHG) angestrebt werden, das sich am Übereinkommen der Vereinten Nationen über die Rechte von Menschen mit Behinderungen (UN-BRK) orientiert (Bundesministerium für Arbeit und Soziales [BMAS], 2020).

Eine weitere Variante der Unterstützung von Menschen mit psychischen Problemen ist die Sozialtherapie. Sie gilt es zunächst zu unterscheiden von der *Soziotherapie,* die eine Leistung der gesetzlichen Krankenversicherung (§ 37a SGB V) darstellt und Menschen mit ausgeprägten psychischen Erkrankungen in die Lage versetzen soll, ärztliche und psychotherapeutische Leistungen selbstständig in Anspruch zu nehmen. Soziotherapie selbst muss verordnet werden, findet in der Regel im sozialen Umfeld des betroffenen Menschen statt und wird in der Regel von Sozialarbeiter*innen oder Fachkrankenschwestern*pflegern für Psychiatrie erbracht, die dafür spezielle Anforderungen erfüllen müssen. Über Soziotherapie sollen die soziale Kontaktfähigkeit, Mitwirkungsmotivation und Kompetenz („Therapiefähigkeit") so weit gefördert werden, dass dadurch Krankenhausbehandlungen vermieden, verkürzt oder ersetzt werden können. Soziotherapie für Menschen mit ausgewählten psychischen Störungen (nicht allen!) findet kaum Umsetzung, vor allem weil sie wegen ihres geringen Bekanntheitsgrades wenig verordnet wird, nur wenige Leistungserbringer*innen die formalen Anforderungen erfüllen, die Vergütung als unangemessen einzustufen ist und letztendlich die betroffenen Menschen oft andere Leistungen erhalten (Einzelfallhilfe, Betreutes Einzelwohnen o. ä.).

Sozialtherapie wird nicht verschrieben oder verordnet, weil es bislang keine gesetzliche Grundlage hierfür gibt. Sie bildet aber letztendlich das ab, was insbesondere klinische Sozialarbeiter*innen und verwandte Berufsgruppen erbringen, wenn sie Menschen mit ausgeprägten und langwierigen psychischen Problemen begleiten und dabei dem wesentlichen Umstand Rechnung tragen, dass die sozialen Gefüge, in denen die Betroffenen leben, maßgeblich einzubeziehen sind. Sozialtherapie wird neben körperlich-somatischer Behandlung und Psychotherapie als dritte Säule der Gesundheitsversorgung betrachtet

(Lammel & Pauls, 2017). Daraus ergibt sich auf berufspolitischer Ebene die Forderung nach Aufwertung und Gleichsetzung sozialtherapeutischer Interventionen im Sinne einer biopsychosozialen bzw. soziopsychosomatischen Rahmung. Entsprechend wird beispielsweise mithilfe psycho-sozialer Beratung und systemisch-therapeutischer Methoden zum einen die Person (als System) in ihren Lebensführungskompetenzen gestärkt und befähigt. Zum anderen werden die Umfeldvariablen dieser Lebensführung bearbeitet und soziale Ressourcen in den sozialen Netzwerken, der sozialen Infrastruktur und der Zivilgesellschaft über systemische, aufsuchende und umgebungsbezogene, psychosoziale Interventionen erschlossen, die dadurch auch die Unterstützungsfähigkeit des sozialen Umfelds mitfördern (Ortmann, Röh & Ansen, 2017). Darüber lassen sich die Umgebungsstrukturen, in welcher Begleitung, Anleitung, Beratung, Therapie stattfinden, verbessern und auch die notwendige Unterstützungskapazität der Gemeinschaft erhöhen. Sozialtherapeut*innen sind also explizit dem „Person-in-Environment"-Zugang verpflichtet und unterstützen somit die Verbesserung des Verhaltens betroffener Menschen *und* der Probleme begünstigen Verhältnisse (vgl. Kap. 1.3).

Psychologisch eingeordnet kombiniert Sozialtherapie als Handlungskonzept verschiedene Grundarten des Helfens unter Rückgriff auf die psychischen bzw. psychosozialen Grundbedürfnisse von Betroffenen (und ihrem Umfeld) sowie auf Methoden/Techniken insbesondere systemischer und sozialpsychologischer Zugänge – auch in einem sehr weiten Verständnis – und zielt vor allem auf Personengruppen ab (vgl. Kap. 6.6.1), die über alleinige Beratung oder Psychotherapie nicht angemessen erreicht werden und einen erheblichen Bedarf in der Erschließung, Einbeziehung, Optimierung ihrer Umfeldvariablen haben (z. B. nahestehende Personen, soziale Strukturen im Kiez, reale Erreichbarkeit von Unterstützungsangeboten usw.).

7.2 Psychosoziale Beratung von Menschen mit psychischen Problemen

Die meisten Fachkräfte, die Menschen mit psychischen Problemen begleiten, würden vermutlich sagen, dass sie diese Menschen auch „irgendwie" mehr oder weniger formell und mehr oder weniger professionell ausgebildet *beraten*. Insofern soll im Folgenden mit Bezug auf ein „klassisches" Beispiel psychosozialer Beratung bei psychischen Problemen erläutert werden, was Beratung in ihrem Kern ausmacht, welche Varianten existieren, um beratungsbedürftige Menschen zu unterstützen und welche Ziele dabei verfolgt werden. Ferner werden spezifisch psychologische Zugänge zu Beratung skizziert.

Ausführlichere Erläuterungen zur psychosozialen Beratung von Menschen mit (auch) psychischen Problemen finden sich beispielsweise bei Beushausen

(2020), Gahleitner (2020), Engelhardt (2018), Ortmann (2018), Pauls, Stockmann und Reicherts (2013) und Wälte & Borg-Laufs, 2021).

7.2.1 Fallbeispiel

In einer Erziehungs- und Familienberatungsstelle (EFB) sitzt Frau B. Sie klagt über ihre Einsamkeit und Erschöpfung und hat Angst, bald keine gute Mutter mehr für ihre drei Kinder (5, 12, 14 Jahre) sein zu können, die sie oft im Stress auch „zusammenschimpfe" und für alles verantwortlich mache. Ihr Mann arbeite in einer anderen Stadt, käme erst freitags nach Hause und sei dann müde von der Arbeitswoche, sodass er sich am Wochenende erholen müsse und wenig Energie für die energiegeladenen Kinder habe. Sie selbst arbeite 30 h/Woche in einem Buchladen und verbringe den Rest des Tages mit der Versorgung und Unterstützung der Kinder und im Haushalt. Abends würde sie oft nicht einschlafen können, weil sie im Kopf ständig am Planen und Organisieren sei. Dann kämen meist „zwei Schnäpse zum Einsatz". Diese würden zwar zum Einschlafen helfen, aber nicht gegen die Einsamkeitsgefühle und Ängste, allem nicht mehr gewachsen zu sein. Sie fühle sich allein mit all den Aufgaben, sehne sich nach Unterstützung und körperlicher Erholung, etwas Freizeit und Freiheit.

7.2.2 Merkmale, Varianten und Ziele psychosozialer Beratung

Beratung für Menschen mit psychischen Problemen findet formalisiert beispielsweise in Beratungseinrichtungen (im Fallbeispiel beispielsweise in einer Familienberatungsstelle) oder in selbstständigen Praxen statt und wird von Einzelberater*innen (z. B. im Rahmen einer Schwangerschaftskonfliktberatung) oder in Teams (z. B. in der Paarberatung) angeboten. Oft erfolgt sie auch halbformalisiert als Teilaufgabe in zahlreichen sozialen und pädagogischen Handlungsfeldern (z. B. als zwischen-Tür-und-Angel-Beratung, Krisen- und Konfliktgespräch in der Sozialen Arbeit, Elternberatung in der Schule, Lebensberatung in der Gemeinde usw.). Je nach den Tätigkeitsfeldern findet Beratung dabei im Rahmen

- unterschiedlicher psycho-sozialer *Aufgabenbereiche* (z. B. Entscheidungsfindung, Bewältigungshilfe bei Problemlagen und Krisen, Risikoprävention, Entwicklungsförderung),
- in unterschiedlichen *Konstellationen* (z. B. Einzel-, Paar-, Familien-, Gruppen-, Teamberatung, Beratung in Nachbarschaft und Gemeinwesen, in Organisationen, Supervision),

- in unterschiedlichen *Settings* (v.a. Face-to-face Beratung, Telefon- oder Onlineberatung, mittlerweile auch Videoberatung) und
- in unterschiedlichen *Beratungsfeldern* (z.B. Erziehungs-, Partnerschafts- und Familienberatung, Lern-, Bildungs- und Berufsberatung, Schwangerschaftskonfliktberatung, Suchtberatung, Migrationsberatung, Schuldner*innenberatung, Coaching, Supervision und Organisationsberatung) statt.

Dabei integriert Beratung verschiedene wissenschaftliche Disziplinen (z.B. Psychologie, Sozialarbeitswissenschaft, Pädagogik, Kommunikationswissenschaft) und „Beratungsschulen" (z.B. systemisch, tiefenpsychologisch, klientenzentriert), die sich wiederum in verschiedene Beratungsansätzen und -verfahren ausdifferenzieren (z.B. lösungsorientierte Beratung) (Zusammenfassung in Deutsche Gesellschaft für Beratung [DGfB], 2020). Beratung sollte freiwillig stattfinden, wovon nicht in allen Kontexten und Beratungssituationen ausgegangen werden kann, und in einem gemeinsamen Prozess von Berater*in und ratsuchender Person auf die *(Selbst-)Klärung*, die *Be- und Verarbeitung von Emotionen*, die *Entwicklung von Handlungskompetenzen* und auf die *Kenntlichmachung und Reflexion problemverursachender struktureller Verhältnisse* ausgerichtet sein (DGfB, 2020). Um diese Prozesse zu ermöglichen, sind folgende Aspekte anzustreben (ebd.):

1. eine vertrauensvolle Beziehung zwischen Ratsuchenden und Beratenden,
2. die Klärung des Anliegens und Beratungsauftrages,
3. die Definition erreichbarer Ziele und das Fällen reflektierter Entscheidungen,
4. die Reflexion verdeckter Aufträge und Auftraggeber*innen und problemhervorrufender gesellschaftlicher Zwänge und Strukturen,
5. die Identifikation und Nutzung persönlicher, sozialer, Organisations- oder Umweltressourcen zur Zielerreichung bzw. Aufgabenerfüllung,
6. die Unterstützung beim Umgang mit nicht behebbaren bzw. nicht auflösbaren Belastungen,
7. die Anregung von Perspektivwechseln und das Entwerfen von Handlungsplänen, die den Bedürfnissen, Interessen und Fähigkeiten des*der Ratsuchenden entsprechen.

Das *Ziel* psychosozialer Beratung ist in der Regel erreicht, wenn die Ratsuchenden Entscheidungen getroffen und Problembewältigungswege gefunden haben, die sie bewusst und eigenverantwortlich in ihren Kontexten umsetzen können. Durch die Beratung sollen entsprechend Selbsthilfepotenziale, aber eben auch soziale Ressourcen in lebensweltlichen (Familie, Nachbarschaft, Gemeinwesen und Gesellschaft) und arbeitsweltlichen Bezügen (Team, Organisation und

Institution) erschlossen werden (DGfB, 2020). Im Sinne einer reflexiv ausgerichteten Beratung wird also für und mit den Ratsuchenden angestrebt, über die Selbstreflexion hinaus in professioneller und wissenschaftlicher Weise auch die gesellschaftlichen Zusammenhänge zu reflektieren. Diese Sicht der DGfB deckt sich weitgehend mit dem Anspruch Sozialer Arbeit, auch in der Beratung psychische Probleme als Folge und im Zusammenhang mit sozialen Problemen zu betrachten, dabei das Wechselspiel zwischen Gesellschaft – Gemeinschaft – Mensch sowie die mehr oder weniger vorhandenen Ressourcengefüge zu erkennen und dadurch adäquat zu intervenieren. Ortmann (2018, S. 38) stellt entsprechend folgende Ziele von Beratung heraus:

1. Selbsthilfepotenziale fördern,
2. Soziale Beziehungen und Netzwerke stärken
3. Sozialrechtliche Leistungen erschließen
4. Soziale Infrastruktur nutzen und entwickeln.

Im Fallbeispiel wäre also nach Entwicklung einer tragfähigen Beratungsbeziehung und Konkretisierung der Anliegen von Frau B. gemeinsam mit ihr zu erkunden,

- was und wie sie sich selbst helfen kann, bisher helfen konnte und könnte (z. B. individuelle Bewältigungsstrategien zur Stressreduktion, zu Abgrenzung, zu Selbstermächtigung, zur aktiven Erholung usw.),
- wer sie dabei wie unterstützen kann (z. B. die einzelnen Familienmitglieder, Freund*innen, Nachbar*innen, andere Eltern),
- welche Unterstützungsleistungen sie bekommen kann und möchte (z. B. Familienhilfe, Mutter-/Vater-Kind-Kur usw.) und
- welche Unterstützungsangebote und -möglichkeiten sie in ihrer Lebenswelt und ihrem Umfeld nutzen kann und will (z. B. Hort- und Freizeitangebote im Kiez, ehrenamtliche Helfer*innen usw.) oder auf den Weg bringen möchte.

7.2.3 Beratungspsychologie

Was kann nun spezifisch die Psychologie zu einer begründeten und reflektierten sowie gelingenden Praxis der Beratung von Menschen mit psychischen Problemen beitragen? Auf diese Frage lassen sich viele Antworten geben, daher erfolgt hier eine Auswahl einschlägiger Beiträge aus drei exemplarisch ausgewählten psychologischen Fachdisziplinen.

Die *Kommunikationspsychologie* hat insofern die Beratungspraxis maßgeblich beeinflusst, als dass sie die Bedingungen und Folgen sowie Mechanismen der Beeinflussung von Kommunikation (einseitig möglich) und Interaktion (als interpersonale, soziale Kommunikation) dezidiert beforscht und herausgearbeitet hat. Den bekanntesten kommunikationstheoretischen Zugang stellen die fünf Axiome menschlicher Kommunikation dar (Watzlawick, Beavin & Jackson, 2017), die allerdings weniger theoretisch-abgeleiteten als vielmehr praktisch-nützlichen Erwägungen folgen:

1. *Man kann nicht nicht kommunizieren.* Vor diesem Hintergrund gilt es zu beachten, dass auch nonverbale Signale, Schweigen, Wortwahl und Tonfall usw. Mitteilungen sind, die den Beratungsverlauf (und jede Form von Interaktion beeinflussen). Selbst wenn Frau B. aus dem Fallbeispiel nicht spricht, teilt sie der oder dem Beratenden über ihre mehr oder weniger bewusste Körperhaltung, ihre Mimik, Gestik, Kleidung usw. „etwas" über sich mit. Berater*innen sei somit anzuraten, auch die nonverbalen Mitteilungen wahrzunehmen und mitunter bewusst zu nutzen (aber auch nicht überzubewerten).
2. Zwischenmenschliche Kommunikationsabläufe sind entweder *symmetrisch oder komplementär,* je nachdem, ob die Beziehung zwischen den Partner*innen auf Gleichheit oder Unterschiedlichkeit beruht. Insbesondere in der Beratung spielt dieser Aspekt dann eine erhebliche Rolle, wenn die Kommunikation durch ein objektives und/oder subjektiv wahrgenommenes Machtgefälle beeinflusst ist oder unfreiwilligen „Druck von außen", zustande kommt, wodurch die Interaktion als nicht symmetrisch wahrgenommen werden kann. Denkbar wäre beispielsweise, dass Frau B. vom Jugendamt eine Aufforderung zur Wahrnehmung einer Beratung erhalten hat. Vor dem Hintergrund dieser Ausführungen ist es umso wichtiger, die Machtgefälle bewusst wahrzunehmen und in der Interaktion eine „gewaltfreie Kommunikation" zu pflegen (vgl. Rosenberg, 2016).
3. Menschliche Kommunikation bedient sich digitaler und analoger Modalitäten: Digitale Kommunikationen haben eine komplexe und vielseitige logische Syntax, aber auf dem Gebiet der Beziehungen unzulängliche Semantik (vgl. Buchstaben, die ein Wort ergeben → Inhaltsaspekt einer Aussage). Analoge Kommunikationen dagegen besitzen dieses semantische Potenzial, ermangeln aber einer für eindeutige Kommunikationen erforderlichen logischen Syntax (z. B. Metaphern, Bilder → vgl. Beziehungsaspekte einer Aussage). Wenn Frau B. beispielsweise von einem „Drama" spräche, gäbe es auf der digitalen Ebene zwar Klarheit, wie das Wort geschrieben und definiert würde, was sie damit aber meint bzw. in der Interaktion „transportiert", ist nicht ganz eindeutig.
4. Jede Kommunikation hat einen Inhalts- und einen Beziehungsaspekt, derart, dass letzterer den ersten bestimmt. Wenn ein*e Berater*in beispielsweise sagt: „Ich hoffe, dass Sie sich nochmal melden", dann ist davon auszugehen,

dass die ratsuchende Person Hypothesen darüber anstellt, warum der*die Berater*in das hofft, die zunächst bei zwischenmenschlichen Aspekten beginnen (z.B. sie*er arbeitet gern mit mir, sie*er macht sich Sorgen um mich, sie*er möchte, dass ich aktiv(er) werde usw.). Schulz von Thun (2021) hat diesen Beziehungsaspekt ausdifferenziert, indem er jeder inhaltlichen Aussage nicht nur eine Beziehungsebene als das zwischenmenschliche Verhältnis zueinander, sondern auch eine potenzielle Appell- und eine Selbstoffenbarungsebene zuschreibt, über die Menschen – meist nicht bewusst – kommunizieren, was sie von ihrem Gegenüber möchten und wie es ihnen selbst gerade geht. Für die Beratung ist davon wichtig zu reflektieren, auf welcher Ebene gerade „offiziell" kommuniziert wird, was davon gewünscht und hilfreich für den Prozess sein könnte, aber auch welche verdeckten Botschaften „im Raum" stehen.

5. Die Natur einer Beziehung ist durch die Interpunktion der Kommunikationsabläufe seitens der Partner bedingt („Wer hat angefangen?"). Dabei wird meist das eigene Verhalten als Reaktion auf das Kommunikationsverhalten des anderen erlebt mit der Folge, dass sich jede*r im Recht fühlt. Wenn Frau B. im Fallbeispiel beschreibt, dass sie so erschöpft ist, weil ihr Mann sie nicht unterstütze, würde ihr Mann hingegen vielleicht zunächst wahrnehmen, dass er so viel arbeite, um ihr und den Kindern ein gutes Leben zu ermöglichen und dass die Unzufriedenheit seiner Frau ihn so anstrenge, dass er sich zurückziehen müsse und Ruhe bräuchte, um sich zu schützen und erholen.

Auch aus der *Sozialpsychologie,* die sich unter anderem den Wechselwirkungen zwischen Individuen und ihren sozialen Kontexten widmet, stammen zahlreiche Erkenntnisse, die die Reflexion sozialer Wahrnehmungen und die Optimierung psychosozialer Begegnungen, wie im Beratungssetting, durch ihre empirische und theoretische Fundierung anregen.

Da immer wieder die Bedeutung der Qualität der Beziehung zwischen ratsuchendem Menschen und Berater*in bei aller Professionalität in der *Nähe-Distanz*-Regulierung (vgl. Thiersch, 2019) hervorgehoben wird, soll hier exemplarisch nur eine „kleine" Variable herausgegriffen und skizziert werden, nämlich was eigentlich die Sympathie zwischen zwei Menschen maßgeblich beeinflusst. Allein diese Basiserkenntnisse haben einen Einfluss auf die Qualität der Beratungsbeziehung (Zusammenfassung z.B. in Stürmer, 2009): *Häufigkeit des Kontakts* („Nähe schafft Sympathie"), *wahrgenommene physische Attraktivität* als subjektiv positiv wahrgenommene Charakteristika des Gegenübers (inklusive der Zuschreibung weiterer positiver Eigenschaften bei physisch attraktiven Personen), die *subjektive Wahrnehmung der Ähnlichkeiten* im Hinblick auf persönlich relevante Eigenschaften (u.a. wegen der Annahme, man würde dadurch selbst auch mehr gemocht werden und des Empfindens der eigenen Bestätigung, die positive Affekte erzeugt) und die *Stimmung* der*des Beratenden (eine positive Stimmung erhöht die Wahrscheinlichkeit für Sympathieempfindungen).

Vor diesem Hintergrund dürfte Frau B. eine höhere Sympathie beispielsweise durch den oder die Berater*in entgegenschlagen, wenn der Beratungsprozess länger andauert, sie als attraktiv und angenehm wahrgenommen wird, der*die Berater*in sich ihr als ähnlich erlebt (z. B. im Verantwortungsgefühl gegenüber Kindern, „Managementfertigkeiten" zwischen Arbeit-Erziehung-Haushalt oder einfach des Kleidungsstils) und wenn der*die Berater*in in guter Stimmung auf sie trifft (beispielsweise entspannt, erholt, neugierig usw.). Aber auch umgekehrt ist von diesen sozialpsychologischen, wechselseitigen Prozessen auf der Mikrokosmos-Ebene von Beratung auszugehen, die wiederum die persönliche Beziehung von Frau B. zu ihrer oder ihrem Berater beeinflusst. Zu diesem ausgewählten Aspekt kommen zudem zahlreiche weitere sozialpsychologisch einschlägige Merkmale auf Seiten der Ratsuchenden und auf Seiten der Beratenden hinzu und muss zusätzlich die Dynamik der Berater*in-Ratsuchende*r-Beziehung berücksichtigt werden, die ihrerseits durch eine Vielzahl an Einflussfaktoren moderiert und variiert wird.

Eine Übersicht dazu findet sich in Warschburger, 2009, S. 64 ff.

Auch die *Klinische Psychologie* hat die Praxis der psychosozialen Beratung maßgeblich geprägt. Beratung für Menschen mit psychischen bzw. psychosozialen Problemen orientiert sich konzeptuell oft an „therapeutischen Schulen" (vgl. Kap. 4.3) und verfolgt damit unterschiedliche Erklärungs- und Interventionsziele (vgl. Nußbeck, 2019, S. 52 ff.):

So hat *psychoanalytisch orientierte Beratung* eher die Deutung und Auflösung unbewusster Konflikte zum Ziel, die das Zurechtkommen mit Umweltanforderungen blockieren und hilfreiche Entscheidungen verhindern. Die *Personzentrierte Beratung* hat aufgrund ihrer humanistischen Verortung das Wachstum der ratsuchenden Person und die Integration inkongruenter Erfahrungen im Fokus und strebt durch eine wertschätzende und akzeptierende Atmosphäre die Wiedererweckung individueller Selbsthilfepotenziale an. Insbesondere die Basisqualitäten Empathie (Einfühlung), Echtheit (Kongruenz) und Akzeptanz (als bedingungsfreie Wertschätzung), die auf Carl Rogers' humanistischer Ausrichtung fußen, gelten als professionelle Standards in der psychosozialen Beratung (z. B. Rogers, 1972). *Kognitiv-behaviorale Beratung* geht im Sinne einer lern- & verhaltenstheoretischen Ausrichtung erhaltenden Bedingungen und vorweggenommenen Konsequenzen und Erwartungen auf den Grund und bringt Verhaltensänderungen und Entscheidungen insbesondere durch Um- und Neubewertungen sowie praktischen Erprobungsaufgaben auf den Weg. *Systemische Beratung* nimmt insbesondere die Interaktionen zwischen allen am „Problem" beteiligten relevanten Menschen ins Visier, indem sie betont neutral und ergebnisoffen bestimmte Fragetechniken einsetzt, um eine möglichst große Perspektivenübernahme, vielschichtige, pragmatische Betrachtung des (aktuell für irgendetwas funktionalen) „Problems“ zu erreichen und die Wahrnehmung von Unterschieden auf den Weg zu bringen (Schweitzer & Weber, 1997). Unter dem Dach psychosozialer Beratung lassen sich also recht unterschiedliche Grundannahmen und Vorgehensweisen finden.

7.3 Psychosoziale Krisenintervention

Um den Kern von Krisenintervention herausstellen zu können, ist zunächst noch einmal zu wiederholen, was eine psychische Krise ausmacht (vgl. Kap. 3.2): Dross (2001, S. 10) folgend sind krisenerfasste Menschen in einem Zustand psychischer Belastung, der für sie kaum mehr erträglich ist, sie emotional destabilisiert hat und ihre bisherigen Lebensgewohnheiten und Ziele massiv infrage stellt. Im Gegensatz zu einem psychischen Problem, für das auch aus Sicht der Betroffenen „irgendwie“ eine Lösung gefunden werden kann, erscheinen Krisen den Betroffenen zunächst als nicht lösbar mit den ihnen verfügbaren Strategien. Ihr gewohntes Verhaltensrepertoire ist in der Krise akut überfordert (vgl. Kunz et al., 2009, S. 181). Die Abgrenzung zu psychischen Problemen ist jedoch nicht einfach zu ziehen, schon allein, weil die betroffenen Menschen in ihren Lebenswelten und Sprachgewohnheiten mit den Worten unterschiedliches verbinden („Ich krieg ne Krise.“). Die Qualität und Quantität des Erlebens einer interventionsbedürftigen Krise wird jedoch in der Regel als sehr gravierend und erdrückend erlebt. Psychische Krisen sind nicht mit psychischen Störungen gleichzusetzen, sondern stellen eher einen prekären Zustand dar, der schnelle Hilfe erfordert. Hinter einer Krise *kann* aber eine psychische Störung stehen, ebenso wie eine Krise deren Genese begünstigen kann (Schürmann, 2019). Vor diesem Hintergrund soll der Fokus der folgenden Ausführungen auf psychische Krisen ausgerichtet sein, die in der Regel weniger durch ein wie unter Kap. 7.2 skizziertes Beratungsverständnis adäquat begleitet werden können, sondern spezifisch die Auflösung einer akuten psychischen Krise anstreben.

7.3.1 Fallbeispiel

Ein Mitarbeiter eines regionalen Krisendienstes bekommt einen Anruf von Frau K., die in einer studentischen WG mit Herrn P. und Frau A. lebt. Herr P. sei „endgültig verrückt“ geworden, hätte sich mit einem Küchenmesser im Bad eingeschlossen. Er ginge davon aus, dass die WG von einem russischen Geheimdienst überwacht werde und die beiden Frauen Verbündete wären, die nur darauf warten, dass er Schwäche zeige. Das werde er aber nicht tun, weil er Botschaften erhalten habe, dass er der Auserwählte sei, der sein Volk retten könne. Frau K. ist sehr besorgt um ihn, möchte ihn auf keinen Fall zwangsweise in die Psychiatrie bringen lassen, hat aber auch Angst um sich und die Mitbewohnerin. Beide wissen nicht, was sie nun tun können und sind sehr verzweifelt. Der Mitarbeiter informiert die diensthabende Psychiaterin im Sozialpsychiatrischen Dienst und macht sich auf den Weg zur Wohnung, wo er sich mit ihr vor der Wohnung trifft.

7.3.2 Merkmale, Varianten und Ziele psychosozialer Krisenintervention

Die Praxis der Krisenintervention kann zum einen als Versorgungsmodell und zum anderen als Handlungsmodell aufgefasst werden (vgl. Kunz et al., 2009; Ortiz-Müller, Gutwinski & Gahleitner, 2021):

Krisenintervention als Versorgungsmodell setzt auf Niedrigschwelligkeit, zeitliche Begrenzung, Vernetzung und Multiprofessionalität und versucht, diese infrastrukturell sicherzustellen. Krisenintervention erfolgt in der Versorgungslandschaft unterschiedlich ausgerichtet, weil darüber verschiedene Ziele verfolgt werden und weil sie strukturell verschieden angebunden ist: beispielsweise

- in der notfallpsychiatrischen Versorgung (insbesondere zur Verhinderung von selbst- oder fremdgefährdenden Verhaltensweisen, die sich der aktuellen Steuerungsfähigkeit des betroffenen Menschen entziehen, wie im Fallbeispiel),
- in der ambulanten Versorgung (insbesondere zur Vermeidung von stationären Unterbringungen, z. B. wenn ein Mensch, der im Betreuten Wohnen unterstützt wird, psychisch so instabil wird, dass er*sie zusätzlichen Unterstützungsbedarf hat),
- in explizit ausgerichteten Angeboten zur Suizidprävention (z. B. die Telefonseelsorge) oder
- in Strukturen der gemeindenahen, psychosozialen Krisenintervention (v. a. zur Vermeidung von psychischen Störungen und zur Ermöglichung von Problemlösungen, z. B. in regionalen Krisendiensten, Weglaufhäusern).

Sowohl in der organisierten Versorgung als auch konkreten Begegnung sind jeweils verschiedene Professionen involviert, v. a. Sozialarbeiter*innen, Psychiater*innen, Psycholog*innen, Seelsorger*innen, mitunter auch rechtliche Betreuer*innen, Pflegekräfte, Mitarbeiter*innen der Polizei und Feuerwehr, die miteinander vernetzt, rasch und adäquat aufeinander abgestimmt handeln müssen. Dabei ist insbesondere zu berücksichtigen, dass die verschiedenen

Professionen aus ihrem Auftrag heraus mitunter unterschiedlich an psychosoziale Krisen herangehen und dass dies einen maßgeblichen Einfluss auf den erfolgreichen Verlauf einer Krisenintervention haben kann. Letztendlich muss immer für den (und mit dem) Einzelfall und unter dezidierter Perspektivenübernahme sorgfältig *und* zügig abgewogen werden, ob oder wann beispielsweise die Hinzuziehung von Polizei und/oder Feuerwehr indiziert ist und wie diese in Erscheinung treten.

Krisenintervention als Handlungsmodell impliziert, dass die Unterstützung für krisenbetroffene Menschen einem begründeten und reflektierten Vorgehen in der konkreten Begegnung entspricht (z. B. BELLA nach Sonneck, 2000: *B*eziehungsaufbau, *E*rfassung der Situation, *L*inderung der Symptomatik, *L*eute einbeziehen, die unterstützen, *A*nsatz der Problembewältigung). Dabei ist dennoch *Flexibilität* im Vorgehen gefragt, beispielsweise weil betroffene Menschen unterschiedliche Vorerfahrungen mit psychischen Krisen und der Inanspruchnahme professioneller Unterstützung haben.

Als maßgebliche Leitgedanken gelten neben der *Erfassung und empathischen Annahme des Leids,* das ein betroffener Mensch gerade erlebt, die *Förderung von Bewältigung* (Re-/Aktivierung gewohnter Copingstrategien, Prioritäten setzen auf dringlichste Anliegen/Aufgaben) und *Orientierung an Ressourcen* (Re-/Aktivierung vorhandener personaler und sozialer Ressourcen, zügige Hinzuziehung zusätzlicher sozialer Ressourcen bei Bedarf). Besonders anspruchsvoll ist hierbei, in Beziehung zu kommen und zu bleiben *und* zugleich mit der kritischen Realität zu konfrontieren und hier spürbare physiologische Entspannung, kognitive Entlastung, emotionale Erleichterung und Zuversicht auf den Weg zu bringen. Wenngleich solche allgemeinen Handlungsleitlinien notwendig und hilfreich sind, sind sie wenig auf spezifische Krisensituationen zugeschnitten und bedürfen deshalb der Ergänzung je nach Krisenanlass und Einzelfall (Schürmann, 2019):

Im Sinne einer differenziellen Krisenintervention stehen beispielsweise bei *Verlustkrisen* (verstanden als sog. kritische Lebensereignisse, vgl. Filipp & Aymanns, 2018) vor allem ein authentisches Mitgefühl in der *Trauer-/Verlustarbeit* und die Konzentration auf Wiederanpassungs-, Neuorientierungs- und Neubewertungsprozessen im Vordergrund.

Im Zusammenhang mit *suizidalen Krisen* muss Suizidalität offen angesprochen werden, um dem betroffenen Menschen die Möglichkeit zu geben, seiner *Verzweiflung* Ausdruck zu verleihen und darüber eine emotionale Entlastung herbeizuführen sowie das Ausmaß der Gefährdung einzuschätzen. Suizidalität lässt sich als aktuelle Problemlösestrategie auffassen, welcher durch das Thematisieren gescheiterter Problembewältigungsversuche, das Suchen nach alternativen Lösungen und Re-/Aktivieren hilfreicher Ressourcen und sozialer Netzwerke behutsam alternative Strategien beizusteuern sind. Dabei ist der Aufbau *stellvertretender Hoffnung* durch die begleitende Person bei gleichzeitiger Akzeptanz der Verzweiflung maßgeblich. Die Krisenintervention bei Suizidalität erfordert einen raschen Beginn, Beziehungsarbeit und ein pragmatisches Vorgehen, unter Einbezug eines jeweils situationsangemessenen zusammengesetzten Teams (Näheres unter Kunz et al., 2009, S. 43 ff.).

Für Menschen, die *traumatische bzw. potenziell traumatisierende Krisen* erleben, gibt es neben den allgemeinen Angeboten (die üblicherweise weitervermitteln) spezielle Kriseneinrichtungen, Anlaufstellen und Notrufnummern (z. B. Jugendnotdienste, Zentren für Folteropfer, Notrufe für Frauen mit Gewalterfahrungen, Anlaufstellen für Betroffene rechtsextremer und/oder rassistischer Gewalt u. a.). Auch hier ist eine zügige und kooperativ-vernetzte Vorgehensweise der jeweiligen Kriseneinrichtungen erforderlich, insbesondere weil im Zusammenhang mit traumatisierenden Vorfällen häufig Straftaten vorgefallen und/oder aktiv Schutzmaßnahmen durchzusetzen sind (z. B. unter Einbezug von Polizei, Justiz, Krankenhaus, Jugendamt, Arbeitgeber*in). Dies gilt in besonderer Weise, wenn Kinder sexuellen Missbrauch und oder andere Formen von Gewalt erfahren haben. Aber auch die Verfolgung anderer Formen von Kindeswohlgefährdung und jeder Form von Menschenrechtsverletzungen kann und darf nicht alleinig durch eine*n Mitarbeiter*in von Kriseneinrichtungen aufgenommen werden.

In der Unterstützung von Menschen mit traumatischen Krisen ist es insbesondere wichtig, keine vorverurteilende Haltung einzunehmen und sich dessen bewusst zu sein, dass die Themen *Scham* und das *beschädigte Selbst* eine sehr wichtige Rolle spielen und spezifische Kompetenzen seitens der unterstützenden Person(en) erfordern. Spezifisch für diese Form von Krisenintervention ist auch, dass individuelle Sicherheitsbedürfnisse erfragt und entsprechende Maßnahmen auch im häuslich-privaten Umfeld hierfür eingeleitet werden können und bei Kindern auch müssen (vgl. Gewaltschutzgesetz, Bundeskinderschutzgesetz). Außerdem ist im Sinne einer Ressourcenorientierung die Aktivierung von Unterstützung im sozialen Netz des betroffenen Menschen maßgeblich (Näheres zur Arbeit mit Migrant*innen und geflüchteten Menschen unter Reichelt, 2021, zur Arbeit mit akut traumatisierten Menschen: Purtscher-Penz & Penz, 2021).

Insbesondere bei dieser Form von Krisenanlässen ist für die Selbstfürsorge der Fachkräfte wichtig, die eigenen Grenzen und Ressourcen bewusst im Blick zu halten und zu pflegen (vgl. Kap. 5.5).

Darüber hinaus bedeutet Krisenintervention auch die Begleitung *psychiatrischer Notfälle* (vgl. Rupp, 2012; Rupp, 2021). Zu Notfällen gehören Situationen, in denen Menschen beispielsweise aufgrund von Drogen, Alkohol, eskalierten Beziehungsdynamiken, suizidalen Zuspitzungen sich nicht mehr weiterzuhelfen wissen und sehr häufig andere Menschen für sie Hilfe anfordern (z. B. indem sie die Polizei, Feuerwehr, Krisendienste anrufen). Psychiatrische Notfälle sind üblicherweise Situationen, in denen Menschen mit einer schweren psychischen Erkrankung (z. B. einer Psychose) so verängstigt, verwirrt, verzweifelt, für Außenstehende unkontrolliert in ihrem Denken, Erleben, Handeln, mitunter auch fremd- oder selbstgefährdend sind, dass ihnen umgehend geholfen werden muss. Häufig fehlt ihnen dann ein adäquater Realitätsbezug und/oder ihr Bewusstsein ist eingeschränkt. Im Falle eines solchen psychiatrischen Notfalls muss im Kontakt erkundet werden, wie gesprächs- und vertragsfähig der betroffene Mensch aktuell ist und welche Maßnahmen situativ und perspektivisch einzuleiten sind. Dabei soll nach Möglichkeit eine stationäre Einweisung vermieden werden und auf freiheitsentziehende, gewaltvolle Maßnahmen und Zwangsbehandlungen/-medikationen verzichtet werden.

Im Fallbeispiel von Herrn P. handelt es sich um einen solchen Notfall, der nicht durch eine Einzelperson gelöst werden sollte, und ist im Zuge der Krisenintervention unter Hinzuziehung einer Psychiaterin (und Bereithaltung von Polizei im Hintergrund für eine etwaige Eskalation) zügig und mobil vor Ort abzuklären, ob der betroffene Mann in seiner akuten Verfassung eine stationäre Unterbringung braucht und wie eine menschenwürdige Begleitung dorthin, Aufnahme und annehmbare Behandlung vor Ort erfolgen sollte (ggf. auch unter Einbezug der Mitbewohnerinnen oder weiterer geeigneter Angehöriger, vgl. Peukert, 2021). Dabei sind im Rahmen der Krisenintervention neben seinen Vorerfahrungen, aktuellen Möglichkeiten der Krisenbewältigung und Ressourcen auch die Sicherheitsbedürfnisse der Mitbewohnerinnen einzubeziehen. Für die betroffenen Menschen in einer solchen psychischen Verfassung wie Herr P. steht vor allem *Angst* im Vordergrund, die seitens der Krisenhelfer*innen unbedingt wahrgenommen, aufgefangen und für den Moment ausreichend abgemildert werden muss.

Stationäre Unterbringung bedeutet heutzutage nicht mehr automatisch „geschlossene Psychiatrie“: Das psychiatrische System hat sich erweitert, sodass mittlerweile auch Kliniken ausschließlich mit „offenen Türen“ existieren und in einigen (noch zu wenigen) Regionen andere stationäre Versorgungsformen praktiziert (z. B. sog. Soterias, vgl. https://soteria-netzwerk.de/) und der Ausbau stationsäquivalenter Leistungen vorangetrieben werden (Aderhold, 2021; Weinmann et al., 2021).

Neben diesen Krisenformen, die am stärksten mit psychischen Problemen und dem Bedarf an professioneller Unterstützung einhergehen, erleben Menschen auch weitere Formen psychischer bzw. psychosozialer Krisen: beispielsweise sog. „normative“ Krisen (z. B. in der Adoleszenz), Beziehungskrisen (z. B. wenn sich Paarsysteme durch Hinzukommen von Kindern oder Dritten verändern, oder gemeinsam aufgezogene Kinder ausziehen), Krisen im Rahmen psychischer und körperlicher Grunderkrankungen (z. B. im Zuge der Diagnose einer schweren Erkrankung). In allen psychischen Krisen sind dennoch einige wiederkehrende Muster erkennbar: Sie werden auf psychischer Ebene als unvermittelt auftretend, überraschend und bedrohlich erlebt und sind mit

Auslösern wie Verletzungen, Verlusten, Kränkungen oder tiefgreifenden Konflikten verknüpft (Schleuning, Menzel & Brieger, 2017).

7.3.3 Psychologie der Krise und der Krisenintervention

Psychische Krisen beeinträchtigen das Denken, Erleben und Handeln sowie meist auch die sozialen Beziehungen. Gewohnte Überzeugungen und kognitive Bewältigungsmuster (z. B. gedankliches Anpassen oder Umdenken) sind erschüttert oder blockiert und die Gefühle reichen von hilflos, labil, geschwächt, zermürbt über unruhig, bedrohlich, ängstlich bis hin zu hoffnungslos und verzweifelt. Betroffene können aufgrund ihrer Gedanken und Gefühle nicht mehr wie gewohnt handeln, sind gehemmt, blockiert, erstarrt, ziehen sich zurück oder zeigen Verhaltensweisen, die für sie untypisch, fremd, mitunter auch impulsiv und gefährdend sind. Im Zuge dessen sind Angehörige, Nachbar*innen, Kolleg*innen besorgt, ratlos und/oder fühlen sich bedroht, sodass auch die sozialen Beziehungen und Systeme, in denen sich ein krisenergriffener Mensch befindet, darunter leiden. Psychische Krisen äußern sich also auf allen Ebenen, sind aber keine psychischen Störungen (*können* aber damit einhergehen oder diese nach sich ziehen).

Im Sinne biopsychosozialer Rahmung psychischer Probleme (vgl. Kap. 1.4) äußern sich psychische Krisen zudem auch in körperlichen Anzeichen (beispielsweise in der Atmung, Puls und Blutdruck, Verdauungsbeschwerden, Immun- und Hormonstörungen und/oder Hautproblemen). Im Sinne des Person-in-Environment-Ansatzes (vgl. Kap. 1.3) entstehen psychische Krisen nicht im „Nichts", sondern sind stets eingebunden in soziale Prozesse und Umgebungsbedingungen, die die psychische Verfassung eines Individuums mitbeeinflussen (z. B. Arbeitslosigkeit, Verschuldung, soziale Exklusion usw.). Hierzu gehören nicht nur die realen Umweltbedingungen, sondern auch imaginierte und antizipierte Vorstellungen (z. B. nicht mehr geliebt zu werden, von niemandem gebraucht oder wahrgenommen zu werden, für andere nichts mehr wert zu sein, wenn dies oder jenes eintritt, verlassen oder entlassen zu werden, ohne darauf einen Einfluss zu haben usw.). Letztendlich spielen hierbei wiederum die psychischen Grundbedürfnisse jedes Individuums nach Bindung bzw. subjektiv bedeutsamer sozialer Eingebundenheit, Einflussmöglichkeiten und Orientierung im Leben, Selbstwerterhalt und Unlustvermeidung eine maßgebliche Rolle (vgl. Kap. 2.3). Im Sinne des Vulnerabilitäts-Stress-Bewältigungsmodells (vgl. Kap. 4.2) machen aktuelle psychische Krisen Menschen höchst verletzlich. Die Bewältigung der Krise kann sie resilienter machen (vgl. Kap. 6.3.3), aber auch vulnerabler für weitere Krisen, wenn keine angemessene Unterstützung greift, sich die Krise verfestigt oder ausweitet (beispielsweise in eine psychische Störung übergeht). Insofern sind Krisen – betrachtet als kritische Lebensereignisse – zweifach zu sehen: als Stressoren, die das psychische Gleichgewicht eines Menschen massiv aus dem Ruder bringen, *und* als Typus von Lebenserfahrung (erwartbar und/oder unvorhergesehen), der Bewältigungsanforderungen an jedes Individuum stellt und zugleich die Chance in sich birgt, sich daran weiterzuentwickeln. Sie können *entwicklungspsychologisch* betrachtet zur Veränderung der Persönlichkeit, in Ziel- und Motivstrukturen und in Wertorientierungen und Überzeugungssystemen eines Individuums führen (vgl. Filipp & Aymanns, 2018a). Die Frage, ob der betroffene Mensch die daraus für sich ergebenen Veränderungen als persönliches Wachstum wahrnimmt und zu nutzen vermag, kann nur individuell und unter Einbindung zeitlicher Dimensionen angemessen beantwortet werden und darf nicht im Sinne des gesellschaftlichen Optimierungswahns missbraucht werden (vgl. Schleuning et al., 2017, S. 505).

Im Rahmen einer *Krisenintervention* ist maßgeblich zu erkennen, wann eine Krise mitunter in einen psychiatrischen Notfall überwechselt: wenn Bewältigungsversuche in Selbstzerstörung (akute Suizidalität) oder bedrohliche, reale Fremdgefährdung übergeht und wenn die intrapsychischen und sozialen Ressourcen so weit erschöpft sind, dass der betroffene Mensch akut nicht mehr oder kaum noch aktiv mitentscheiden kann. In allen anderen Varianten psychischer Krisen steht die *gemeinsam* angegangene *Förderung von Bewältigung* und die *Re-/Aktivierung von Ressourcen* im Vordergrund. Wie kann das gelingen?

Der Weg dorthin führt maßgeblich über die Selbstwahrnehmung und eigene Grundhaltung der unterstützenden Person (vgl. Schleuning et al., 2017, S. 504 f.): Bevor Trost gespendet und Auswege erkundet werden, muss die unterstützende Person (Fachkraft) zunächst Trostlosigkeit und Ausweglosigkeit an sich heranlassen, spüren, aushalten und darüber in der Begegnung mitschwingen können. Dazu gehört auch, eigene Gefühle von Trostlosigkeit und Ausweglosigkeit anzuerkennen, zu würdigen, ihnen Raum zuzugestehen, und zu erkennen, wie groß Kränkungen, Scham und Schuld die Psyche eines krisenerfassten Menschen dominieren können. Dafür ist der Blick in die eigene Biografie, durchlebte Krisen, eigene Reaktionsmuster, Gedanken, Gefühle fruchtbar und wie diese Krisen gelöst wurden, mit und ohne Hilfe von außen, mit und ohne wachstumsförderlichen Folgen, und welche Krisen (noch oder akut) in welchem Ausmaß bestehen. Dieser Blick zu sich selbst soll nicht dazu ermutigen, „Ratschläge aus eigener Erfahrung" geben zu können, sondern die Vielschichtigkeit von individuellen Krisen und ihren Verläufen zu erfassen und sich dafür zu sensibilisieren, nicht vorschnell „Bescheid zu wissen" oder auch nicht offensichtliche Aspekte der Krise wahrzunehmen. Dabei kommen häufig existentielle Themen zum Vorschein (vgl. Noyon & Heidenreich, 2012). Welchen Sinn ergibt diese Krise für das betroffene Subjekt? Diese Frage kann der betroffene Mensch nur selbst beantworten, mitunter über erwartungsfreies, ergebnisoffenes Nachfragen der begleitenden Person, die letztendlich immer in dem *Dilemma* steckt, sich für die Begegnungen und den Entwicklungsweg des betroffenen Menschen Zeit zu nehmen und im Sinne des Kriseninterventionsansatzes zeitlich befristet, rasch aktivierend, Ressourcen und Lösungen anvisierend und konkretisierend vorgehen muss.

Für die Aufgabe, Ressourcen zu reaktivieren, entdecken, auszubauen und in gemeinsamer Reflexion mit dem betroffenen Menschen zu mobilisieren, sei hier noch einmal abschließend auf die vielfältigen Impulse aus der *Positiven Psychologie* verwiesen (vgl. Kap. 2.4), die sich der Ausrichtung auf positiv konnotierte Konstrukte in ihrer wissenschaftlichen Fundierung und praktisch verwertbaren Wirkungsmechanismen verschrieben hat. Damit steuert sie umfängliches Theorie- und Praxiswissen beispielsweise zu Themen wie positivem Denken und Erleben, Gelassenheit, Dankbarkeit, Achtsamkeit, Spiritualität, Sinn, Vertrauen, Verzeihen, Solidarität, Kreativität, Glück, Humor und anderen bei (vgl. Auhagen, 2008b; Lermer, 2019; Steinebach, Jungo & Zihlmann, 2012), die in der Nach-/Bearbeitung psychischer Krisen individuell von großer Bedeutung sein können.

7.4 Psychotherapie

In der psychosozialen *Beratung* ist der Fokus in der professionellen Begleitung auf die (Selbst-)Klärung in Bezug auf die psychischen Probleme, die Be- und Verarbeitung damit einhergehender Emotionen, die Entwicklung von Handlungskompetenzen und die Kenntlichmachung und Reflexion von problemverursachenden strukturellen Verhältnisse ausgerichtet (DGfB, 2020). Dabei spielt die Informationsvermittlung eine nicht unwesentliche Bedeutung, sie wird oft als *Unterstützung* betrachtet, bereits vorhandene Möglichkeiten neu oder besser zu nutzen. Die Anzahl der Sitzungen ist üblicherweise gering und es muss keine klar definierbare psychische Störung vorliegen. Konkret in der *Krisenintervention* steht die aktuelle denk- und erlebensbezogene Überforderung des Betroffenen und seines gewohnten Handlungsrepertoires. Damit verbunden steht die erforderliche Abklärung eines Notfalls im Vordergrund und ist insbesondere eine dem Leid des betroffenen Menschen angemessene authentische, empathische, wertfreie, von Zeitdruck so weit wie möglich entschleunigte Anteilnahme maßgeblich, um nachfolgend die Förderung von Bewältigung und Orientierung an Ressourcen rasch auf den Weg zu bringen.

Demgegenüber geht es in der *Psychotherapie* um einen bewussten, geplanten, üblicherweise längeren Interaktionsprozess, durch den psychische Störungen geheilt oder gelindert werden. Im Rahmen von Psychotherapie werden diagnostizierte psychische Störungen behandelt. Das impliziert, dass im Zuge des therapeutischen Prozesses Verhaltensstörungen und Leidenszustände auf gemeinsam erarbeitete Ziele hin beeinflusst werden sollen. Übliche Ziele, die individuumsbezogen konkretisiert werden müssen, sind dabei die Symptomminimalisierung und/oder Strukturänderung/Nachreifung der Persönlichkeit. Letztendlich kann der *„Krankheitswert des Problembereichs"* als Unterscheidungskriterium zur psychosozialen Beratung geltend gemacht werden, aber in der Praxis ist diese Trennung nicht immer zielführend. Beispielsweise kommen in längerfristigen Beratungsprozessen auch psychotherapeutische Techniken zum Tragen und spielen auch in der Psychotherapie psychoedukative Elemente eine Rolle. Auch bedienen sich sowohl die psychosoziale Beratung als auch die Psychotherapie gleicher oder vergleichbarer Vorgehensweisen und Techniken, oft weil sie auf die gleichen psychologischen Erklärungsmodelle zurückgreifen (z. B. systemischer oder verhaltenstheoretischer Ansatz) und weil sowohl Beratung als auch Psychotherapie auf effektive, professionelle Beziehungsarbeit angewiesen sind. Zudem gewinnt die Kurzzeittherapie im Rahmen aller Psychotherapieverfahren zunehmend an Bedeutung, weshalb nicht mehr nur Beratung (und Krisenintervention) die Kurzzeitigkeit für sich beanspruchen können.

Grundsätzlich sind psychische Störungen im Sinne eines biopsycho(spirituell)sozialen Verständnisses multimodal zu behandeln, d. h. es gilt zu prüfen, welche körperlichen, psychologischen und sozialen Interventionen für den jeweils einzelnen Menschen indiziert und zu kombinieren sind. Dies geht mit der Erfordernis diagnostischer Kompetenzen und der Einschätzung bezüglich einer z. B. medikamentösen Begleitbehandlung sowie sozialer und sozialräumlicher Unterstützung einher. Die Kompetenz und Erlaubnis, psychotherapeutisch zu arbeiten und über die Krankenkassen gemäß SGB V als Psychotherapeut*in mit der erforderlichen Approbation abrechnen zu dürfen, wird gemäß Psychotherapeutengesetz (Gesetz über den Beruf der Psychotherapeutin und des Psychotherapeuten, PsychThG) bzw. Gesetz zur Reform der Psychotherapeutenausbildung (PsychThAusbRefG) im Zuge einer anerkannten spezifischen psychotherapeutischen Ausbildung erworben. Mit Beschluss des neuen Psychotherapeutengesetzes 2019 wurde das Ausbildungsverfahren für Psychologische Psychotherapeut*innen (als gesetzlich geschützter Beruf) gravierend umgestellt: Es werden nun sog. Psychotherapiestudiengänge eingerichtet und damit die Ausbildung an die Universitäten und Hochschulen angebunden. Bisherige Ausbildungsmodelle, im Rahmen derer sich auch Angehörige anderer psychosozialer Berufsgruppen zum Kinder- und Jugendlichenpsychotherapeuten ausbilden konnten, laufen im Rahmen verschiedener Übergangsregelungen mittelfristig aus.

7.4.1 Fallbeispiel

Im Rahmen der Eingliederungshilfe wird der junge Herr T. aufgrund einer diagnostizierten Depression, phasenweise starkem Alkoholkonsum und daraus resultierenden Problemen in seiner Lebensbewältigung (u. a. Ämterangelegenheiten, Einsamkeit, Tagesstruktur und mangelnder sozialer Teilhabe) im Betreuten Einzelwohnen unterstützt. Er spielt mit dem Gedanken, sich in psychotherapeutische Behandlung zu begeben und fragt die Bezugsbetreuerin – weil er sich schon im Internet erkundigt hat – nach den Unterschieden und Gemeinsamkeiten verschiedener Therapieverfahren. Auch sei er nicht schlau geworden, ob ihn überhaupt jemand nehmen würde und was Psychotherapie anderes bringen würde als die Betreuung durch den Träger, wo er doch Hilfe von ihr als Sozialarbeiterin bekäme und die zahlreichen Angebote des Trägers (z. B. in der angebundenen Kontakt- und Beratungsstelle) nutzen könne. Arbeit und eine Freundin würde er sowieso nicht finden wegen seines Alkoholkonsums und weil er sich mit der Depression nicht belastbar und unattraktiv fühle. Das würde ihm seine Mutter auch immer sagen, ihr sei der Mann deshalb auch weggelaufen.

7.4.2 Merkmale, Varianten und Ziele psychologischer Psychotherapie

Wie bereits angesprochen, existieren verschiedene Psychotherapieverfahren und die Landschaft ist dabei recht weit aufgefächert und zum Teil unübersichtlich. Aus diesem Grund werden im Folgenden lediglich die bekanntesten Psychotherapieschulen skizziert.

Für die Vertiefung sei auf Kriz (2014) und Slunecko (2017) verwiesen. Offen ist nach wie vor, wie stark die inhaltliche und methodische Annäherung der Psychotherapieverfahren, wie sie praktisch oft berichtet wird, und/oder die Berücksichtigung sehr ganzheitlicher Psychotherapieverfahren auch formal voranschreiten wird (z. B. im Zuge der Anerkennungsverfahren und Aufnahme in den Katalog der über die Krankenkassen finanzierten Verfahren).

Zum Stichwort *Integrative Therapie* haben insbesondere Grawe (2000, 2004) sowie Petzold (2004) und Leitner und Höfner (2020) aus unterschiedlichen Zugängen heraus wertvolle Beiträge geliefert.

Damit ein Psychotherapeutisches Verfahren als sog. Richtlinienverfahren aufgenommen wird und eine „Kassenzulassung“ erhält, muss dessen Wirksamkeit wissenschaftlich über empirische Studien belegt sein. Zurzeit trifft das zu für

- die Verhaltenstherapie bzw. Kognitive Verhaltenstherapie (VT/KVT),

- die Psychoanalyse (PA) und die Tiefenpsychologisch fundierte Psychotherapie (TfP) sowie
- die Systemische Therapie (ST).

Die Klientenzentrierte Gesprächspsychotherapie ist zwar bislang wissenschaftlich anerkannt für bestimmte psychische Störungen, ist aber weiterhin nicht als eigenständiges psychotherapeutisches Verfahren zugelassen und kann somit nicht über die Krankenkassen abgerechnet werden. Bevor eine ambulante psychotherapeutische Behandlung begonnen wird, ist das Aufsuchen einer sog. psychotherapeutischen Sprechstunde vorgegeben, im Rahmen derer ein*e Psychotherapeut*in den bedürftigen Menschen berät und aufklärt. Von der kassenärztlichen Vereinigung zugelassene Psychotherapeut*innen sind mittlerweile verpflichtet, diese psychotherapeutischen Sprechstunden anzubieten. Dabei sollen der niedrigschwellige Zugang zur ambulanten Versorgung sichergestellt und Beratung, Information, Klärung des individuellen Behandlungsbedarfs, gegebenenfalls eine erste Diagnosestellung und dementsprechend adäquate Behandlungsempfehlung sowie, falls erforderlich, auch eine kurze psychotherapeutische Intervention erfolgen.

Die *Verhaltenstherapie* hat ihre Wurzeln im lern-/verhaltenstheoretischen (behavioristischen) Paradigma zur Erklärung psychischer Störungen und versucht, anknüpfend an Lernprozesse im Sinne der klassischen sowie operanten Konditionierung, problemverursachende Verhaltensweisen zu identifizieren und sie entweder zu modifizieren oder durch angemessenere Verhaltensweisen zu ersetzen (vgl. Kap. 4.3.2). Klinische Symptome sind entsprechend erlernt und können wieder ver- oder umgelernt werden. Klassische Verfahren sind hier beispielsweise die Systematische Desensibilisierung sowie weitere Expositionsverfahren (insbesondere für Menschen mit Angststörungen). Auch werden kommunikative Fertigkeiten trainiert und adaptive Problemlösestile aufgezeigt.

Im Zuge der sogenannten „kognitiven Wende“ in den 1970er Jahren wurde im Zusammenhang mit psychischen Störungen und klinischen Symptomen dem Denken sowie sozialkognitiven Lernprozessen zunehmend mehr Beachtung und Raum eingeräumt (Bandura, 1979; vgl. auch Kognitive Therapie der Depression, Beck et al., 2010). Seit den 1990er Jahren wird auch von einer weiteren Wende, der „emotionalen Wende“ (vgl. Heidenreich & Michalak, 2013) gesprochen, die begünstigte, dass der Verhaltensbegriff letztendlich auf die verschiedensten Ebenen menschlichen Erlebens und Handelns erweitert wurde, nämlich motorisch-behavioral (z. B. Mimik, Gestik, Körpersprache), kognitiv-verbal (z. B. Gedanken, Bewertungen, sprachliche Äußerungen), emotional (z. B. Gefühlsabläufe, wie Angst, Wut, Trauer) und physiologisch unwillkürliche Prozesse (z. B. Herzschlag, Adrenalinausschüttung, Schweißausbrüche). Entsprechend zielen die Ansätze, Methoden und Techniken moderner

Kognitiver Verhaltenstherapie neben Verhaltensweisen auch auf Denk-, Erwartungs- und Emotionsveränderungen ab, indem auch zu einer realistischeren und individuell bekömmlicheren Bewertung über sich selbst und die Umwelt angeleitet wird. Beispielsweise werden bestehende irrationale Überzeugungen (z.B. im Fallbeispiel „Ich bin ein Versager.") und dysfunktionale Annahmen (z.B. im Fallbeispiel „Ohne Arbeit finde ich keine Freundin.") erkundet, hinterfragt, differenziert, umstrukturiert und durch funktionalere Annahmen und Strategien individuell hilfreicherer Emotionsregulation (z.B. mehr Akzeptanz gegenüber nichtbeeinflussbaren Vorgängen, Achtsamkeit im gegenwärtigen Erleben) ersetzt sowie hilfreichere Handlungsweisen konkretisiert, proaktiv erprobt und nachfolgend reflektiert. Somit steht Verhaltenstherapie längst nicht mehr für eine „innenweltenignorierende Manipulation von Objekten", sondern strebt Hilfe zur Selbsthilfe an und bindet dafür die subjektiven Erfahrungswelten, Kognitionen und Selbstwirksamkeitserwartungen, biografischen Muster und ausprobierbaren Handlungsmöglichkeiten von Individuen ein. Einflussreiche Weiterentwicklungen sind beispielsweise die Schematherapie (Young, Klosko & Weishaar, 2008; Roediger, 2009), die Akzeptanz-Commitment-Therapie (Hayes, Wilson & Strosahl, 2014) sowie die Kognitiv-Behaviorale Therapie (Linehan, 2016), die sich häufig zunächst den sog. Persönlichkeitsstörungen verschrieben haben, mittlerweile aber auch auf andere psychische Störungen Anwendung finden.

Die *Klientenzentrierte/Personzentrierte Gesprächspsychotherapie* (Rogers, 1972) gilt als bekannteste unter den humanistisch-erlebensorientierten Therapien, welche Menschen unterstützen, sich selbst genau und akzeptierend zu betrachten, damit sie ihr angeborenes Potenzial und innewohnendes Streben nach Selbstaktualisierung wieder adäquater verwirklichen können (vgl. Kap. 4.3.4). Entsprechend praktizieren Klientenzentrierte Psychotherapeut*innen sehr ausgeprägt ein *kongruentes* (i.S.v. authentisch, echt, wahrhaftig und aufmerksam), wertungsfreies und *wertschätzendes* Akzeptieren und *empathisches* Zuhören sowie nichtdirektives Verbalisieren der Äußerungen ihrer Klient*innen, um das individuelle Wachstum sowie das Ganzheits- und Selbstverwirklichungserleben eines Menschen zu fördern, der sich psychisch im Gefühl von innerer Spannung, Angst, Druck und *Inkongruenz* zwischen Selbst und Ideal erlebt (vgl. Tausch & Tausch, 1990). Prämissen im Vorgehen von Gesprächspsychotherapeut*innen sind im Sinne der bedingungslosen Wertschätzung der freundlich und neutrale Umgang mit allen *Erlebensinhalten* des Gegenübers (nicht unbedingt seinen Handlungen) und die Förderung des Verstehens, indem Ausgesprochenes *paraphrasiert* und mit Blick auf das emotionale Erleben und Mitteilen *gespiegelt* werden. Während in der Anfangszeit insbesondere ein non-direktives, sehr zurückhaltendes Vorgehen angeraten wurde, steht mittlerweile eher die *konsequente Personenzentrierung* im Vordergrund (d.h. die dezidierte Wahrnehmung und Annahme des inneren Bezugsrahmens des Gegenübers). Dabei wird die Person im Zuge ihrer *Selbstexploration* unterstützt, wieder mehr sich selbst und die individuellen inneren Erfahrungen als Maßstab für das eigene Handeln heranzuziehen und sich mehr aus der psychischen Abhängigkeit zu anderen zu befreien.

Bezogen auf das Fallbeispiel hieße dies, dass Herrn Ps. Vorstellungen, was beispielsweise Attraktivität und Belastbarkeit/Stärke ausmache, auf seine eigenen, innerlich wahrgenommenen Zugänge, Hoffnungen, Bedürfnisse zurückgeführt und seine damit einhergehenden Gefühle thematisiert werden. Gesprächspsychotherapeut*innen würden dann diese Mitteilungen beispielsweise dahingehend zusammenfassen, was sie auf der Erlebnisebene „verstanden" haben und was sie diesbezüglich wahrnehmen (z. B. Furcht, Verwirrung, Freude). Wenn es der Therapeutin*dem Therapeuten gelingt, ohne Wertungen und Veränderungseifer diesen Bedeutungen und Gefühlen wertschätzend und emotional warm zu begegnen, erhöht sich beim Gegenüber die Fähigkeit, bereitwilliger seine inneren Probleme (Inkongruenzen) wahrzunehmen, darzustellen und sich auf Veränderungen einzulassen. Je echter und kongruenter der*die Therapeut*in sich hier zeigt, desto mehr kann er*sie im Sinne eines Modells auch ermutigen, sich angstfreier zu entdecken. Bereits das Wahrnehmen und bewusste Beschreiben erlebter Gefühle birgt das Ausprobieren neuer (sichtbarer, aber auch innerer) Handlungsformen in sich (z. B. im Fallbeispiel „Egal, was andere sagen, bin ich es wert und in der Lage, in andere Gefühlszustände zu kommen", „Ich möchte nicht mehr süchtig trinken, das fühlt sich ... an und passt nicht zu meinen Hoffnungen, die ich als Teenager hatte." oder „Ich merke, dass ich glücklicher bin, wenn ich ... mache.").

Somit ist die Gesprächspsychotherapie weit weniger als die Verhaltenstherapie auf das Verändern von Denk-, Erlebens- und vor allem Handlungsformen aus, weil sie die *Wahrnehmung* und das *Erleben* der inneren Inkongruenz zum Dreh- und Angelpunkt ihres Zugangs zu psychischen Problemen macht, also „Verändern durch Verstehen" anstrebt. Das Intervenieren des*der Psychotherapeut*in besteht folglich darin, neben dem Praktizieren der Basisvariablen fokussiert die *emotionalen Erlebnisinhalte des Gegenübers* zu *verbalisieren* und dabei soweit wie möglich auf Interpretationen zu verzichten.

Auch wenn die Personzentrierte/Klientenzentrierte Gesprächspsychotherapie in Deutschland weiterhin keine Kassenzulassung als eigenständiges Verfahren bekommen hat, so herrscht über alle Psychotherapieverfahren hinweg weitgehend Einigkeit darüber, dass ihre Grundpfeiler *einfühlendes Verstehen*, positive *Wertschätzung* und Wärme sowie *Echtheit* seitens der*des Therapeuten*in maßgeblich sind für die helfende Beziehung bzw. therapeutische Allianz, die der behandlungsbedürftige Mensch und der*die Therapeut*in miteinander eingehen.

Eine wesentliche Erweiterung erfuhr die Personzentrierte Gesprächspsychotherapie über die Einführung und Ausdifferenzierung der Konzepte des *Experiencing* als konkretes, augenblickliches Erleben eines Individuums und *Focusing* als therapeutisch angeleitetes, stufenweise vertieftes Erleben (vgl. Stumm, Wiltschko & Keil, 2003; Stumm & Keil, 2018), um die *Veränderung in der Wahrnehmung erfahrbarer* zu machen, die nicht durch intellektuelles Erkennen ersetzt werden kann.

Andere Psychotherapien, die ebenfalls zur *humanistischen Denktradition* gehören, mehr von existenzphilosophischen sowie phänomenologischen Überlegungen beeinflusst sind (ausführlicher z. B. Kriz, 2014) und für Menschen mit psychischen Problemen ebenfalls hilfreich sein können, sind unter anderem die *Gestalttherapie* (Perls et al., 2015), die *Logotherapie und Existenzanalyse* (Frankl, 1985a) und das *Psychodrama* (Moreno, 2008). Ihnen gemeinsam sind folgende anzustrebende Grundannahmen: Autonomie bei gleichzeitiger sozialer Abhängigkeit, Selbstverwirklichung, Ziel- und Sinnorientierung sowie Ganzheit von Gefühl und Vernunft, von Leib und Seele (ausführlicher Kriz, 2014).

Tiefenpsychologische und psychoanalytisch fundierte Therapien unterstützen Klient*innen vor allem darin, frühere traumatische oder unverstandene Ereignisse und daraus resultierende innere Konflikte („tief" in der Vergangenheit und „tief" im Unbewussten) aufzudecken, die mit psychischen Störungen, psychischen Problemen und subjektivem Leiden in Verbindung gesehen werden (vgl. Kap. 4.3.1). Die klassische Psychoanalyse als Psychotherapieverfahren geht dabei auf Freud (1940/1994) zurück, der die Dynamik der seelischen Prozesse triebtheoretisch erklärte. Sämtliche nachfolgende tiefenpsychologischen Verfahren können als facettenreiche Weiterentwicklungen der Psychoanalyse aufgefasst werden und bauen auf verschiedenen intrapsychischen Zugängen auf. Dadurch ergaben sich auch unterschiedliche Schwerpunktsetzungen in der tiefenpsychologischen Therapie je nach angenommener Relevanz für innerpsychische Konflikte: der Psychologie der *Triebe,* die Psychologie des sog. *Ichs* (v. a. Anna Freud), der *Objektbeziehungen* (v. a. Melanie Klein, Donald Winnicott) und des *Selbst* (v. a. Heinz Kohut).

Tiefenpsychologisch arbeitende Psychotherapeut*innen analysieren insbesondere sog. Übertragungsprozesse und *Widerstände* und bemühen sich dabei um die Aufhebung dysfunktionaler *Abwehrmechanismen* (z. B. Verdrängung). Ziel der therapeutischen Arbeit ist, durch das Herbeiführen assoziativ gelockerter Zustände (z. B. durch Traumdeutungen, Aufgreifen frühester Erinnerungen, archetypische Bilder) zu ermöglichen, dass Gefühle, die früher anderen Personen (Eltern) galten, auf den*die Psychotherapeut*in übertragen werden. Im zunehmend bewussten Bearbeiten dieser Gefühle und Zustände in enger Beziehung zum*zur Psychotherapeuten*in „müssen" diese Gefühle nicht mehr über verschiedene psychische Mechanismen abgewehrt werden (z. B. verdrängt, ersetzt, projiziert), sondern können sie zugelassen, verstehend gedeutet und durchgearbeitet werden, um so eine er*wachsene,* persönliche Integration zu ermöglichen. Bewusstmachen – Verstehen – Integrieren verdrängter Inhalte im Rahmen der therapeutischen Beziehung gelten als die zentralen kurativen Faktoren in der Psychoanalyse und tiefenpsychologisch fundierten Psychotherapie.

In der *Systemischen Therapie* hingegen interessieren sich Psychotherapeut*innen insbesondere für den Einbezug der Handlungsweisen und Interaktionen aller am „Problem" beteiligten relevanten Menschen. Hintergrund ist, dass der Schwerpunkt systemischer Herangehensweisen auf dem sozialen Kontext psychischer Probleme und Störungen liegt. Entsprechend wird durch systemisch arbeitende Psychotherapeut*innen über bestimmte Fragetechniken die *Kommunikation zwischen* den Mitgliedern sozialer Systeme ins Visier genommen. So wird insbesondere

- *zirkulär* (z. B. „Wie würde Ihre Frau das Problem beschreiben?"),
- *hypothesengenerierend* (z. B. „Welchen Sinn erfüllt das Problem?", „Wie würde das Problem sich verändern, wenn Sie … tun würden?") und
- *lösungsorientiert* (z. B. „Was haben Sie bisher in Ihrem Leben in ähnlichen Situationen unternommen? Was hat funktioniert?")

gefragt und analysiert, um eine möglichst große Perspektivenübernahme und vielschichtige, pragmatische Betrachtung zu erreichen. Fragen erfüllen dabei die Funktion als „Trägerinnen" und als „Erregerinnen" von Informationen, die bei den Klient*innen angestoßen werden sollen, um *Unterschiedsbildungen* auf den Weg zu bringen (Schweitzer & Weber, 1997). Neben den mehrperspektivischen und hypothetisierenden Fragetechniken legen systemische Psychotherapeut*innen Wert auf eine explizite Ressourcenorientierung und stehen potenziell pathologisierenden Diagnosen eher kritisch gegenüber. Sie konzentrieren sich vor allem auf das Verhalten in Beziehungen (z. B. „Was macht X, wenn du … tust/tun würdest?", „Was geht Ihnen durch den Kopf, wenn Sie Ihren Mann so sprechen hören?") und schulen den Blick für Unterschiede, auch wenn sie noch so klein erscheinen (z. B. „Was hat sich verändert seit …" oder „Was müssten Sie tun, damit es Ihnen morgen ein ganz kleines bisschen besser geht?"). Dabei binden sie häufig transgenerationale Muster mit ein (z. B. über Genogramm-Arbeit) und haben eine Vorliebe auch für kreative Vorgehensweisen und unkonventionelle, paradoxe Gedanken (z. B. „Wer sagt, dass es gut ist, morgens aufzustehen?" oder „Was müssten Sie tun, damit das Problem noch schlimmer wird?"), um so sozial, familiär, mehrgenerational überlieferte, mitunter belastende Glaubenssätze in Frage zu stellen und die persönlichen Einflussmöglichkeiten eines Individuums sichtbar zu machen.

Die Ziele der verschiedenen Therapieverfahren sind also aufgrund ihrer unterschiedlichen Erklärungsansätze recht verschieden und ziehen somit jeweils verschiedene Vorgehensweisen, Methoden und Techniken nach sich.

Das heißt, bezogen auf das Fallbeispiel, dass es praktisch einen großen Unterschied machen kann, ob ein Mensch eine tiefenpsychologisch, personzentrierten, kognitiv-verhaltenstherapeutisch oder systemisch ausgebildete Psychotherapeutin aufsucht, um seine psychische Störung zu lindern oder zu heilen. Die erlernten und eingesetzten „psychologischen Mittel" (üblicherweise verbaler Natur), Inhalte der Fragen und Umgang mit den Antworten und Verhaltensweisen der Klient*innen variieren also zwischen den Psychotherapieverfahren. Dennoch sind auch gegenseitige Entlehnungen und Gemeinsamkeiten festzustellen: Z. B. wenn ein*e Verhaltenstherapeut*in eine tiefenpsychologische Technik einsetzt oder systemisch angelegte Frage stellt, wenn sich neuere, aus verschiedenen Ansätzen heraus inspirierte Therapieansätze herausbilden (z. B. die Existentielle Psychotherapie, Yalom, 2010) oder wenn in der Psychotherapie, egal in welchem Verfahren, *Trends* festzustellen sind (z. B. die explizitere Einbindung emotionaler oder körperfokussierter Erlebensinhalte oder von Achtsamkeit als vielversprechender, daher therapeutisch zu nutzender Zugang u. a.).

7.4.3 Psychotherapeutische Kernbotschaften für den Umgang mit psychischen Problemen

Psychotherapie, Krisenintervention und Beratung weisen trotz ihrer Unterschiede auch wichtige *Gemeinsamkeiten* auf: Es handelt sich üblicherweise um eine professionelle Helfer*innenbeziehung (in Abgrenzung zum Gespräch mit einem Freund oder Angehörigen). Ferner besteht eine Verpflichtung zur besonderen Reflexion von Machtverhältnissen zwischen Menschen, die aus unterschiedlichen Ausgangslagen heraus aufeinandertreffen. Zudem kommt es teilweise zur wechselseitigen Entlehnung von Methoden und Techniken (z. B. im Rahmen Systemischer Familientherapie und Systemischer Beratung) und die wesentlichen Wirkfaktoren für ein Gelingen sind vergleichbar, wenngleich hierfür empirische Belege noch ausstehen: Von den Ergebnissen der Psychotherapieforschung (vgl. Grawe, 2000, 2004) ausgehend profitieren auch die Beratung und Krisenintervention dahingehend, dass sie allem voran auf eine helfende Beziehung setzen, darüber in die emotionale Begleitung und praktische Unterstützung kommen, aufgrund ihres Mandats stets ihren professionellen Auftrag sowie die motivationale und bedürfnisorientierte Verfassung ihres Gegenübers im Blick haben und die Ressourcen des Gegenübers erkunden und hinzuziehen. Darüber hinaus sind insbesondere die Psychotherapie und Beratung in berufliche Organisationen *(professional communities)* integriert, um über ihre Ausbildungskriterien und Standesregeln ihre Qualität zu garantieren.

Fachkräfte, die Menschen mit psychischen Problemen begleiten und unterstützen, profitieren von verschiedenen Kernkonzepten aus den Psychotherapieschulen. Einige wesentliche Konzepte seien im Folgenden exemplarisch genannt:

Aus dem tiefenpsychologischen Modell erinnert beispielsweise das Konzept der *Gegenübertragung* Fachkräfte daran, im Rahmen ihrer helfenden Beziehung zu einem von psychischen Problemen betroffenen Menschen auf ihre eigenen Befindlichkeiten, Gefühle, Bilder, Konzepte, Phantasien zu achten. Diese können ein wichtiger Hinweis zum einen auf dessen Verfassung und zum anderen auf die eigenen nicht bewussten Bezüge zum Problem bzw. Anliegen sein. Wenn beispielsweise ein Helfer Angst spürt, wenn er mit einem Menschen in psychotischer Verfassung spricht, könnte dies auch die Angst des Gegenübers sein. Oder wenn eine Helferin ärgerlich über die Antriebslosigkeit oder Hoffnungslosigkeit eines Klienten mit depressiven Symptomen ist, könnten hier auch Anteile der eigenen (bislang nicht weiter reflektierten) Antriebslosigkeit oder Hoffnungslosigkeit „hochkommen" und abgelehnt werden. Damit verbunden ist das etwas neuere Konzept der *Mentalisierung*. Damit ist die menschliche Fähigkeit gemeint, sich auf sich selbst und andere als Personen mit inneren Zuständen wie Gefühlen, Wünschen und Überzeugungen zu beziehen (vgl. Fonagy et al., 2018). Oft ist bei Menschen mit psychischen Problemen die Fähigkeit, innere Zustände von sich selbst und anderen wahrzunehmen, eingeschränkt, insbesondere bei hohem Stresserleben und in spezifischen Situationen (z. B. bei unfreiwillig erlebten Vorgängen).

Aber auch Helfende sind in ihrer Mentalisierungsfähigkeit unterschiedlich kompetent und brauchen hierfür mitunter mehr Aus-, Weiterbildung und/oder Supervision, da sie darüber zielführender in helfende(re) Beziehungen kommen und die Reflexion sowie Emotionsregulation ihres Gegenübers (als Folge eigener verbesserter Mentalisierung) fördern können.

In der Verhaltenstherapie werden Menschen grundsätzlich als lernfähig wahrgenommen: Menschen mit psychischen Problemen haben diese womöglich aufgrund von Lernprozessen „erworben", aber sie können sich über klassische und operante Konditionierung sowie *Modelllernen* auch wieder davon frei(er) machen.

Hierzu soll an dieser Stelle nur daran erinnert werden, dass auch Helfer*innen hier als Modelle fungieren, beispielsweise dafür, wie proaktiv Probleme in Angriff genommen oder umgedeutet und wie unangenehme, änderungsbedürftige Vorfälle oder Befindlichkeiten angesprochen werden können. Beispielsweise aus den Konzepten der *Kontrollüberzeugung* sowie (Förderung der) *Selbstwirksamkeitserwartungen* ist für Helfende die Aufgabe erwachsen, Menschen mit psychischen Problemen dahin zu begleiten, ihre Einflussmöglichkeiten im Leben selbstwertdienlich zu reflektieren und durch geeignete Rückmeldungen sowie weder Über- noch Unterforderung ihre Selbstwirksamkeitserwartungen so zu stärken, dass ihr Vertrauen darin wächst, Lebensprobleme durch eigene Bemühungen gut meistern zu können.

Eine praxisnahe Vertiefung in psychologische Techniken und Methoden in der kognitions-verhaltensorientierten Arbeit mit Menschen, deren inneres Gleichgewicht zwischen Alarm, Antrieb und Bindung nicht in Balance ist und die demzufolge aufgrund ihrer Emotionen, Gedanken und Motivationslage psychische Probleme haben, findet sich in Hammer und Plößl (2020).

Sämtlichen humanistischen Psychotherapie-Verfahren ist die wertvolle Grundüberzeugung zu verdanken, dass Individuen in ihrer Ganzheitlichkeit nach *Wachstum* und Selbstverwirklichung streben: Jeder Mensch, auch mit psychischen Problemen, kann und will sich weiterentwickeln („aktualisieren") und seinem Wesen nach entfalten (vgl. Rogers, 1972). Für jede helfende Beziehung sollte entsprechend die *Aktualisierungstendenz* eines Menschen der Ausgangspunkt der Begegnungen sein und können allzu direktive Vorgehensweisen als weniger hilfreich gewertet werden („Du solltest einfach mal ....", „Du musst mehr ... machen."). Insbesondere in der humanistischen Strömung ist zudem das Fokussieren auf das *Hier und Jetzt* wesentlich: Was ist gerade jetzt los und was steht in dieser Begegnung im Vordergrund?

Daraus ergibt sich die Anregung für die Arbeit mit Menschen mit psychischen Problemen, weniger in der Vergangenheit und in der fernen Zukunft zu verweilen, sondern das aktuelle Erleben und die aktuellen Bedürfnisse in den Vordergrund zu rücken.

Wenngleich sich der *systemische Ansatz* als multiprofessionell und transdisziplinär versteht, ist er auch zur Psychotherapie-Variante gereift, die auch als abrechenbares Verfahren der Krankenkassen gilt. Ihren Prämissen folgend sollte die Begleitung von Menschen mit psychischen Problemen stets die Verwobenheit des betroffenen Individuums mit seinen Familien und weiteren sozialen Bezügen präsent haben. Helfende Begleitung kann nicht im „luftleeren Raum" (bzw. nur bezogen auf das therapeutische oder beraterische Setting in einem Zimmer) aufgehängt werden. Hierzu gehört auch die Anerkennung, dass letztendlich „das Wesentliche" (alltägliches Erleben und Vollziehen der Anforderungen des Lebens) *zwischen den Sitzungen* passiert und Menschen mit psychischen Problemen dort in ihren zwischenmenschlichen, realen und imaginierten sozialen Bezügen (die sie auch verändern können) zurechtkommen müssen.

Daraus ergibt sich die Schlussfolgerung, sich als Helfende*r zwar wichtig zu nehmen, beispielsweise als „Impulsgeber*in", sich aber immer auch dahin zu bewegen, sich möglichst zügig entbehrlich zu machen. Mehr als die anderen Verfahren erinnert der systemische Ansatz daran, dass jede Form interpersoneller Begegnung von den *konstruktiven Kräften* der Beteiligten bestimmt ist: Was ein Helfender als „sichere Umgebung“ oder „hilfreiches Gespräch“ konstruiert, kann beim Gegenüber ganz anders erlebt werden vor dem Hintergrund dessen Erfahrungen und Erwartungen an die Begegnung.

Wenngleich hiermit recht pragmatisch eine exemplarische Mischung hilfreicher Konzepte aus verschiedenen Psychotherapieverfahren zusammengestellt wurde, so soll dennoch am Ende festgehalten werden, dass die Verfahren aus sehr unterschiedlichen psychologischen Erklärungsmodellen heraus formuliert wurden und entsprechend jeweils auf sehr verschiedene theoretische Rahmungen und letztendlich Menschenbilder Bezug nehmen. Dennoch werden diese verschiedenen Zugänge als nützlich auch für die Praxis nichttherapeutischer Arbeit mit Menschen mit psychischen Problemen erachtet, weil sie durchweg relevante Aspekte zwischenmenschlicher Begegnungen zum Gegenstand haben und sich aus all diesen psychologischen Zugängen heraus wertvolle Impulse für die Praxis ableiten lassen.

7.5 Unterstützung bei ausgewählten psychischen Problemen (klinischen Symptomen/Syndromen)

Wie bereits an verschiedenen Stellen ausgeführt, sollten psychische Probleme stets als *biopsychosozial* entfaltet und in ihre sozialen und gesellschaftlichen Kontexte eingebettet verstanden werden *(person-in-environment)*. Hinzu kommt, dass Menschen mit psychischen Problemen nicht auf diese Probleme reduziert werden dürfen, sondern diese nur einen Teil ihrer *aktuellen Verfassung im Denken, Erleben, Handeln* und ihren sozialen Bezügen widerspiegeln, der eine biografische Vorgeschichte mit kontextuellen Rahmungen hat und entwicklungspsychologisch betrachtet *immer in Veränderung* begriffen ist.

Vor diesen Hintergründen sind die nachfolgenden Ausführungen mit angemessener Vorsicht zu genießen und es wird versucht, eine Reduktion ausschließlich auf Diagnosen zu vermeiden.

Vertiefende, praxis- und alltagsorientierte Ausführungen zur professionellen Unterstützung von Menschen mit spezifischen psychischen Symptomen/ Syndromen lassen sich bei Hammer und Plößl (2015), Hammer und Plößl (2020), Klaus Dörner et al. (2017) sowie in der Reihe „Basiswissen“ des Psychiatrie-Verlags (https://psychiatrie-verlag.de/series/basiswissen/) finden.

Entsprechend erfolgt hier lediglich eine eingekürzte Zusammenstellung wichtigster *psychologischer* Aspekte, die es in der Arbeit mit Menschen mit diesen psychischen Problemen – im weitesten Sinne – zu beachten gilt.

Sofern klinische Diagnosen für das Anberaumen professioneller Hilfe notwendig sind, sind diese durch Psychiater*innen oder Klinische Psycholog*innen/Psychologische Psychotherapeut*innen zu stellen und behutsam mit den Betroffenen und ihren Angehörigen zu besprechen.

In der Arbeit mit Menschen mit *depressiven Symptomen* (z.B. Verlust an Freude und Interesse, Antriebslosigkeit, depressive Stimmung) ist es wichtig, sie über die Varianten depressiver Störungen, ihre Verläufe und die biopsychosozialen Behandlungsoptionen aufzuklären und sie dahingehend zu entlasten, dass sie für ihre Symptome keine Schuld tragen. Im Vordergrund sollten die Symptomreduktion sowie der Erhalt oder die Wiederherstellung der sozialen und beruflichen Teilhabe stehen. Helfende sollten den subjektiven Krankheitskonzepten der Betroffenen verstehend begegnen, stellvertretend die Hoffnung auf Veränderung und Besserung beibehalten und zur Selbsthilfe anregen (Mahnkopf, 2015).

In den Gesprächen ist es wichtig, geduldig zu bleiben bei dem, was gerade symptombedingt möglich ist, und die Aufmerksamkeit auf Konkretes und das „Hier und Jetzt" zu lenken (z.B. „Was haben wir heute zu besprechen?" statt „Wie geht es Ihnen?"). So kann auf Aufgaben zur Alltagsbewältigung oder für die Freizeitgestaltung hingearbeitet und schrittweise über konkrete Aktivitäten und Erfahrungen, aber auch mögliche Hindernisse gesprochen werden. Neben dem begleitenden Anteilnehmen an der Stimmung und Antriebslosigkeit ist auch von Bedeutung, immer wieder bei den Zielen des betroffenen Menschen zu bleiben und für die Selbsthilfe zu erkunden, wie es ihnen in der Vergangenheit oder in anderen Situationen gelungen ist, wieder aktiver zu werden, und was ihnen gutgetan oder geholfen hat. Darüber hinaus ist immer eine möglicherweise bestehende Suizidalität durch direktes Nachfragen abzuklären.

Menschen mit sehr ausgeprägten *manischen* und *depressiven Symptomen* wird üblicherweise eine *bipolare Störung* diagnostiziert. Für Helfende ergibt sich dabei die Herausforderung, je nach Phase und entsprechendem Verhalten angemessen zu begleiten. Auch hier muss die erhöhte Suizidalität berücksichtigt und behutsam, aber direkt angesprochen werden.

Mit Menschen, die zwischen diesen Phasen in extremer Weise wechseln, sollten in nichtakuten Zeiten das möglichst frühzeitige Erkennen anfänglicher affektiver Symptome thematisiert, geübt und entsprechende Notfallpläne mit konkreten Handlungsanweisungen erarbeitet werden, um Aufschaukelungsprozesse mit negativen Konsequenzen perspektivisch zu vermeiden. Diese Notfallpläne sollten strukturgebende Maßnahmen enthalten, auf die sich der betroffene Mensch zurückziehen kann (z.B. Schlaftagebuch führen, mit behandelndem*r Arzt*Ärztin die aktuelle Medikation, deren aktuelle Dosis oder Absetzen besprechen, Reizüberflutungen, Alkohol, Drogen reduzieren, priorisierte Alltagsaufgaben festhalten u.a., vgl. Hammer & Plößl, 2015, S. 113ff.). Manische Phasen werden nicht immer als „angenehm gehoben" empfunden, sondern oft wirken die betroffenen Menschen eher angetrieben, energiegeladen trotz wenig Schlaf, mitunter gereizt.

In der intensiven Begleitung wird in manischen Phasen daher zu einem wenig konfrontativen Auftreten geraten und sollten diese Phasen nicht nur als

„Übel" abgetan, sondern als Zugang zu eigentlichen Beziehungsproblemen, Wünschen und Vorstellungen aufgegriffen werden (Wolkenstein & Hautzinger, 2014), z. B. „Es scheint Ihnen wichtig zu sein, immer mal etwas im Leben zu verändern oder Neues auszuprobieren. So wie es zurzeit ist, sind Sie nicht zufrieden." In der Kommunikation ist es wichtig, klar und präzise sich veränderndes Verhalten zu beschreiben (z. B. „Sie stehen im Anzug vor mir, das haben Sie das letzte Mal während einer manischen Episode gemacht."), den eigenen Sorgen Ausdruck verleihen und Handlungsoptionen vorschlagen, die den betroffenen Menschen nicht vollständig entmachten oder ihn seiner Autonomie berauben (z. B. „Was können Sie tun, damit Sie …").

Menschen, die sich akut *psychotisch* verhalten (z. B. Sachen hören, riechen, sehen, fühlen, die andere nicht wahrnehmen; Gedankengerüste und Überzeugungen entwickeln, die höchstwahrscheinlich nicht zutreffend sind; aus Sicht Dritter sehr „ver-rückte" Dinge tun), bedürfen häufig kriseninterventiver Unterstützung, damit sie vor allem sich, aber auch andere nicht gefährden. Diese sollte multiprofessionell angelegt sein, an die akuten Bedürfnisse des betroffenen Menschen angepasst, wenn möglich ambulant, mindestens unter Ausschluss von freiheitsentziehenden Maßnahmen sowie unter Einbezug nahestehender, hilfreicher Menschen erfolgen. Welche Hilfen wirksam sein können und angenommen werden, bemisst sich maßgeblich an der subjektiven Bedeutung der Symptome (z. B. wie spezifische Halluzinationen oder Wahninhalte individuell erlebt werden). Helfende müssen hierbei eine Offenheit für die Vielfalt an Bedeutungen und biografischen Einbettungen, spirituellen Anknüpfungen und unbewussten Themen und Konflikten mitbringen, um in eine bedrohungsfreie helfende Beziehung gehen zu können (vgl. Bock, 2013).

In der konkreten Begegnung mit Menschen mit psychotischen Symptomen ist es nicht hilfreich, bestehende Wahnvorstellungen als unwahr abzutun oder auf sie bestätigend einzusteigen, sondern sind vielmehr das damit verbundene Erleben und die aktuellen Bedürfnisse zu erfassen (z. B. „Ich höre diese Stimmen zwar nicht, kann mir aber vorstellen, dass sie für Sie unangenehm sind." Und „Was brauchen Sie jetzt, damit Sie sich sicherer fühlen?"). Oft suchen Betroffene auch nach dem Sinn ihrer Psychose (u. a. „Warum habe ich die Psychose bekommen, was wollen mein Körper und meine Seele mir damit sagen?"). Darin sollten sie ermutigend begleitet werden, weil damit eine bessere Bewältigung im Sinne des Recovery-Ansatzes (vgl. Kap. 6.3.4) einhergehen kann. Für die Begleitung von Menschen mit vorherigen Psychose-Erfahrungen ist es auch hier ratsam, auf das Erkennen von Frühwarnzeichen hinzuarbeiten und gemeinsam einen Krisenplan „in ruhigen Zeiten" zu erarbeiten, der sowohl stressentlastende als auch soziale Unterstützungsmöglichkeiten konkret beinhaltet (vgl. Hammer & Plößl, 2015, S. 77 f.).

Menschen mit sehr ausgeprägten Persönlichkeitsstilen reagieren zu Recht mitunter ablehnend, wenn ihre Persönlichkeit als gestört *(„Persönlichkeits-*

störungen“) bezeichnet wird, wenngleich das Extreme ihrer Persönlichkeit dafür sorgt, dass sie psychische und soziale Probleme haben und/oder andere Menschen darunter leiden. Letztendlich sind Persönlichkeitsstörungen als ursprünglich nützliche Überlebensstrategien (Hammer & Plößl, 2015, S. 127) und als Beziehungsstörungen zu sehen (Sachse, 2020), woraus sich für die Helfenden die Aufgabe ergibt, andere Beziehungserfahrungen als bislang zu ermöglichen, indem sie wesentliche Beziehungsmotive befriedigen: die Erfahrung von Anerkennung als Person und für die eigenen Fähigkeiten sowie der Wichtigkeit für jemanden, die Erfahrung von Solidarität durch andere, Autonomie im Sinne selbständiger und unabhängiger Entscheidungs- und Handlungsfreiheit, Verlässlichkeit durch andere sowie die körperliche und psychische Unverletzlichkeit der eigenen Grenzen. Helfende sollten den Glauben an Veränderung als Haltung verinnerlichen und Betroffenen die Entscheidung überlassen, ob und wann sie ihr Leben ändern. Dafür ist Voraussetzung, dass sie die psychosozialen Überlebensstrategien der Betroffenen zu verstehen versuchen und als solche anerkennen. Professionelle Helfer*innen müssen dabei in ihren emotionalen Reaktionen vorhersehbar, klar, transparent und authentisch bleiben. Erst wenn sie sich über ihr zuverlässiges Handeln und die konkrete Befriedigung individuell unterschiedlich ausgeprägter Beziehungsmotive einen tragfähigen „Beziehungskredit“ verschafft haben, können sie die Betroffenen mit ihren dysfunktionalen Strategien konfrontieren – über kurze, kleine, gezielte Botschaften ohne Erwartung einer Zustimmung und ohne ausführliche Diskussionen darüber (Hammer & Plößl, 2015, S. 150 ff.).

Um Menschen mit ausgeprägten, problematischen Persönlichkeitsstilen wertschätzend und unterstützend zu begegnen, ist es ratsam, sie vor dem Hintergrund ihrer spezifischen Ausprägungen in ihren sozialen Umfeldern passend einzubinden, sodass sie ihre Kompetenzen als solche erleben können. Da Menschen mit sog. Persönlichkeitsstörungen in ihrem Leben gelernt haben, dass sie ihre Ziele (Befriedigung ihrer Bedürfnisse) nicht durch offenes Verhalten erreichen können, setzen sie dafür verdeckte Strategien ein. Dazu gehört auch, ihre Interaktionspartner*innen im Unklaren darüber zu lassen, worum es ihnen geht. Deshalb sollten sich die mit ihnen engagierten Fachkräfte immer die Frage stellen: „Worum geht es hier eigentlich?“. Bei der Suche nach individuumsbezogenen Antworten ist dabei neben den Ressourcen und Sinnquellen auch nach biografisch unbefriedigten Bedürfnissen (Motiven), ungünstigen Annahmen über sich und Beziehungen (Schemata), Selbstdarstellungen (Images), Appellen an Helfende, nach verdeckten Zuverlässigkeits- und Belastbarkeits-„Tests“ und dem individuellen Leidensdruck zu fragen (vgl. Hammer & Plößl, 2015, S. 159 f.), um verstehen zu können, was hier passiert und wie die betroffenen Menschen ressourceneinbindend und kleinschrittig zu für sie attraktiven Veränderungen geführt werden können.

Menschen, die sehr viel *Angst* haben oder unter Angststörungen leiden, sollten darin Bestätigung erfahren, dass ihre Angst eine überlebenswichtige Funktion hat, jedoch nicht so weit führen muss, dass sie nicht mehr am sozialen und beruflichen Leben teilnehmen können. Die Unterstützung sollte zum Ziel haben, dem angstbedingten Rückzug entgegenzuwirken und Handlungsspielräume wieder zu erweitern. Hier ist kleinschrittiges Arbeiten gefragt, indem konkrete Ziele im Alltag verfolgt werden, keine Überforderung stattfindet, die individuelle Selbstwirksamkeit gefördert und das Sicherheits- und Vermeidungsverhalten so weit reduziert werden, dass eine Teilnahme am alltäglichen Leben wieder so weit möglich wird, dass der betroffene Mensch seine Wünsche und Ziele verfolgen kann. Letztendlich sollte in der Unterstützung nicht im Vordergrund stehen, die Angst zu vermeiden oder zu bekämpfen, sondern hilfreiche Wege zu finden, mit ihr als (auch) hilfreicher Empfindung besser umzugehen (z. B. die Angst zu beobachten und sich bewusst zu machen, dass sie auch wieder „gehen" wird; sie bleibt nicht für immer und ist nicht gefährlich oder schädlich). Hilfreich kann auch sein, sich in einer akzeptierenderen Haltung zu üben – „Es ist, wie es ist.").

Entsprechend sollten Fachkräfte in der Begleitung von betroffenen Menschen nicht gegen ihre Angst argumentieren, sondern sie externalisieren (d. h. „rausholen" aus dem inneren Team eines betroffenen Menschen), gedanklich mit ihr gehen (z. B. wie mit einem Begleiter, Hund o. ä.) und sie verstärkt „von außen" betrachten und bearbeiten.

In der Begegnung mit *Menschen mit traumatisierenden Erfahrungen* ist maßgeblich, die Betroffenen zunächst vor weiteren Traumatisierungen zu schützen und für sie eine sichere Umgebung herzustellen. Sie sollten von ihren Erlebnissen und damit verbundenem Erleben berichten können, aber nicht immer wieder durch erneute Befragungen zum Wiederholen der traumatischen Ereignisse genötigt werden. In der Begleitung von Menschen, die sich im Verarbeitungs- und Bewältigungsprozess befinden, ist es wichtig, gemeinsam abzuklären, wann Erholung und Entlastung hilfreich sind und wann eine aktive Auseinandersetzung als sinnvoll erachtet wird (Gräbener, 2013). Traumatische Erlebnisse führen oft dazu, dass Betroffene sehr lange und intensiv darunter leiden oder traumabedingte Folgestörungen entwickeln. In diesem Fall sollten sie ermutigt werden, sich in eine traumatherapeutische Behandlung durch ausgewiesene Fachkräfte zu begeben.

Ein traumasensibler Umgang mit betroffenen Menschen ist dennoch immer möglich (vgl. Hammer & Plößl, 2015, S. 230 ff.). Im Vordergrund der Begleitung sollten die Herstellung und Wahrung von Sicherheit, Kontrolle und Autonomie stehen. Dabei ist mitunter wichtig, den betroffenen Menschen beim Setzen von Grenzen zu unterstützen und auf eine traumasensible, Retraumatisierungen vermeidende Umgebung zu achten, um Gefühle von Hilflosigkeit, Ausgeliefertsein oder Kontrollverlust zu verhindern (z. B. unklare medizinische Untersuchungen, Aufenthalte in unkontrollierbaren Settings).

Ferner ist Betroffenen mit Empathie und Verständnis zu begegnen, dass ihr Erleben und Handeln absolut verständlich ist, und sollten fachliche Informationen gegeben bzw. angeboten werden, die ihnen eine Einordnung ihrer Reaktionen erlauben.

Für Fachkräfte ist die eigene Selbstfürsorge wichtig, auch um eine sog. Sekundärtraumatisierung zu verhindern (vgl. Kap. 5.5).

In der Begleitung von Menschen mit psychischen Problemen, die „zu viel" *Alkohol* konsumieren, ist dem dahinterstehenden Bedingungsgefüge nachzugehen, um damit verbundene psychische Probleme, Ursachen, Folgen und Wechselwirkungen und den subjektiven Sinn des Alkoholkonsums zu verstehen. Ferner ist zu unterscheiden zwischen Betroffenen, die aufhören wollen, es momentan jedoch nicht schaffen, und Betroffenen, die derzeit nicht aufhören wollen können, weil für sie subjektiv das Weitertrinken mehr Sinn hat als der mühsame Verzicht auf Alkohol (M. Reker, 2015).

Die Unterstützung auf dem Weg zu Abstinenz oder Konsumreduktion sollte immer einem oder mehrerer subjektiv bedeutsamer Ziele dienen (z. B. Arbeitsplatzerhalt, gesundheitliche Stabilisierung, für die Kinder ein gutes Vorbild sein), wobei das Trinkverhalten mitunter durch andere subjektiv angenehme oder stärkende Emotionen, Gedanken und Handlungen ersetzt werden muss. Hinzu kommt, dass insbesondere die körperlichen Auswirkungen (z. B. Entzugssymptome, Organschäden) ausufernden Trinkens mitberücksichtigt werden müssen. Insgesamt ist eine biopsycho(spirituell)soziale, vorrangig ambulante Versorgung anzustreben, in die die reale Lebenswelt und Möglichkeiten sozialer Unterstützung (professioneller, selbsthilfebezogener und persönlicher Natur) einzubeziehen sind.

Psychoedukative Unterstützung für Betroffene und Helfende sind im Internet beispielsweise unter https://www.lieberschlaualsblau.de/ und bei der Deutschen Hauptstelle für Suchtfragen (https://www.dhs.de/) zu finden. Der zu ausufernde Konsum von Alkohol steht häufig in Verbindung mit anderen psychischen Problemen, beispielsweise Depressionen, Ängsten, Stress- und Überforderungserleben, für die ein Individuum derzeit keine anderen Bewältigungsstrategien verfügbar hat.

Abschließend sei daran erinnert, dass von den beschriebenen Symptomen und Syndromen häufig auch minderjährige *Kinder sowie Angehörige und Nahestehende* betroffen sind. Zusätzlich kann daraus die Aufgabe erwachsen, auch für das körperliche und psychische Wohl der beteiligten Kinder zu sorgen (mindestens durch Einbindung weiterer Hilfeformen sowie Netzwerkarbeit; vgl. Lenz, 2012). Darüber hinaus brauchen häufig auch die Angehörigen Unterstützung und Entlastung, nicht nur, weil sie eine wichtige Ressource darstellen, sondern auch, weil sie häufig selbst verunsichert, verzweifelt, ratlos und/oder erschöpft sind (vgl. BApK e. V., 2021; Scherer & Lampert, 2017).

Darüber hinaus nimmt das Thema „Einnahme von Medikamenten" in der

Begegnung und Begleitung von Menschen mit psychischen Symptomen einen gewichtigeren Stellenwert ein als in der Behandlung körperlicher Symptome. Da sog. *Psychopharmaka* das Denken, Erleben und Handeln der Einnehmenden beeinflussen und die Wirkung der Substanzen sehr verschieden ausfällt (von hoch effektiv über nicht spürbare positive Wirkungen bis hin unerwünschten Nebenwirkungen), werden hierzu zu Recht kontroverse Debatten geführt.

Für Fachkräfte ist es daher wichtig, diese Diskurse zu verfolgen (z. B. DGSP, o. J.; Kalms, Stolz & Winkels, 2015; Greve, Osterfeld & Diekmann, 2017; Finzen, Scherk & Weinmann, 2017; Schlimme, Scholz & Seroka, 2019) und darauf aufbauend eine eigene reflektierte Haltung zu entwickeln, die sich um das Nachvollziehen individueller Entscheidungen bemüht.

7.6 Praxis- und Selbstbezüge

Für Einsteiger*innen in die Praxis der Begleitung und Unterstützung von Menschen mit psychischen Problemen gibt es zahlreiche, hilfreiche Aus und Weiterbildungsangebote. Daher sei hier lediglich exemplarisch auf das kurze, kompakte Angebot von „MHFA Ersthelfer" verwiesen (MHFA = Mental Health First Aid), weil es insbesondere für Angehörige und nahestehende Menschen Grundwissen und „Erste-Hilfe"-Bausteine für die Begegnung und den Umgang mit häufigen psychischen Problemen anbietet, aber auch für Fachkräfte als erster Einstieg in beispielsweise neue Handlungsfelder geeignet ist (https://www.mhfa-ersthelfer.de/de/). Es folgt der Grundüberzeugung, dass jede*r anderen Menschen mit psychischen Problemen helfen kann.

Aufgrund der längeren Ausführungen in diesem Kapitel soll an dieser Stelle auf wiederholende Zusammenfassungen verzichtet werden, stattdessen der Blick auf die praktische Arbeit noch einmal aus einer allgemeinen *kommunikations-* und *sozialpsychologischen* Perspektive eingenommen werden: Um hilfreiche Gespräche anstreben zu können, ist (auch) für die psychosoziale Arbeit mit Menschen mit psychischen Problemen grundsätzlich eine *kooperative Gesprächsführung* anzusetzen. Hierzu zählen drei Kernelemente (nach Widulle, 2020, S. 81 ff.): einfühlendes Verstehen, aktive Einflussnahme sowie eine konstruktive Beziehungsgestaltung.

1. *Einfühlendes Verstehen* setzt sich dabei aus aufmerksamem Zuhören, prägnanter und treffender Erfassung und Wiedergabe von mitgeteilten Gefühlen, offenen Fragen und dem angemessenen Umgang mit Schweigen zusammen.
2. Die *aktive Einflussnahme* im Gespräch lässt sich erzielen, indem klar Stellung bezogen wird, Gespräche transparent strukturiert und kreative Vorschläge entwickelt werden.

3. Eine *konstruktive Beziehungsgestaltung* lässt sich an beziehungssensibler Kommunikation und dem konstruktiven Umgang mit Störungen erkennen.

Diese allgemeine Zusammenstellung lässt sich gut in Einklang bringen mit der bereits vorgestellten *personzentrierten Gesprächsführung* (→ Empathie: Hinspüren, → Wertschätzung: Du bist okay, → Kongruenz: Echt sein; vgl. Hammer & Plößl, 2020, S. 23 ff.), mit den Grundlagen der *gewaltfreien Kommunikation* (Rosenberg, 2016) sowie der Aufforderung zu *validierender Gesprächsführung.*

Validieren bedeutet in diesem Zusammenhang, Menschen mit psychischen Problemen zu vermitteln, dass ihre aktuellen Verhaltens- und Erlebensweisen aus ihrer Sicht und bisherigen Erfahrung heraus stimmig sind, selbst wenn sie manchmal nicht die einzig möglichen oder sinnvollsten Verhaltens- und Erlebensweisen darstellen. Validieren geht über empathisches Verstehen hinaus, weil zusätzlich ein Nachvollziehen vor dem Hintergrund des bisherigen Lebens oder der aktuellen Lebensgeschichte angestrebt wird (Hammer & Plößl, 2020. S. 27 f.).

Jede Form psychosozialer Begleitung und Unterstützung sollte zudem darauf achten, individuelle *Ressourcen* zu thematisieren und nutzbar zu machen und auf mögliche *Lösungen* hin zu arbeiten, die in der aktuellen Lebenswelt des betroffenen Menschen subjektiv denkbar und annehmbar sind.

Eine anregende Anleitung, wie bereits mit kleinen Um-Formulierungen und kommunikativen Interventionen eine kooperative, validierende Gesprächsatmosphäre befördert werden kann, findet sich beispielsweise in Prior (2019).

Zusammenfassend lässt sich feststellen, dass sich besonders entwicklungsfördernde und wirksame Unterstützer*innen (sog. *„supershrinks“* = „Super-Therapeut*innen“) durch folgende Haltungen beschreiben lassen (Rudolf, 2018, zit. nach Hammer & Plößl, 2020, S. 22):

1. *Freundliches Interesse* als aufrichtiges und anhaltendes Interesse für andere Menschen unter der Annahme, nicht sowieso schon alles über die andere Person, ihre Wünsche und Anliegen zu wissen.
2. *Respektvolle Akzeptanz,* indem sie signalisieren, dass sie auch schmerzliche oder hoffnungslose Zustände aushalten und Menschen mit psychischen Problemen ihnen diese auch mitteilen können in einer durch geteilte Verantwortung geprägten Zusammenarbeit.
3. eine *Grundeinstellung,* die geprägt ist durch Versöhnlichkeit, Gelassenheit, Daseinsfreude, Dankbarkeit und Humor.

Für die psychosoziale Praxis auf personzentrierter Ebene stellen diese Haltungskomponenten eine grundsätzliche Orientierung dar, um Menschen mit psychischen Problemen unterstützend zu begegnen und auch, um als Modell für Kolleg*innen und Involvierte aus anderen Unterstützungssystemen in Erscheinung zu treten. Entsprechend bietet sich dieser Zugang auch für die Selbstreflexion an, wenngleich nicht jede*r Helfende*r als „*supershrink*“ in Erscheinung treten muss!

Unabhängig davon ist im Sinne (auch) der Annahmen gewaltfreier Kommunikation (Rosenberg, 2016) wichtig, sich zu fragen, ob man als Fachkraft selbst mit seinen eigenen Bedürfnissen und Gefühlen ausreichend oder gut „im Kontakt“ ist, um in eine helfende, empathische, validierende, kooperierende Interaktion mit einem hilfsbedürftigen Gegenüber, aber auch mit anderen Beteiligten (z. B. Angehörigen, Teamkolleg*innen, Mitarbeiter*innen nicht-/kooperierender Einrichtungen usw.) zu gehen. Hilfreiche Selbstreflexionsfragen, um wertfrei – empathisch – authentisch in unterstützende Begegnungen gehen zu können, sind unter anderem:

1. *Bin ich körperlich in einer guten Verfassung, mein Gegenüber zu unterstützen?* (Schnelle Abhilfe über: körperliche Lockerungsübungen, kurze Bewegung an der frischen Luft, etwas Obst/wärmenden Tee zu sich nehmen, Gesicht massieren, Stirn glätten, ein paar Mal bewusst ein- und ausatmen)
2. *Bin ich psychisch in einer guten Verfassung, mein Gegenüber zu unterstützen?* (Reflexion: Bin ich *gedanklich* wirklich gerade *hier?* Nehme ich ablenkende *Gefühle* wahr und kann ich diese erstmal „auf später“ verschieben? Was teilt meine Körperhaltung gerade auf nonverbaler Ebene mit?)
3. *Bin ich spirituell gut gewappnet?* (Wer oder was trägt mich durch meine Arbeit? Aus was schöpfe ich Kraft? Was finde ich sinnvoll an dem, was ich tue?)
4. *Bin ich sozial gut unterstützt für meine Tätigkeit?* (Kurze Erinnerung: Wem kann ich im Nachgang von meinen Erfahrungen erzählen, wer kann mir bei Fragen weiterhelfen, wer bestärkt mich in meinem Tun?)

Hilfreiche Anregungen, sich diese Fragen selbstverständlich und regelmäßig zu stellen, finden sich beispielsweise im Praxisbuch von Zito und Martin (2021).

8. Wie können Helfende gut für sich sorgen?

Die Perspektive, die wir in der Unterstützung von Menschen mit psychischen Problemen einnehmen, bestimmt maßgeblich, wie wir mit den beruflichen Herausforderungen psychosozialer Arbeit umgehen. Die eigene(n) Perspektive(n) sollte(n) reflektiert und stetig erweitert werden. Salutogenese, Resilienz und Recovery sind nicht nur Themen, die hilfebedürftigen Menschen zugeschrieben werden können, sondern spielen auch für die Selbstfürsorge von Fachkräften eine nicht unerhebliche Rolle. Darüber hinaus profitieren auch Fachkräfte davon, ihre eigene Selbstwirksamkeit (und deren Grenzen) zu erkennen, zu nutzen und auszubauen.

8.1 Auf die Perspektive kommt es an

Der junge Sozialarbeiter Herr N. wundert sich über seine Kollegin Frau E., die seit 30 Jahren Menschen mit psychischen Problemen in sehr herausfordernden Handlungsfeldern begleitet und dabei auch häufig „traurige, eskalierte, stagnierende" Hilfeprozesse „aushalten musste". Sie macht ihre Arbeit gern und steckt ihre Kolleg*innen mit ihrer Zuversicht und positiven Energie an, obwohl sie seit Jahren selbst an einer schweren körperlichen Erkrankung leidet. Bisher nahm Herr N. an, dass „man irgendwann krank" werde, wenn man lange mit „traumatisierten, krisenerfassten oder hoffnungslosen" Menschen arbeite. Er fragt sich, was ihn psychisch gesund bleiben lässt und ob er seiner neuen Arbeit gewachsen sei.

Frau E. ist neugierig auf ihren neuen Kollegen Herrn N. Sie ist froh, dass sie zusätzliche Unterstützung im Team erfährt und denkt, dass er das schon gut hinkriegen und viel Gewinn aus seiner Arbeit ziehen wird. Schließlich sind die Menschen, die sie aufgrund ihrer psychischen Probleme begleiten, so unterschiedlich, dass es niemals langweilig wird, und sie findet, dass nach aufregend-intensiven Zeiten immer auch wieder Ruhe und Besinnung einkehre. Sie ist dankbar, dass sie immer wieder die Erfahrung machen darf, dass das Leben viele Seiten hat und auch immer eine Herausforderung darstellt. Aus ihrer eigenen Erkrankung weiß sie das nur allzu gut zu schätzen. Für sie können auch die Verlangsamung eines problematischen Verlaufs oder ein langes Konstantbleiben einer psychischen Verfassung ein Gewinn sein, man müsse vor allem die kleinen Schritte sehen und wertschätzen. Aus ihrer Sicht können Menschen sich auch nach Erfahrungen äußerster Belastung und tiefster Hoffnungslosigkeit erholen und ein sinnverfülltes Leben führen – jede*r auf seine individuelle Weise. Schließlich hätten auch Helfer*innen ihre gesunden, lebensneugierigen Anteile und Baustellen, so wie jede*r hilfesuchende Mensch auch.

8.2 Selbstfürsorge im Sinne von Salutogenese, Resilienz und Recovery

Die Bedeutung eines gesundheitsbezogenen Zugangs *(Salutogenese)*, von psychischer Widerstandkraft *(Resilienz)* und individuellen Genesungswegen *(Recovery)* wurde bereits in den Kapiteln 6.3.3 und 6.3.4 erläutert. Die Bezugnahme dieser Konstrukte nicht nur auf die Arbeit mit Menschen mit psychischen Problemen, sondern auch auf die Reflexion des eigenen Befindens und der individuellen Selbstfürsorge bietet sich hier abschließend an.

- Wo und wie verorte ich mich auf einem Kontinuum zwischen Gesundheit und Krankheit?
- Wie und wodurch schaffe ich es, bei Herausforderungen des Lebens gesund zu bleiben?
- Was brauche ich persönlich, um mich von psychischen Problemen gut zu erholen?

Ursprünglich für die Auseinandersetzung mit sog. kritischen Lebensereignissen – zu denen auch die Erfahrung unerwartet intensiver Arbeitsanforderungen und beruflicher Krisen gezählt werden können – haben Filipp und Aymanns (2018a) verschiedene Merkmale diskutiert, die als *personale Ressourcen und Risiken* für das Verständnis *individueller Resilienz* sowohl moderierende Puffer- als auch Verstärkerwirkungen haben können (S. 287 ff.):

- Religiosität und Spiritualität als Ressourcenquellen,
- Optimismus und Pessimismus als Lebensauffassungen,
- Hoffnung als Ausdruck von Zielbindungen und Hoffnungslosigkeit,
- Widerstandskraft *(hardiness)* und internale versus externale Kontrollüberzeugungen,
- positive und negative Affektivität als Gefühlszustände und Disposition,
- Humor als situatives Verhalten und als Disposition,
- körperliche Fitness und Funktionsstatus als globale Schutzfaktoren,
- adaptive und maladaptive Selbstaufmerksamkeit *(self-awareness* und *self-consciousness)*,
- Selbstwertgefühl, Selbstwirksamkeit und die Struktur des Selbstkonzepts als selbstbezogenes Wissen
- sowie die Rolle und Reichweite früher Erfahrungen.

Sie können nach aktuellem Forschungsstand als Risiko- und/oder Schutzfaktoren fungieren und die individuelle Resilienz – beispielsweise in Bezug auf anspruchsvolle psychosoziale Handlungsfelder – konstituieren. Vor dem Hintergrund lebenslanger Entwicklung (Baltes, 1990; Staudinger, 2007) sowie der Vielfalt an Wirkprozessen und deren wechselseitigen Dynamiken lassen sich jedoch keine Gesetzmäßigkeiten ableiten, beispielsweise in Richtung „Viel von allem ist immer gut". Für manche „starke" Situationen passt einfach die aktuelle, individuelle Ressourcenausstattung nicht und es sind Erweiterungen und Ergänzungen notwendig (vgl. Filipp & Aymanns, 2018a, S. 334).

Für die Selbstfürsorge ist es wichtig, berufliche Belastungen und deren Bewältigung nicht nur vor dem Hintergrund der eigenen Risiko- und Schutzfaktoren zu reflektieren, sondern die *Bewältigung* auch als *mentalen und sozialinteraktiven Prozess* zu verstehen. Somit sollten Helfende kontinuierlich und achtsam ihre emotionalen Zustände reflektieren. Wichtige Schlüsselfragen sind hier:

- In welchen Situationen verspüre ich welche Gefühle und wie gehe ich damit um? (z. B. Angst, wenn A nicht ans Telefon geht; Freude wenn B dies oder jenes macht; Ärger über bestimmte Kommentare)
- Wie gehe ich grundsätzlich mit aktuellen negativen Emotionen um? (z. B. heute keine Lust auf die Arbeit)
- Umgang mit biografisch „alten" Emotionen? (z. B. der Wut bei gefühlter Bevormundung)

Anleitungen zur bewussten Selbstfürsorge im Umgang mit den eigenen berufsbezogenen Emotionen lassen sich beispielsweise bei Zito und Martin (2021) finden (vgl. auch Kap. 7.6).

Neben dem „wachsamen Umgang" mit ungünstigen, mitunter hinderlichen Emotionen ist zudem der Fokus auf hilfreiche Gedanken und Emotionen wesentlich.

In dem Fallbeispiel zeigt sich, dass insbesondere positiv konnotierte mentale Prozesse Kraft, Zuversicht und Durchhaltevermögen begünstigen können. Darauf weist insbesondere die Programmatik der Positiven Psychologie hin (vgl. Kap. 2.4). Um den Habitus der beeindruckenden Kollegin verstehen zu können, bietet sich unter anderem der Rückgriff auf die *Broaden-and-build-theory of positive emotions* nach Fredrickson (2004) an: Sie postuliert, dass – empirisch belegt – durch positive Emotionen das aktuelle Inventar an Handlungs- und Denkmustern (als intrapersonelle Ressource) vergrößert werde (→ BROADEN). Dadurch könnten neue Kognitionen entstehen, da die Verschiebung der Aufmerksamkeit zu flexiblem und kreativem Denken führe (→ BUILD). Positive Emotionen bauen Aufwärtsspiralen auf, die wiederum erhöhtes Wohlbefinden begünstigen und als Ressourcen bestehen bleiben, auch wenn die emotionalen

Zustände situativ sind/waren. Im Fallbeispiel stechen vor allem die Dankbarkeit, Vorfreude und Hoffnung der erfahrenden Kollegin (Frau E.) hervor.

Selbstfürsorge kann nicht nur auf individueller, personenbezogener Ebene erfolgen, da die Bewältigung von beruflichen Belastungen auch sozial-interaktive Prozesse beinhaltet. Auch Helfende sind „persons-in-environment". Somit sind *unterstützende Teamstrukturen* (z. B. eine wertschätzende, fehlerfreundliche Teamkultur, Supervision, kollegiale Fallberatungen, interkollegialer Austausch) und *arbeitnehmer*innenfreundliche Arbeitsplatzbedingungen* (z. B. Zeit und Finanzierung für Supervisionen und Austausch, Förderung von Aus- und Weiterbildung, faire Pausen- und Urlaubsregelungen, Vereinbarkeit von Privatleben und Arbeit, Zulassen von Interessenvertretungen usw.) unerlässlich. Diese Punkte wären im Fallbeispiel auch dem jungen, neuen Kollegen (Herrn N.) mitzugeben.

8.3 Zu guter Letzt

An verschiedenen Stellen in diesem Buch wurde das Konzept wurde das psychologische Konstrukt der *Selbstwirksamkeitserwartungen* angesprochen. Es soll – nachdem im vorherigen Kapitel auf die förderliche Bedeutung positiver Emotionen eingegangen wurde – als abschließendes Beispiel psychologischer Zugänge zur Arbeit mit Menschen mit psychischen Problemen hinzugezogen werden, um Prozesse der Selbstfürsorge auf individueller, kognitiver Ebene zu veranschaulichen und bestenfalls als Anregung zu dienen.

Selbstwirksamkeitserwartungen sind individuelle Überzeugungen über die eigene Handlungskompetenz in einem spezifischen Gebiet (Bandura, 1997). Sie gelten als entscheidendes Element für stabile Verhaltensveränderungen: „Ich kann das, wenn ich mich anstrenge." (z. B. Ich kann herausfordernde psychosoziale Situationen meistern, wenn ich innerlich gut gewappnet bin). Grundsätzlich lassen sich Selbstwirksamkeitserwartungen nach Bandura (1997) über vier Wege auch positiv beeinflussen:

- *Erfolgserlebnisse* (vor allem, wenn sie sich selbst, also internal, zugeschrieben werden: „Ich habe die Situation gemeistert, weil ich ruhig und zugewandt geblieben bin."),
- *Beobachten* von Erfolgen anderer Personen, die einem selbst wichtig und/oder ähnlich sind (z. B. wie eine wertgeschätzte Kollegin ähnliche Situationen meistert),
- *soziale Gruppen* (z. B. wenn ein Team die Auffassung pflegt, dass Klient*innen in der Lage sind, ein selbstbestimmtes Leben zu führen) und
- die eigene *Interpretation von Emotionen und Empfindungen* (z. B. wenn körperliche Empfindungen, wie feuchte Hände, Zittern, Herzrasen, in an-

sprüchsvollen Situationen nicht als Zeichen für Schwäche wahrgenommen werden, sondern als Zeichen höchster Konzentration interpretiert werden).

Helfende können also auch für sich sorgen, wenn sie freundlich und wertschätzend ihre eigenen Erfolge entdecken und anerkennen, sich mit anregenden „Modellen für Meisterung" umgeben und sich von ihnen Hilfreiches abgucken, wenn sie sich in Gruppen bewegen, in denen sie etwas erreichen können und dabei Unterstützung erfahren (Peergruppen, Interessenverbände) und wenn sie selbstwertdienliches Reframen (Umdeuten) praktizieren. Das darf mitunter auch humorvoll und gelassen ausfallen.

Trotz des Fokus in diesem Buch auf psychologische Zugänge und Konstrukte bedeutet die Thematisierung beispielsweise von Selbstwirksamkeitserwartungen nicht, dass alleinig jedes Individuum für seine Selbstoptimierung verantwortlich gemacht werden kann! Vielmehr will das Buch ein Bewusstsein dafür schaffen, wie sehr Menschen durch die bewusste(re) Regulation ihrer Denk-, Erlebens- und Handlungsweisen dem Leben und seinen Herausforderungen nicht ausgeliefert sind. Der Staat, die Gesellschaft sowie das soziale Umfeld sind damit längst nicht aus ihrer Mitverantwortung für die Fürsorge, Ermächtigung, Einbindung und das Wohlergeben ihrer Bürger, Mitglieder und Mitmenschen entlassen.

Abschließend sei mit Blick auf die eigene Verletzlichkeit und Herausforderungen des Lebens zu fragen: 

- Welche Art der *Begegnung* bräuchte ich, wenn ich psychische Probleme hätte?
- Wie sollte mit mir *umgangen* werden?
- Welche Art und Weisen der *konkreten Unterstützung* würde ich selbst in Anspruch nehmen und warum?
- Wie habe ich in meinem bisherigen Leben psychische Krisen oder psychosoziale Probleme gelöst, wie bin ich da wieder rausgekommen? Inwiefern bin ich daran „gewachsen"?

Um also „gut bei anderen" sein zu können, müssen wir bei uns selbst anfangen. Unsere eigenen Wahrnehmungen und Empfindungen dürfen jedoch anderen nicht übergestülpt werden, sondern können lediglich als Ausgangspunkt für helfende Begegnungen dienen.

Glossar

Attributionen im Sinne von Kausalattributionen sind Zuschreibungen von Ursachen für ein Ereignis (z. B. eine Erkrankung) oder Verhalten (z. B. Weinen). Diese Ursachen können bei sich selbst (internal) oder außerhalb der eigenen Personen (external), in ihrer Stabilität stabil oder variabel, global oder spezifisch, kontrollierbar oder nicht beeinflussbar angenommen werden. Sie beeinflussen sowohl die Selbst- als auch Umweltwahrnehmung und damit auch das zukünftige Verhalten.

Bedarf und Bedürfnisse: Bedarfe werden von außen zugeschrieben und über Rechtsnormen zugestanden (z. B. in Form der Finanzierung bestimmter Hilfebedarfsgruppen). Bedürfnisse stellen die Innensicht dessen dar, was ein Mensch für sich braucht und dementsprechend als wünschenswerte Hilfe ansieht. Der durch professionelle Helfer*innen ausgemachte Hilfe-Bedarf und die individuellen Bedürfnisse des betroffenen Menschen decken sich nicht immer. Sie müssen miteinander besprochen und ausgehandelt werden.

Biopsychosoziales Rahmenmodell: Das Modell geht davon aus, dass menschliches Denken, Erleben und Handeln ganzheitlich verstanden werden muss. Entsprechend werden auch die Ursachen menschlicher Verfassung im Wechselspiel aus biologischen, psychologischen und sozialen Einflussfaktoren betrachtet und daran anknüpfend eine multimodale Begleitung und Unterstützung von Menschen mit psychischen Problemen angestrebt. In einigen Diskursen und Handlungsfeldern wird diskutiert, das Modell um eine spirituelle Dimension zu erweitern.

Copingstrategien sind individuelle Bewältigungsstrategien. Individuen werden aktiv, wenn sie Stress erleben (z. B. Verluste und Gefährdungen wichtiger Anliegen, ereignisbezogene belastende Gefühle). Dabei werden problemorientierte, emotionsorientierte und/oder akkomodative Strategien eingesetzt.

Déformation professionnelle: Neigung, zunächst beruflich und zunehmend auch im privaten Leben Zustände und Umstände (z. B. die biopsychospirituell-soziale Verfassung eines Menschen) im eigenen professionellen Kontext zu sehen und entsprechend zu bewerten und behandeln.

DSM: Das Diagnostic and Statistical Manual of Mental Disorders (Diagnostisches und statistisches Handbuch für psychische Störungen) wird von der

Amerikanischen Psychiatrischen Gesellschaft (American Psychiatric Association/APA) herausgegeben. Für die Diagnostik psychischer Störungen wird es in der Forschung und stationär-klinischen Versorgung häufig herangezogen. Seit 2013 liegt es in der 5. Ausgabe vor (DSM-5).

Gegenübertragung: Reaktionen (v. a. Gefühle), die ein*e Therapeut*in erlebt in Reaktion auf die „Übertragung" seines*ihres Gegenübers (z. B. eines Klienten/einer Klientin in einer Psychotherapie). Aus tiefenpsychologischer Perspektive heraus wird in der Psychotherapie angestrebt, sowohl die Übertragung „des anderen" als auch die eigene Gegenübertragung als therapeutisches Instrument zu nutzen. Voraussetzung hierfür ist, im Zuge eigener Therapieerfahrungen eigene Motivationsmuster und Wahrnehmungsverzerrungen zu erkennen und zu bearbeiten (z. B. Gehört das aktuelle Gefühl von Hilflosigkeit zu mir oder nehme ich eine übertragene Hilflosigkeit meines Gegenübers wahr?).

Gesundheit: Die Weltgesundheitsorganisation (WHO) versteht Gesundheit als Zustand des vollständigen körperlichen, geistigen und sozialen Wohlbefindens und nicht nur als Freisein von Krankheit oder Gebrechen. Wenngleich „vollkommenes Wohlbefinden" nur relativ fassbar und subjektiv nicht immer erreichbar ist und Gesundheit als dynamischer Prozess aufgefasst werden muss, so wird in dieser Auffassung von Wohlbefinden in seiner biopsychosozialen Vielschichtigkeit auch die Bedeutung subjektive Aspekte gewürdigt.

ICD: Die International Statistical Classification of Diseases and Related Health Problems (Internationale statistische Klassifikation von Erkrankungen und verwandten Gesundheitsproblemen) wird von der Weltgesundheitsorganisation (WHO) herausgegeben und stellt das weltweit anerkannteste Klassifikationssystem für medizinische Diagnosen dar. In Deutschland werden in der Gesundheitsversorgung (SGB V) Diagnosen nach ICD-10 verschlüsselt. Die ICD-11 tritt 2022 mit einer Übergangsregelung in Kraft.

Kontrollüberzeugung: Damit gemeint sind Kognitionen zur Einschätzung von Einflussmöglichkeiten in Bezug auf das Erreichen eines Zielzustands (z. B. „wieder gesund werden"), also subjektive Handlungsmöglichkeiten eines Individuums. Dazu gehören sog. Kontingenzüberzeugungen („Wenn ich …, dann …") und Selbstwirksamkeitsüberzeugungen („Ich schaffe das, wenn ich …"). Wahrgenommenen Quellen von Kontrolle werden klassisch internal („Ich kämpfe um …") oder external (z. B. ein*e gute*r Behandler*in) verortet. Mitunter kann eine Erweiterung um external-transzendente Kontrollüberzeugungen fruchtbar sein (z. B. „Mehr kann ich nicht tun, Gott/eine höhere Macht wird mir helfen."), v. a. in der Begleitung von Menschen mit psychischen Problemen.

Kooperative Gesprächsführung: Handlungskonzept für die psychosoziale Begleitung von Menschen (auch) mit psychischen Problemen. Sie baut auf den Annahmen der personzentrierten Gesprächsführung (Empathie, Wertschätzung, Authentizität) und der gewaltfreien Kommunikation auf und verfolgt drei Hauptaktivitäten: einfühlendes, aufmerksames Verstehen, aktive Einflussnahme im Gespräch und konstruktive Beziehungsgestaltung.

Kultur: Trägerin gemeinsamer Werte und Überzeugungen, die über gemeinsame Wissensinhalte und intergenerativ weitergebene Erfahrungen verfügt. Die kulturellen Hintergründe eines Menschen mit psychischen Problemen werden häufig in der anfänglichen Anamnese und Diagnostik unbedacht übersehen (z. B. kulturell mitgeprägte Vorstellungen von Krankheitsursachen oder Möglichkeiten der individuellen Einflussnahme).

Mentalisierung: Fähigkeit, sich im Sinne einer „theory of mind" bewusst machen zu können, was in anderen Menschen (oder einem selbst) vorgeht. Mentalisieren meint, am Verhalten eines Menschen „ablesen zu können", was in ihm vorgeht. Menschen mit psychischen Problemen sind häufig in ihrer Mentalisierungsfähigkeit krisenbedingt vorübergehend eingeschränkt. Teilweise ist sie auch „Teil des Problems" im Zusammenhang mit einer psychischen Störung (v. a. bei sog. Persönlichkeitsstörungen). Auch Fachkräfte unterscheiden sich hinsichtlich ihrer Mentalisierungsfähigkeit.

Positive Psychologie: Strömung innerhalb der Psychologie, der es nicht um die Negierung und Kontrastierung zu einer (nicht existierenden) „Negativen Psychologie" geht, sondern um einen wissenschaftlichen Beitrag zu den Bedingungen und Prozessen, die zu einer optimalen Entwicklung und einem guten Funktionieren von Menschen, Gruppen und Institutionen beitragen. Ihr Fokus liegt auf Faktoren, die zu einem gelingenden und erfüllten Leben beitragen und die Persönlichkeitsentwicklung sowie das subjektive Wohlbefinden positiv beeinflussen.

Prävention und Gesundheitsförderung: Während Prävention sich auf die vorbeugende Krankheitsverhinderung und Reduktion von krankmachenden Risikofaktoren konzentriert (Primär-, Sekundär- und Tertiärprävention über spezifische und allgemeine Maßnahmen), setzt Gesundheitsförderung darauf, Gesundheit und Wohlergehen zu stärken (sowohl auf der Verhaltens- als auch auf der Verhältnisebene). Menschen bei ihrer Genesung zu unterstützen, heißt die Verminderung von Risikofaktoren und die Stärkung von Schutzfaktoren, um die individuelle Resilienz zu festigen. Prävention und Gesundheitsförderung ergänzen sich demzufolge.

Psychologie: Die Psychologie als Wissenschaft beschäftigt sich mit mentalen Prozessen, menschlichem Erleben und Verhalten als subjektiv gesteuertes Handeln. Sie fokussiert auf Individuen, befasst sich aber auch mit Paaren, Familien und anderen Gruppen sowie Organisationen, Gesellschaften und Kulturen, sofern der zu betrachtende Gegenstand deren intra- und interpsychisch angetriebenes Denken, Erleben und Verhalten ist. Psycholog*innen versuchen, menschliches Erleben und Verhalten zu beschreiben, zu erklären, vorherzusagen und mithilfe psychologischer Mittel zu beeinflussen (z. B. Psychotherapie).

Psychische Grundbedürfnisse wohnen jedem Menschen inne und ihre Verletzung oder dauerhafte Nichtbefriedigung führt zur Schädigungen der psychischen Gesundheit und des Wohlbefindens. Wichtige Eckpfeiler sind hierbei das regulierende Bestreben nach Konsistenz und das Wahrnehmen von Kongruenz als Übereinstimmung zwischen aktuellen motivationalen Zielen und realen Wahrnehmungen. Klinisch relevante psychische Grundbedürfnisse sind die Bedürfnisse nach Bindung, Orientierung und Kontrolle, Lustgewinn und Unlustvermeidung sowie Selbstwertschutz und Selbstwerterhöhung. Menschen können gut motiviert werden, wenn sie für sich angemessen sozial eingebunden sind und sich als autonom und kompetent erleben.

Psychische Krise: Zustand hoher psychischer Belastung, der kaum mehr erträglich und von emotionaler Destabilisierung geprägt ist und bisherige Lebensgewohnheiten und Ziele massiv infrage stellt. Sie erscheint den Betroffenen als nicht lösbar, weil ihr gewohntes Verhaltensrepertoire akut überfordert ist.

Psychisches Problem: Unabhängig von ihrer Beschaffenheit und ob es sich um psychosoziale Probleme, Krisen oder psychische Störungen handelt, haben psychische Probleme gemeinsam, dass sich die betroffenen Menschen in ihrem Denken, Erleben und Handeln so verändern, dass sie üblicherweise von ihren eigenen und fremden Normvorstellungen abweichen, darunter leiden und ihren Alltag nicht so bewältigen können, wie sie es gerne möchten.

Psychische Störung: Klinisch bedeutsame, d. h. diagnostizierbare Störung in den Denkprozessen (Kognitionen), der Emotionsregulation oder dem Verhaltens einer Person, die Ausdruck von dysfunktionalen psychologischen, biologischen oder entwicklungsbezogenen Prozessen ist, über einen gewissen Zeitraum andauert oder wiederkehrt und üblicherweise bedeutsames Leiden oder Behinderung hinsichtlich sozialer oder berufs-/ausbildungsbezogener und anderer wichtiger Aktivitäten mit sich bringt. Kulturell anerkannte Reaktionen auf übliche Stressoren oder Verlust, sozial abweichende Verhaltensweisen und Konflikte zwischen Individuen und Gesellschaft sollten nicht als psychische Störung bezeichnet werden (sofern ihnen nicht eine der erwähnten Dysfunktionen zugrunde liegt).

Psychopharmaka: Medikamente, die vornehmlich im Zentralnervensystem wirken, indem sie über verschiedene Wirkungsweisen die Konzentration von informationenweiterleitenden und -verarbeitenden Botenstoffen (sog. Neurotransmitter) beeinflussen und damit auf biologischer Ebene unerwünschte Symptome im Denken, Erleben und Verhalten behandeln können. Hierzu gehören Neuroleptika (Antipsychotika), Antidepressiva, Phasenprophylaktika (Stimmungsstabilisierer), Tranquilizer (Beruhigungsmittel) und Hypnotika (Schlafmittel). Bei der Verschreibung müssen erwünschte Wirkungen und unerwünschte Nebenwirkungen sehr sorgfältig abgewogen werden. Psychopharmaka allein heilen keine psychische Störung, sondern mindern Symptome und müssen im Sinne multimodaler Behandlung gemäß biopsychosozialem Rahmenmodell durch psychische und soziale, gegebenenfalls auch weitere biologische Interventionen ergänzt werden.

Recovery meint die Wiedergesundung als persönlichen Prozess und ist als Ansatz einzuordnen, der das Genesungspotenzial psychisch erkrankter Menschen hervorhebt: als Entwicklung aus den Beschränkungen der passiven Patient*innenrolle hin zu einem selbstbestimmten, sinnerfüllten Leben. Recovery meint persönliches Wachstum und die Überwindung oft negativer diagnosebedingter Auswirkungen auf der individuellen und gesellschaftlichen Ebene – als Prozess, Lebensstil und Einstellung.

Resilienz kann als dynamischer Recovery-Faktor und gezeigte psychische Widerstandsfähigkeit betrachtet werden. Sie wird mittlerweile als variable Kapazität verstanden, die sich im Laufe biografischer Erfahrungen im Kontext der Mensch-Umwelt-Interaktion entwickelt. Sie ist nicht als Persönlichkeitsmerkmal zu verstehen, sondern sowohl als Ergebnis als auch als Prozess dahin, der eine positive Anpassung des Individuums trotz vorhandener Risikofaktoren widerspiegelt.

Salutogenese: Das salutogenetische Modell sieht Gesundheit und Krankheit als Pole eines gemeinsamen, multifaktoriell beeinflussten Kontinuums an (sog. Gesundheits-Krankheits-Kontinuum). Im Rahmen salutogenetischer Fragestellungen wird eruiert, warum Menschen trotz potenziell gesundheitsgefährdender Einflüsse oder extremster Belastungen gesund bleiben und wie sie es schaffen, sich trotz psychischer Probleme wieder zu erholen. Schlüsselkonstrukte dabei sind generalisierte Widerstandsressourcen und das Kohärenzgefühl, das sich aus drei Komponenten zusammensetzt: dem Gefühl der

Verstehbarkeit, Gefühlen von Handhabbarkeit und Bewältigbarkeit sowie von Sinnhaftigkeit und Bedeutsamkeit.

Selbstbestimmungstheorie der Motivation: Diese Theorie beschreibt, was Menschen brauchen, um motiviert zu sein. Ihr zufolge speist sich motivationale Handlungsenergie aus physiologischen Grundbedürfnissen, Emotionen und psychischen Grundbedürfnissen. Damit Menschen (vor allem intrinsisch) motiviert sind, sollten sie sich als kompetent, autonom und sozial eingebunden erleben können.

Selbstwirksamkeitserwartungen sind individuelle Überzeugungen über die eigene Handlungskompetenz in einem spezifischen Gebiet. Sie gelten als entscheidendes Element für stabile Verhaltensveränderungen und lassen sich über verschiedene Wege positiv beeinflussen: insbesondere internal zugeschriebene Erfolgserlebnisse, das Beobachten von Erfolgen anderer, persönlich wichtiger Personen, soziale Gruppen sowie die eigene Interpretation von Emotionen und Empfindungen.

Soziotherapie: ist eine Leistung der gesetzlichen Krankenversicherung (§ 37a SGB V) und soll Menschen mit bestimmten psychischen Erkrankungen in die Lage versetzen, ärztliche und psychotherapeutische Leistungen selbstständig in Anspruch zu nehmen. Sie muss verordnet werden, findet in der Regel im sozialen Umfeld des betroffenen Menschen statt und wird in der Regel von Sozialarbeiter*innen oder Fachkrankenschwestern*pflegern für Psychiatrie erbracht, die dafür spezielle Anforderungen erfüllen müssen.

Sozialtherapie: Sozialtherapie ist neben körperlich-somatischer Behandlung und Psychotherapie als dritte Säule der Gesundheitsversorgung zu betrachten. Für sie gibt es bislang keine explizite gesetzliche Grundlage. Sie ist indiziert für Menschen mit ausgeprägten und langwierigen psychischen Problemen, für die die sozialen Gefüge, in denen sie leben, maßgeblich einzubeziehen sind. Sozialtherapeut*innen sind also explizit dem „Person-in-Environment"-Zugang verpflichtet und unterstützen somit die Verbesserung der Lebensweise betroffener Menschen durch Stärkung ihrer Lebensführungskompetenzen sowie ihrer Lebenslage durch die Erschließung sozialer Ressourcen (soziales Umfeld, Netzwerke, Infrastruktur, Zivilgesellschaft).

Spiritualität kann als Verbundenheit verstanden werden, zum einen horizontal mit der sozialen Mitwelt, der Natur und dem Kosmos und zum anderen vertikal mit einem den Menschen übersteigenden, alles umgreifenden Letztgültigen, Geistigen, Heiligen (für viele Gott). Gemeint ist damit die Wahrnehmung von Einssein als Erfahrung allumfassender Einheit. Voraussetzung hierfür ist, dass ein Mensch zur Selbsttranszendenz fähig ist. Spiritualität spielt für viele Menschen mit schweren und/oder langwierigen psychischen Problemen eine wichtige, aber häufig übersehene Bedeutung in der Auseinandersetzung mit ihrem Schicksal.

Symptom und Syndrom: Symptome sind Krankheitszeichen in abgestuften Ausprägungen verschiedener Merkmalsbereiche (z. B. im Antrieb, im Denken, in den Affekten). Syndrome ergeben sich aus der Kombination verschiedener Symptome (z. B. depressives Syndrom) und sind unter Einbezug von Verlauf und situativen Faktoren üblicherweise Vorstufen einer Diagnose (z. B. unipolare, schwere Depression).

Validierende Gesprächsführung: Validieren bedeutet, Menschen mit psychischen Problemen zu vermitteln, dass ihre aktuellen Verhaltens- und Erlebensweisen aus ihrer Sicht und bisherigen Erfahrung heraus stimmig sind, selbst wenn sie manchmal nicht die einzig möglichen oder sinnvollsten Verhaltens- und Erlebensweisen darstellen. Validieren geht über empathisches Verstehen hinaus, weil zusätzlich ein Nachvollziehen vor dem Hintergrund der bisherigen Biografie oder der aktuellen Lebensgeschichte angestrebt wird.

Vulnerabilitäts-Stress-Bewältigungsmodell: Das Modell geht davon aus, dass wenn ein Mensch psychische Probleme entwickelt (hat), seine individuelle biologische, entwicklungsbedingte und/oder psychosoziale Vulnerabilität (d. h. Verletzlichkeit, Erkrankungsneigung, Anfälligkeit) mit spezifischem Stress (z. B. eine Trennung, Arbeitsplatzverlust, Wohnortwechsel) zusammengekommen ist und ihm die dafür erforderlichen Bewältigungsstrategien im Zusammenhang mit ersten Frühwarnzeichen nicht ausreichend zur Verfügung stehen oder standen. Reichen die aktuellen Copingstrategien nicht aus, um aktuelle Lebensherausforderungen zu meistern, bleibt das Stresserleben, sodass daraus gesundheitsgefährdende Folgen resultieren können.

Zwölf-Monats-Prävalenz: Prävalenz steht als Kennzahl für die Erkrankungshäufigkeit in der Bevölkerung, hier innerhalb eines Zeitraums von 12 Monaten.

Literaturverzeichnis

Abramson, L. Y., Seligman, M. E. & Teasdale, J. D. (1978). Learned helplessness in humans: Critique and reformulation. *Journal of Abnormal Psychology, 87*(1), 49–74.

Aderhold, V. (2021). Krisenintervention bei psychotischen Krisen – Was wir von den Skandinaviern lernen können. In W. Ortiz-Müller, S. Gutwinski & S. B. Gahleitner (Hrsg.), *Praxis Krisenintervention. Handbuch für helfende Berufe: Psychologen, Ärzte, Sozialpädagogen, Pflege- und Rettungskräfte* (3. Aufl., S. 192–202). Stuttgart: Kohlhammer.

Aderhold, V. & Greve, N. (2007). Was Sie schon immer über bedürfnisangepasste Behandlung wissen wollten… *Psychosoziale Umschau,* (3), 12–15.

Amering, M. & Schmolke, M. (2012). *Recovery. Das Ende der Unheilbarkeit* (5. Aufl.). Bonn: Psychiatrie Verlag.

Anhorn, R. & Balzereit, M. (Hrsg.). (2016). *Handbuch Therapeutisierung und Soziale Arbeit.* Wiesbaden: Springer VS.

Antonovsky, A. (1997). *Salutogenese. Zur Entmystifizierung von Gesundheit.* Tübingen: dgvt.

Arbeitsgemeinschaft für Methodik und Dokumentation in der Psychiatrie. (2018). *Das AMDP-System. Manual zur Dokumentation psychiatrischer Befunde* (10., korrigierte Aufl.). Göttingen: Hogrefe.

Armbruster, J., Petersen, J. P. & Ratzke, K. (2013). *Spiritualität und seelische Gesundheit.* Bonn: Psychiatrie Verlag.

Auhagen, A. E. (2008a). Das Positive mehren. Herausforderungen für die Positive Psychologie. In A. E. Auhagen (Hrsg.), *Positive Psychologie. Anleitung zum „besseren" Leben* (2. Aufl., S. 1–14). Weinheim: BeltzPVU.

Auhagen, A. E. (Hrsg.). (2008b). *Positive Psychologie. Anleitung zum „besseren" Leben* (2. Aufl.). Weinheim: BeltzPVU.

Baltes, P. (1990). Entwicklungspsychologie der Lebensspanne. Theoretische Leitsätze. *Psychologische Rundschau 41,* 1–24.

Bandura, A. (1979). *Sozial-kognitive Lerntheorie.* Stuttgart: Klett-Cotta.

Bandura, A. (1997). *Self-efficacy. The exercise of control.* New York: W. H. Freeman and Company.

BApK e. V. (Hrsg.). (2016). *Mit psychischer Krankheit in der Familie leben. Rat und Hilfe für Angehörige* (5., aktualisierte und erweiterte Aufl.). BALANCE buch + medien verlag.

BApK e. V. (2021). *Wahnsinnig nah. Ein Buch für Familien und Freunde psychisch erkrankter Menschen.* Köln: BALANCE buch + medien verlag.

Beck, A., Rush, A., Shaw, B. & Emery, G. (2010). *Kognitive Therapie der Depression* (5. Aufl.). Weinheim: Beltz.

Becker, J. & Schlutz, D. (2019). *Experten für Eigensinn. Berichte gelungener Zusammenarbeit bei herausforderndem Verhalten, erzählt von Klienten, Angehörigen und Fachkräften.* Köln: Psychiatrie Verlag.

Bengel, J. & Lyssenko, L. (BZgA, Hrsg.). (2016). *Resilienz und Schutzfaktoren.* Zugriff am 21.12.21. Verfügbar unter: https://leitbegriffe.bzga.de/alphabetisches-verzeichnis/resilienz-und-schutzfaktoren/

Berghändler, T. (2010). Spiritualität als Ergänzung des bio-psycho-sozialen Modells. *PrimaryCare (10) 9,* 162–164.

Bergström, T., Seikkula, J., Alakare, B., Mäki, P., Köngäs-Saviaro, P., Taskila, J. J. et al. (2018). The family-oriented open dialogue approach in the treatment of first-episode psychosis: Nineteen-year outcomes. *Psychiatry Research, 270,* 168–175.

Beushausen, J. (2014). *Hard to reach Klienten. (Sozial-)Therapie 2. Klasse,* ZKS-Verlag. Zugriff am 26.02.2022. Verfügbar unter: https://zks-verlag.de/hard-reach-klienten-sozialtherapie-2-klasse/

Beushausen, J. (2020). *Beratung lernen. Grundlagen psychosozialer Beratung und Sozialtherapie für Studium und Praxis* (2., überarbeitete Aufl.). Opladen: Verlag Barbara Budrich.

Bischkopf, J., Deimel, D., Walther, C. & Zimmermann, R.-B. (Hrsg.). (2017). *Soziale Arbeit in der Psychiatrie.* Köln: Psychiatrie Verlag. Verfügbar unter: http://www.content-select.com/index.php?id=bib_view&ean=9783884148884

Bock, T. [Thomas]. (2013). *Umgang mit psychotischen Patienten* (8. Aufl.). Köln: Psychiatrie Verlag.

Bock, T. [Thomas] & Kluge, U. (2017). Der sich und Anderen helfende Mensch. In K. Dörner, U. Plog, T. Bock, P. Brieger, A. Heinz & F. Wendt (Hrsg.), *Irren ist menschlich. Lehrbuch der Psychiatrie und Psychotherapie* (24. Aufl., S. 40–70). Köln: Psychiatrie Verlag.

Böhnisch, L. (2019). *Lebensbewältigung. Ein Konzept für die soziale Arbeit; mit E-Book inside* (2. Aufl.). Weinheim, Basel: Beltz Juventa.

Borg-Laufs, M. & Dittrich, K. (2010). Die Befriedigung psychischer Grundbedürfnisse als Ziel psychosozialer Arbeit. In M. Borg-Laufs & K. Dittrich (Hrsg.), *Psychische Grundbedürfnisse in Kindheit und Jugend. Perspektiven für Soziale Arbeit und Psychotherapie* (S. 7–22). Tübingen: Dgvt-Verlag.

Brendtro, L. & Steinebach, C. (2012). Positive Psychologie für die Praxis. In C. Steinebach, D. Jungo & R. Zihlmann (Hrsg.), *Positive Psychologie in der Praxis. Anwendung in Psychotherapie, Beratung und Coaching* (S. 18–26). Weinheim: Beltz PVU.

Brieger, P. [Peter] (2017). Der sich und Andere niederschlagende Mensch (Depression). In K. Dörner, U. Plog, T. Bock, P. Brieger, A. Heinz & F. Wendt (Hrsg.), *Irren ist menschlich. Lehrbuch der Psychiatrie und Psychotherapie* (24. Aufl., S. 309–360). Köln: Psychiatrie Verlag.

Briner, D., Jäger, M., Kawohl, W. & Baumgartner-Nietlisbach, G. (2017). Psychische Krankheit und subjektive Gesundheit bei Wohnungslosen in Zürich. *Psychiatrische Praxis, 44*(06), 339–347.

Bronfenbrenner, U. (1981). Ökologie der menschlichen Entwicklung: natürliche und geplante Experimente. Stuttgart: Klett-Cotta.

Brosey, D. & Osterfeld, M. (2017). Die Rechte von Klientinnen und Klienten. In J. Bischkopf, D. Deimel, C. Walther & R.-B. Zimmermann (Hrsg.), *Soziale Arbeit in der Psychiatrie* (S. 139–157). Köln: Psychiatrie Verlag.

Bucher, A. (2014). *Psychologie der Spiritualität* (2. Aufl.). Weinheim: BeltzPVU.

Bundesministerium für Arbeit und Soziales. (2020). *Bundesteilhabegesetz.* Zugriff am 21.12.2021. Verfügbar unter: https://www.bmas.de/DE/Soziales/Teilhabe-und-Inklusion/Rehabilitation-und-Teilhabe/bundesteilhabegesetz.html

Butcher, J. N., Mineka, S. & Hooley, J. M. (2009). *Klinische Psychologie* (13. Aufl.). München, Boston: Pearson Studium.

Buttner, P., Gahleitner, S.-B., Hochuli Freund, U. & Röh, D. H. (Hrsg.). (2018). *Handbuch Soziale Diagnostik – Perspektiven und Konzepte für die Soziale Arbeit.* Berlin: Deutscher Verein für öffentliche und private Fürsorge.

Clausen, J. & Eichenbrenner, I. (2016). *Soziale Psychiatrie. Grundlagen, Zielgruppen, Hilfeformen* (2. Aufl.). Stuttgart: Verlag W. Kohlhammer.

Cullberg, J. (2008). *Therapie der Psychosen. Ein interdisziplinärer Ansatz.* Bonn: Psychiatrie-Verl.

Daniels, J. (2008). Sekundäre Traumatisierung. *Psychotherapeut* 2, 100–107.

Davison, G.C., Neale, J.M. & Hautzinger, M. (2016). *Klinische Psychologie. Ein Lehrbuch; mit Online-Materialien* (8. Aufl.). Weinheim, Basel: Beltz.

Deci, E. & Ryan, R. (2008). Self-Determination Theory: A Macrotheory of Human Motivation, Development, and Health. *Canadian Psychology 49,* 182–185.

Dettmers, S. (2018). Soziale Teilhabe als zentrale Ausrichtung Klinischer Sozialarbeit. *Klinische Sozialarbeit, 14*(2), 4–5.

Dettmers, S. & Bischkopf, J. (Hrsg.). (2019). *Handbuch gesundheitsbezogene Soziale Arbeit.* München: Ernst Reinhardt Verlag.

Deutsche Gesellschaft für Beratung (DGfB, Hrsg.). (2020). *Beratungsverständnis der Deutschen Gesellschaft für Beratung.* Zugriff am 21.12.2021. Verfügbar unter: https://dachverband-beratung.de/dokumente/DGfB_Beratungsverstaendnis_2.0.pdf

Deutsche Gesellschaft für Soziale Psychiatrie (Hrsg.). (2017). *denk-an-stöße. Grundsätze Kontroversen Ziele.* Zugriff am 21.12.2021. Verfügbar unter: https://www.dgsp-ev.de/veroeffentlichungen/denk-an-stoesse.html

Deutsche Hauptstelle für Suchtfragen (Hrsg.). (2020). *DHS Jahrbuch Sucht.* Lengerich: Pabst Science Publishers.

DGPPN (Hrsg.). (2019). *S3-Leitlinie Psychosoziale Therapien bei schweren psychischen Erkrankungen:* AWMF online. Zugriff am 21.12.2021. Verfügbar unter: https://www.awmf.org/leitlinien/detail/ll/038-009.html

DGSP. (o.J.). *Neuroleptikadebatte.* Zugriff am 21.12.2021. Verfügbar unter: https://www.dgsp-ev.de/psychopharmaka/neuroleptikadebatte.html

Dhiman, L. & Rettig, H. (Eds.). (2018). *Spiritualität und Religion. Perspektiven für die Soziale Arbeit.* Weinheim, Basel: Beltz Juventa.

DIMDI. (2005). *International Classification of Functioning Disability and Health (ICF).* Köln. Accessed 21.12.2021. Retrieved from https://www.dimdi.de/static/de/klassifikationen/icf/icfhtml2005/

Dörner, K., Egetmeyer, A. & Koenning, K. (Hrsg.). (2014). *Freispruch der Familie. Wie Angehörige psychiatrischer Patienten sich in Gruppen von Not und Einsamkeit, von Schuld und Last freisprechen* (Repr. der Ausg. von 1982). Köln: Psychiatrie Verlag.

Dörner, K., Plog, U., Bock, T., Brieger, P., Heinz, A. & Wendt, F. (Hrsg.). (2017). *Irren ist menschlich. Lehrbuch der Psychiatrie und Psychotherapie* (24., vollständig überarbeitete Aufl.). Köln: Psychiatrie Verlag.

Dross, M. (2001). *Krisenintervention.* Göttingen: Hogrefe.

Durkheim, É. (2017). *Der Selbstmord* (14. Aufl.). Frankfurt am Main: Suhrkamp.

Edelmann, W. & Wittmann, S. (2012). *Lernpsychologie* (7. Aufl.). Weinheim: Beltz PVU.

Egger, J. (2013). Zur spirituellen Dimension des biopsychosozialen Modells. Im Spannungsfeld zwischen Wissenschaftlicher Medizin einerseits und Spiritualität und Esoterik andererseits. *Psychologische Medizin, 24*(2), 39–46.

Ehret, A.M. & Berking, M. (2013). DSM-IV und DSM-5. Was hat sich tatsächlich verändert? *Verhaltenstherapie,* (23), 258–266. Zugriff am 21.12.2021. Verfügbar unter: http://dx.doi.org/10.1159/000356537

Eink, M. & Haltenhof, H. (2017). *Umgang mit suizidgefährdeten Menschen* (5. Aufl.). Köln: Psychiatrie Verlag.

Engel, G.L. (1977). The need for a new medical model: A challenge for biomedicine. *Science 196*(4286), 129–136.

Engelhardt, E.M. (2018). *Lehrbuch Onlineberatung.* Göttingen: Vandenhoeck & Ruprecht.

Enzmann, D. & Kleiber, D. (1989). *Helfer-Leiden. Streß und Burnout in psychosozialen Berufen.* Heidelberg: Asanger.

Epstein, S. (1990). Cognitive-experimental Self Theory. In L. Pervin (Hrsg.), *Handbook of Personality: Theory and Research* (S. 165–192). New York: Guilford.

Erikson, E.H. (1988). *Der vollständige Lebenszyklus.* Frankfurt am Main: Suhrkamp.

Falkai, P., Wittchen, H.-U., Döpfner, M., Gaebel, W., Maier, W., Rief, W. et al. (Hrsg.). (2018). *Diagnostisches und statistisches Manual psychischer Störungen DSM-5®* (2. Ausgabe). Göttingen: Hogrefe.

Faltermaier, T. (BZgA, Hrsg.). (2020). *Salutogenese.* Zugriff am 21.12.21. Verfügbar unter: https://leitbegriffe.bzga.de/alphabetisches-verzeichnis/salutogenese/

Fiedler, P. (2018). Epidemiologie und Verlauf von Persönlichkeitsstörungen. *Zeitschrift für Psychiatrie, Psychologie und Psychotherapie 66(2),* 85–94.

Filipp, S.-H. & Aymanns, P. (2018). *Kritische Lebensereignisse und Lebenskrisen: Vom Umgang mit den Schattenseiten des Lebens* (2. Aufl.). Stuttgart: Kohlhammer.

Finzen, A., Scherk, H. & Weinmann, S. (2017). *Medikamentenbehandlung bei psychischen Störungen.* Köln: Psychiatrie Verlag.

Flammer, A. (2009). *Entwicklungstheorien. Psychologische Theorien der menschlichen Entwicklung* (4. Aufl.). Bern: Huber.

Fonagy, P., Gergely, G., Jurist, E.L. & Target, M. (2018). *Affektregulierung, Mentalisierung und die Entwicklung des Selbst* (6. Aufl.). Stuttgart: Klett-Cotta.

Frances, A., Schaden, B. & Keil, G. (2013). *Normal. Gegen die Inflation psychiatrischer Diagnosen* (2. Aufl.). Köln: DuMont.

Franke, A. & Broda, M. (Hrsg.). (1993). *Psychosomatische Gesundheit. Versuch einer Abkehr vom Pathogenese-Konzept.* Tübingen: dgvt Verlag.

Frankl, V. (1985). *Der Mensch vor der Frage nach dem Sinn: Eine Auswahl aus dem Gesamtwerk.* München: Piper.

Fredrickson, B.L. (2004). The broaden-and-build theory of positive emotions. *Philosophical Transactions of the Royal Society of London. Series B, Biological Sciences 359*(1449), 1367–1378. https://doi.org/10.1098/rstb.2004.1512

Freud, S. (1994, Original 1940). *Abriss der Psychoanalyse.* Frankfurt am Main: Fischer.

Gable, S.L. & Haidt, J. (2005). What (and Why) is Positive Psychology? *Review of General Psychology 9*(2), 103–110.

Gahleitner, S.B. (2017). *Soziale Arbeit als Beziehungsprofession. Bindung, Beziehung und Einbettung professionell ermöglichen.* Weinheim, Basel: Beltz Juventa.

Gahleitner, S.B. (2020). *Professionelle Beziehungsgestaltung in der psychosozialen Arbeit und Beratung* (2. Aufl.). Tübingen: dgvt Verlag.

Gahleitner, S.B., Pauls, H., Hintenberger, G. & Leitner, A. (2014). „Biopsychosozial" revisited. In S.B. Gahleitner, G. Hahn & R. Glemser (Hrsg.), *Psychosoziale Interventionen – Klinische Sozialarbeit* (Beiträge zur psychosozialen Praxis und Forschung, Bd. 6, S. 16–35). Köln: Psychiatrie Verlag.

Gahleitner, S.B., Wahlen, K., Bilke-Hentsch, O. & Hillenbrand, D. (2013). *Biopsychosoziale Diagnostik in der Kinder- und Jugendhilfe: interprofessionelle und interdisziplinäre Perspektiven.* Stuttgart: Kohlhammer.

Gardner, H. (1989). *Dem Denken auf der Spur: Der Weg der Kognitionswissenschaft.* Stuttgart: Klett-Cotta.

Giertz, K., Große, L. & Gahleitner, S.B. (Hrsg.). (2021). *Hard to reach. Schwer erreichbares Klientel unterstützen.* Köln: Psychiatrie Verlag.

Gilbert, D.T. & Malone, P.S. (1995). The correspondence bias. *Psychological Bulletin, 117*(1), 21–38.

Gonther, U. (2017). Der sich und Anderen fremd werdende Mensch (Schizophrenie). In K. Dörner, U. Plog, T. Bock, P. Brieger, A. Heinz & F. Wendt (Hrsg.), *Irren ist menschlich. Lehrbuch der Psychiatrie und Psychotherapie* (24. Aufl.) (S. 233–284). Köln: Psychiatrie Verlag.

Gräbener, J. (2013). *Umgang mit traumatisierten Patienten.* Köln: Psychiatrie Verlag.

Grawe, K. (2000). *Psychologische Therapie.* Göttingen: Hogrefe.

Grawe, K. (2004). *Neuropsychotherapie.* Göttingen: Hogrefe.

Greenfield, P. & Suzuki, L. (1998). Culture and human development: Implications for parenting, education, pediatrics, and mental health. In I. Sigel & K. Renninger (Hrsg.), *Handbook of child psychology. Vol. 4: Child psychology in practice* (5. Aufl., S. 1059–1109). New York: Wiley.

Greve, N., Osterfeld, M. & Diekmann, B. (2017). *Umgang mit Psychopharmaka* (5. Aufl.). Köln: BALANCE buch + medien verlag.

Hammer, M. & Plößl, I. (2015). *Irre verständlich. Menschen mit psychischer Erkrankung wirksam unterstützen* (3. Aufl.). Köln: Psychiatrie-Verlag.

Hammer, M. & Plößl, I. (2020). *Irre verständlich: Methodenschätze.* Köln: Psychiatrie Verlag.

Hayes, S. C., Wilson, K. G. & Strosahl, K. (2014). *Akzeptanz- & Commitment-Therapie. Achtsamkeitsbasierte Veränderungen in Theorie und Praxis.* Paderborn: Junfermannsche Verlagsbuchhandlung.

Hegemann, T. & Salman, R. (Hrsg.). (2016). *Handbuch Transkulturelle Psychiatrie* (2. Aufl.). Köln: Psychiatrie Verlag.

Heidenreich, T. & Michalak, J. (Hrsg.). (2013). *Die „dritte Welle" der Verhaltenstherapie. Grundlagen und Praxis.* Weinheim: Beltz.

Heider, F. (1958). *The psychology of interpersonal relations.* Hoboken: John Wiley & Sons Inc.

Heinz, A. [Andreas]. (2014). *Der Begriff der psychischen Krankheit.* Berlin: Suhrkamp.

Heller, B. & Heller, A. (2018). *Spiritualität und Spiritual Care. Orientierungen und Impulse* (2. Aufl.). Bern: Hogrefe. https://doi.org/10.1024/85868-000

Heres, S., Holzhüter, F. & Hamann, J. (2021). Shared Decision Making im allgemeinpsychiatrischen Akutsetting. *Nervenheilkunde, 40*(06), 436–446. https://doi.org/10.1055/a-1401-3586

Hermer, M. & Röhrle, B. (2008). *Handbuch der therapeutischen Beziehung. (Gesamtwerk Band 1+2).* Tübingen: dgvt Verlag.

Hermes, V. (2022). *Psychologie für die Arbeit mit Menschen mit Lernschwierigkeiten.* Weinheim, Basel: Beltz Juventa.

Herpertz, S. (2018). Neue Wege der Klassifikation von Persönlichkeitsstörungen in ICD-11. *Fortschritte der Neurologie – Psychiatrie 86(3),* 150–155.

Heuchemer, P. (Dachverband Gemeindepsychiatrie, Hrsg.). (2016). *Inklusion selbst in die Hand nehmen. Mehr Teilhabe für psychisch erkrankte Menschen durch Selbsthilfe in seelischen Krisen.* Zugriff am 21.12.2021. Verfügbar unter: https://www.dvgp.org/fileadmin/user_files/dachverband/dateien/PIelaV/Broschueren/selbsthilfe.pdf

Hochuli Freund, U. & Stotz, W. (2017). *Kooperative Prozessgestaltung in der Sozialen Arbeit. Ein methodenintegratives Lehrbuch* (4. Aufl.). Stuttgart: Kohlhammer Verlag.

Holzkamp, K. (2012). Gesellschaftliche Widersprüche und Handlungsfähigkeit – am Beispiel der Sozialarbeit. In U. Eichinger & K. Weber (Hrsg.), *Soziale Arbeit (texte kritische psychologie 3)* (S. 16–40). Hamburg: Argument Verlag.

Jacobi, F., Höfler, M., Strehle, J., Mack, S., Gerschler, A., Scholl, L. et al. (2016). Erratum zu: Psychische Störungen in der Allgemeinbevölkerung. Studie zur Gesundheit Erwachsener in Deutschland und ihr Zusatzmodul „Psychische Gesundheit" (DEGS1-MH). *Der Nervenarzt, 87*(1), 88–90.

Jensen, M., Hoffmann, G., Spreitz, J. & Sadre Chirazi-Stark, M. (2014). *Diagnosenübergreifende Psychoedukation – Ein Manual für Patienten- und Angehörigengruppen* (2. Aufl.). Köln: Psychiatrie Verlag.

Jong-Meyer, R. de, Hautzinger, R., Kühner, C. & Schramm, E. (2007). *Evidenzbasierte Leitlinie zur Psychotherapie Affektiver Störungen*. Göttingen: Hogrefe.

Justen-Horsten, A. & Paschen, H. (2016). *Online-Interventionen in Therapie und Beratung. Ein Praxisleitfaden: mit E-Book inside*. Weinheim, Basel: Beltz.

Kalms, Jana, Stolz, Piet & Winkels, Sebastian (Regie), Stolz, Piet & Bösing, Frederik (Redaktion). (2015). *Nicht alles schlucken. Krisen und Psychopharmaka* [2 DVD-Videos]. Köln: Psychiatrie-Verlag.

Keller, H. (2011). *Kinderalltag: Kulturen der Kindheit und ihre Bedeutung für Bindung, Bildung und Erziehung*. Heidelberg: Springer.

Keller, H. & Kärtner, J. (2013). Die untrennbare Allianz von Entwicklung und Kultur. In L. Ahnert (Hrsg.), *Theorien in der Entwicklungspsychologie* (S. 502–519). Heidelberg: Springer.

Kelley, H. (1973). The process of causal attribution. *American Psychologist 28*, 107–128.

Kellinghaus, C., Eikelmann, B., Ohrmann, P. & Reker, T. (1999). Wohnungslos und psychisch krank. Uberblick über den Forschungsstand und eigene Ergebnisse zu einer doppelt benachteiligten Randgruppe. *Fortschritte der Neurologie-Psychiatrie* [Homeless and mentally ill. Review of recent research and results on a doubly disadvantaged minority], *67*(3), 108–121. https://doi.org/10.1055/s-2007-993988

Kizilhan, J.I. & Klett, C. (2021). *Psychologie für die Arbeit mit Migrant*innen*. Weinheim, Basel: Beltz Juventa.

Klemenz, B. (2012). Klinische Ressourcendiagnostik. *Psychotherapie im Dialog 13(1)*, 22–26.

Knaevelsrud, C., Wagner, B. & Böttche, M. (2016). *Online-Therapie und -Beratung. Ein Praxisleitfaden zur onlinebasierten Behandlung psychischer Störungen*. Göttingen: Hogrefe.

Kondrat, M.E. (2008). Person in enviroment. In T. Mizrahi & I. Davis (Hrsg.), *Encyclopedia of Social Work (Bd. 3)* (S. 348–354). New York: Oxford Press.

Kriz, J. (2014). *Grundkonzepte der Psychotherapie* (7. Aufl.). Weinheim: Beltz.

Kühne, S. & Hintenberger, G. (2011). *Handbuch Online-Beratung. Psychosoziale Beratung im Internet* (2. Aufl.). Göttingen: Vandenhoeck & Ruprecht.

Kunz, S., Scheuermann, U. & Schürmann, I. (2009). *Krisenintervention – Ein fallorientiertes Arbeitsbuch für Praxis und Weiterbildung*. Weinheim, München: Juventa.

Laabdallaoui, M. & Rüschoff, S.I. (2017). *Umgang mit muslimischen Patienten* (2. Aufl.). Köln: Psychiatrie Verlag.

Laging, M. (2018). „Service User Involvement in Social Work Education". *Sozial Extra, 42*(2), 57–60. https://doi.org/10.1007/s12054-018-0027-1

Lammel, U.A. & Pauls, H. (Hrsg.). (2017). *Sozialtherapie. Sozialtherapeutische Interventionen als dritte Säule der Gesundheitsversorgung*. Dortmund: verlag modernes lernen.

Lampert, T. & Scherer, E. (2017). *Angehörige in der Psychiatrie*. Köln: Psychiatrie Verlag.

Längle, G., Holzke, M. & Gottlob, M. (2019). *Psychisch Kranke zu Hause versorgen. Handbuch zur stationsäquivalenten Behandlung*. Stuttgart: Kohlhammer.

Lazarus, R. (1999). *Stress and Emotion. A new Synthesis*. New York: Springer Publ.

Leitner, A. & Höfner, C. (2020). *Handbuch der Integrativen Therapie* (2. Aufl.). Berlin, Heidelberg: Springer.

Lenz, A. (2012). *Psychisch kranke Eltern und ihre Kinder*. Bonn: Psychiatrie-Verlag.

Lermer, E. (2019). *Positive Psychologie* (UTB, 5262. Psychologie). München: Ernst Reinhardt Verlag.

Linehan, M. M. (2016). *Handbuch der Dialektisch-Behavioralen Therapie zur Behandlung psychischer Störungen (DBT). Arbeitsbuch mit Handouts und Arbeitsblättern für TherapeutInnen und PatientInnen* (Bd. 2, 2. Ausgabe). München: CIP-Medien.

Lübeck, D. (2017). Bedürfnisorientierung in der Klinischen Sozialarbeit. Zum Einbezug psychischer Grundbedürfnisse in die psychosoziale Arbeit mit psychisch erkrankten Erwachsenen. *Klinische Sozialarbeit – Zeitschrift für psychosoziale Praxis und Forschung 13(4)*, 8–10.

Lübeck, D. (2020). *Psychologie in der Sozialen Arbeit.* Weinheim: Beltz Juventa.

Lübeck, D. (2021). *Psychologie.* Zugriff am 21. 12. 21. Verfügbar unter: https://www.socialnet.de/lexikon/Psychologie

Lübeck, D. & Böhmer, A. (2017). Spiritualität als professionelle Dimension in der Sozialen Arbeit? *Soziale Arbeit, 66*(11), 410–417.

Lübeck, D. & Böhmer, A. (2018). Zur Bedeutung von Spiritualität in der Begleitung von Krisen. *Klinische Sozialarbeit – Zeitschrift für psychosoziale Praxis und Forschung, 14*(1), 13–15.

Lübeck, D., Böhmer, A. & Collatz, M. (2018). Spiritualität mit Blick auf die Leitgedanken Sozialer Psychiatrie. *Sozialpsychiatrische Informationen 48(2)*, 8–12.

Lübeck, D. & Grohn, A. (2021). *Spiritualität.* Zugriff am 21. 12. 21. Verfügbar unter: https://www.socialnet.de/lexikon/Spiritualitaet

Ludewig, K. (1991). Grundarten des Helfens. Ein Schema zur Orientierung der Helfer und der Helfer der Helfer. In H. Brandau (Hrsg.), *Supervision aus systemischer Sicht* (S. 54–68). Salzburg: Otto Müller.

Luhmann, N. (1987). *Soziale Systeme. Grundriß einer allgemeinen Theorie.* Frankfurt am Main: Suhrkamp.

Mahler, L., Jarchov-Jádi, I., Montag, C. & Gallinat, J. (Hrsg.). (2014). *Das Weddinger Modell. Resilienz- und Ressourcenorientierung im klinischen Kontext.* Köln: Psychiatrie Verlag.

Mahnkopf, A. (2015). *Umgang mit depressiven Patienten.* Köln: Psychiatrie Verlag.

Maslow, A. (1994). *Psychologie des Seins: Ein Entwurf* (5. Aufl.). Frankfurt am Main: Fischer.

Maturana, H. R. & Varela, F. J. (2015). *Der Baum der Erkenntnis. Die biologischen Wurzeln menschlichen Erkennens* (Fischer, Bd. 17855, 6. Aufl.). Frankfurt am Main: Fischer Taschenbuch Verlag. Verfügbar unter: https://d-nb.info/988668114/04

Mazur, J. (2006). *Lernen und Verhalten* (6. Aufl.). München: Pearson.

Mietzel, G. (2002). *Wege in die Entwicklungspsychologie. Kindheit und Jugend.* Weinheim: Beltz PVU.

Moreno, J. L. (2008). *Gruppenpsychotherapie und Psychodrama. Einleitung in die Theorie und Praxis* (6. Aufl.). Stuttgart: Thieme.

Mowrer, O. H. (1947). On the dual nature of learning – a re-interpretation of „conditioning“ and „problem-solving.“. *Harvard Educational Review, 17*, 102–148.

Müller, B. & Hochuli Freund, U. (2017). *Sozialpädagogisches Können. Ein Lehrbuch zur multiperspektivischen Fallarbeit.* Freiburg: Lambertus-Verlag.

NAKOS (Ärztliches Zentrum für Qualität in der Medizin (ÄZQ), Hrsg.). (2019). *Patienteninformation Selbsthilfe.* Zugriff am 21. 12. 2021. Verfügbar unter: https://www.nakos.de/data/Andere/2019/AZQ-Patienteninformation-Selbsthilfe.pdf

Nolting, H.-P. & Paulus, P. (2018). *Psychologie lernen. Eine Einführung und Anleitung* (15. Aufl.). Weinheim: Beltz.

Noyon, A. & Heidenreich, T. (2012). *Existenzielle Perspektiven in Psychotherapie und Beratung.* Weinheim, Basel: Beltz.

Noyon, A. & Heidenreich, T. (2020). *Schwierige Situationen in Therapie und Beratung* (3. Aufl.). Weinheim: Beltz PVU.

Nuechterlein, K. & Dawson, M. (1984). A Heuristic Vulnerability/Stress Model of Schizophrenic Episodes. *Schizophrenia Bulletin, 10*(2), 300–312.

Nussbaum, M. (2015). *Fähigkeiten schaffen. Neue Wege zur Verbesserung menschlicher Lebensqualität.* Freiburg, München: Verlag Karl Alber.

Nußbeck, S. (2019). *Einführung in die Beratungspsychologie* (4. Aufl.). München: Ernst Reinhardt Verlag.

Obrecht, W. (2006). Interprofessionelle Kooperation als professionelle Methode. In B. Schmocker (Hrsg.), *Liebe, Macht und Erkenntnis. Silvia Staub-Bernasconi und das Spannungsfeld Soziale Arbeit* (S. 408–445). Luzern: Lambertus.

Odenwald, J. & Stemmler, H. (2019). Arbeit und Psyche: Erfahrungswissen und individuelle Wege im Fokus des Selbsthilfetages. *Psychosoziale Umschau,* (1), 31–32.

Ortiz-Müller, W., Gutwinski, S. & Gahleitner, S. B. (Hrsg.). (2021). *Praxis Krisenintervention. Handbuch für helfende Berufe: Psychologen, Ärzte, Sozialpädagogen, Pflege- und Rettungskräfte* (3. Aufl.). Stuttgart: Kohlhammer.

Ortmann, K. (2018). *Soziale Arbeit als Beratung.* Göttingen: Vandenhoeck & Ruprecht.

Ortmann, K., Röh, D. & Ansen, H. (2017). Sozialtherapie als Handlungskonzept der Klinischen Sozialarbeit. In U. A. Lammel & H. Pauls (Hrsg.), *Sozialtherapie. Sozialtherapeutische Interventionen als dritte Säule der Gesundheitsversorgung* (S. 27–45). Dortmund: verlag modernes lernen.

Pantuček, P. (2009). *Soziale Diagnostik. Verfahren für die Praxis Sozialer Arbeit* (2. Aufl.). Wien: Böhlau Verlag.

Pauls, H. (2013a). Das biopsychosoziale Modell – Herkunft und Aktualität. *Resonanzen – E-Journal für biopsychosoziale Dialoge in Psychotherapie, Supervision und Beratung 1*(1), 15–31.

Pauls, H. (2013b). *Klinische Sozialarbeit – Grundlagen und Methoden psycho-sozialer Behandlung.* Weinheim, Basel: Beltz Juventa.

Pauls, H., Stockmann, P. & Reicherts, M. (Hrsg.). (2013). *Beratungskompetenzen für die psychosoziale Fallarbeit. Ein sozialtherapeutisches Profil.* Freiburg: Lambertus-Verlag.

Perls, F., Hefferline, R. & Goodman, P. (2015). *Gestalttherapie. Grundlagen der Lebensfreude und Persönlichkeitsentfaltung* (7. Aufl.). Stuttgart: Klett-Cotta.

Peseschkian, N. (1977). *Positive Psychotherapie. Theorie und Praxis einer neuen Methode.* Frankfurt am Main: S. Fischer.

Petzold, H. (2004). *Integrative Therapie. Modelle, Theorien und Methoden einer schulenübergreifenden Psychotherapie* (3 Bände). Paderborn: Junfermann.

Peukert, R. (2018). Die unsichtbaren Angehörigen: Bruder oder Schwester eines psychisch kranken Menschen. *Psychiatrische Praxis, 45*(2), 106–108.

Peukert, R. (2021). Leidenschaftlich gefordert, selten erreicht – Krisenhilfe aus Sicht der Angehörigen. In W. Ortiz-Müller, S. Gutwinski & S. B. Gahleitner (Hrsg.), *Praxis Krisenintervention. Handbuch für helfende Berufe: Psychologen, Ärzte, Sozialpädagogen, Pflege- und Rettungskräfte* (3. Aufl., S. 270–281). Stuttgart: Kohlhammer.

Piaget, J. (2003). *Meine Theorie der geistigen Entwicklung* (Hrsg. von R. Fatke). Weinheim: Beltz.

Prior, M. (2019). *MiniMax-Interventionen. 15 minimale Interventionen mit maximaler Wirkung* (16. Aufl.). Heidelberg: Carl-Auer Verlag.

Purtscher-Penz, K. & Penz, B. (2021). Krisenintervention nach akuter Traumatisierung. In W. Ortiz-Müller, S. Gutwinski & S. B. Gahleitner (Hrsg.), *Praxis Krisenintervention. Handbuch für helfende Berufe: Psychologen, Ärzte, Sozialpädagogen, Pflege- und Rettungskräfte* (3. Aufl., S. 214–224). Stuttgart: Kohlhammer.

Reichelt, E. (2021). „Fremde sind wir uns selbst“ – Krisenintervention bei Migrant*innen und Geflüchteten. In W. Ortiz-Müller, S. Gutwinski & S.B. Gahleitner (Hrsg.), *Praxis Krisenintervention. Handbuch für helfende Berufe: Psychologen, Ärzte, Sozialpädagogen, Pflege- und Rettungskräfte* (3. Aufl., S. 142–153). Stuttgart: Kohlhammer.

Reker, M. (2015). *Umgang mit alkoholabhängigen Patienten*. Köln: Psychiatrie-Verlag.

Reker, T. & Eikelmann, B. (1997). Wohnungslosigkeit, psychische Erkrankungen und psychiatrischer Versorgungsbedarf. *Deutsches Ärzteblatt, 94*(21), 1439–1441.

Renneberg, B., Heidenreich, T. & Noyon, A. (2009). *Einführung Klinische Psychologie*. München, Basel: Ernst Reinhardt Verlag.

Roediger, E. (2009). *Was ist Schematherapie? Eine Einführung in Grundlagen, Modell und Anwendung*. Paderborn: Junfermann.

Rogers, C. (1972). *Die klientenzentrierte Psychotherapie*. Frankfurt am Main: Fischer.

Röh, D. (2013). *Soziale Arbeit, Gerechtigkeit und das gute Leben. Eine Handlungstheorie zur daseinsmächtigen Lebensführung*. Wiesbaden: Springer VS.

Rosenberg, M.B. (2016). *Gewaltfreie Kommunikation. Eine Sprache des Lebens*. Paderborn: Junfermann.

Rudolf, G. (2018). Strukturbezogene Psychotherapie. In P. Fiedler (Hrsg.), *Varianten psychotherapeutischer Beziehung. Transdiagnostische Befunde, Konzepte, Perspektiven* (S. 63–82). Lengerich: Pabst Science Publishers.

Rupp, M. (2012). *Psychiatrische Krisenintervention*. Köln: Psychiatrie Verlag.

Rupp, M. (2021). Was hilft den Krisenhelfer*innen? – Kurze Praxis der Notfall- und Krisenintervention. In W. Ortiz-Müller, S. Gutwinski & S. B. Gahleitner (Hrsg.), *Praxis Krisenintervention. Handbuch für helfende Berufe: Psychologen, Ärzte, Sozialpädagogen, Pflege- und Rettungskräfte* (3. Aufl., S. 74–84). Stuttgart: Kohlhammer.

Rüsch, N., Angermeyer, M.C. & Corrigan, P.W. (2005). Das Stigma psychischer Erkrankung: Konzepte, Formen und Folgen. *Psychiatrische Praxis, 32*(5), 221–232.

Sachse, R. (2020). *Persönlichkeitsstörungen verstehen. Zum Umgang mit schwierigen Klienten* (11. Aufl.). Köln: Psychiatrie Verlag.

Scheff, T. (1980). *Das Etikett „Geisteskrankheit“ – Soziale Interaktion und psychische Störung*. Frankfurt am Main: Fischer.

Scherer, E. & Lampert, T. (2017). *Angehörige in der Psychiatrie*. Köln: Psychiatrie Verlag.

Schleuning, G., Menzel, S. & Brieger, P. [Peter] (2017). Der für sich und Andere ausweglose Mensch (Krisen und Krisenintervention). In K. Dörner, U. Plog, T. Bock, P. Brieger, A. Heinz & F. Wendt (Hrsg.), *Irren ist menschlich. Lehrbuch der Psychiatrie und Psychotherapie* (24. Aufl., S. 493–519). Köln: Psychiatrie Verlag.

Schlimme, J.E., Scholz, T. & Seroka, R. (2019). *Medikamentenreduktion und Genesung von Psychosen*. Köln: Psychiatrie Verlag.

Schlippe, A. von & Schweitzer, J. (2016). *Lehrbuch der systemischen Therapie und Beratung (Band I)* (3. Aufl.). Göttingen: Vandenhoeck & Ruprecht.

Schulz, G. (2016). Stärke und Verletzbarkeit: Wir sind mehr als unsere Diagnosen. Expatienten arbeiten in der Psychiatrie. In J. Utschakowski, G. Sielaff, T. Bock & A. Winter (Hrsg.), *Experten aus Erfahrung. Peerarbeit in der Psychiatrie* (S. 116–122). Köln: Psychiatrie Verlag.

Schulz von Thun, F. (2021). *Miteinander reden (Teil 1)* (48. Ausgabe). Reinbek bei Hamburg: Rowohlt Taschenbuch Verlag.

Schürmann, I. (2019). *Krisenintervention*, socialnet Lexikon. Zugriff am 21.12.2021. Verfügbar unter: https://www.socialnet.de/lexikon/Krisenintervention

Schweitzer, J. & Weber, G. (1997). „Störe meine Kreise!“ Zur Theorie, Praxis und kritischen Einschätzung der Systemischen Therapie. *Psychotherapeut, 42*(4), 197–210.

Seikkula, J., Arnkil, T. E. & Hess, G. (2011). *Dialoge im Netzwerk. Neue Beratungskonzepte für die psychosoziale Praxis* (2. Aufl.). Neumünster: Paranus-Verlag.

Seligman, M. & Csikszentmihalyi, M. (2000). Positive psychology: An introduction. *American psychologist, 55*(1), 5–14.

Slunecko, T. (Hrsg.). (2017). *Psychotherapie. Eine Einführung* (2. Aufl.). Wien: Facultas.

Sommerfeld, P., Dällenbach, R., Rüegger, C. & Hollenstein, L. (2016). *Klinische Soziale Arbeit und Psychiatrie – Entwicklungslinien einer handlungstheoretischen Wissensbasis.* Wiesbaden: Springer VS.

Sonneck, G. (2000). *Krisenintervention und Suizidverhütung.* Wien: Facultas.

Sonnenmoser, M. (2010). Sekundäre Traumatisierung: Mythos oder Realität? *Deutsches Ärzteblatt, PP 9,* 117.

Spiegel, H. von. (2013). *Methodisches Handeln in der Sozialen Arbeit* (5. Aufl.). München: Reinhardt.

Staub-Bernasconi, S. (2007). Vom beruflichen Doppel- zum professionellen Triplemandat – Wissenschaft und Menschenrechte als Begründungsbasis der Profession Soziale Arbeit. *Zeitschrift für Sozialarbeit in Österreich (Schwerpunkt), 2,* 8–17.

Staub-Bernasconi, S. (2012). Der „transformative Dreischritt“ als Vorschlag zur Überwindung der Dichotomie von wissenschaftlicher Disziplin und praktischer Profession. In R. Becker-Lenz (Hrsg.), *Professionalität Sozialer Arbeit und Hochschule* (S. 163–186). Wiesbaden: VS Verlag für Sozialwissenschaften.

Staudinger, U. (2007). Lebensspannen-Psychologie. In M. Hasselhorn & W. Schneider (Hrsg.), *Handbuch der Entwicklungspsychologie* (S. 71–82). Göttingen: Hogrefe.

Steinebach, C., Jungo, D. & Zihlmann, R. (Hrsg.). (2012). *Positive Psychologie in der Praxis. Anwendung in Psychotherapie, Beratung und Coaching.* Weinheim: Beltz PVU.

Steinert, T. & Traub, H.-J. (2016). Gewalt durch psychisch Kranke und gegen psychisch Kranke. *Bundesgesundheitsblatt – Gesundheitsforschung – Gesundheitsschutz, 59*(1), 98–104.

Steinhart, I. & Wienberg, G. (Hrsg.). (2017). *Rundum ambulant. Funktionales Basismodell psychiatrischer Versorgung in der Gemeinde.* Köln: Psychiatrie Verlag.

Stumm, G. & Keil, W. W. (Hrsg.). (2018). *Praxis der Personzentrierten Psychotherapie* (2. Aufl.). Berlin, Heidelberg: Springer. https://doi.org/10.1007/978-3-662-54670-3

Stumm, G., Wiltschko, J. & Keil, W. (Hrsg.). (2003). *Grundbegriffe der Personzentrierten und Focusing-orientierten Psychotherapie und Beratung.* Stuttgart: Klett-Cotta Verlag.

Stürmer, S. (2009). *Sozialpsychologie.* München: Reinhardt.

Szasz, T. (1960). The Myth of Mental Illness. *American psychologist, 15,* 113–118.

Tausch, R. & Tausch, A.-M. (1990). *Gesprächspsychotherapie. Hilfreiche Gruppen- und Einzelgespräche in Psychotherapie und alltäglichem Leben* (9. Aufl.). Göttingen: Hogrefe.

Thiersch, H. (2019). Nähe und Distanz in der Sozialen Arbeit. Ein Spannungsfeld pädagogischer Professionalität. In M. Dörr (Hrsg.), *Nähe und Distanz. Ein Spannungsfeld pädagogischer Professionalität* (4. Aufl., S. 42–59). Weinheim, Basel: Beltz Juventa.

Thiersch, H., Grunwald, K. & Köngeter, S. (2012). Lebensweltorientierte Soziale Arbeit. In W. Thole (Hrsg.), *Grundriss Soziale Arbeit* (S. 175–196). Wiesbaden: VS Verlag für Sozialwissenschaften.

U25 Deutschland (Arbeitskreis Leben Freiburg (AKL)/Caritas, Hrsg.). *Beratung für suizidgefährdete junge Menschen [U25].* Zugriff am 21.12.2021. Verfügbar unter: https://www.caritas.de/hilfeundberatung/onlineberatung/u25/start

Utsch, M., Bonelli, R. M. & Pfeifer, S. (2018). *Psychotherapie und Spiritualität. Mit existenziellen Konflikten und Transzendenzfragen professionell umgehen* (2. Aufl.). Berlin: Springer.

Utschakowski, J. (2015). *Mit Peers arbeiten. Leitfaden für die Beschäftigung von Experten aus Erfahrung.* Köln: Psychiatrie Verlag.

Utschakowski, J., Sielaff, G., Bock, T. & Winter, A. (Hrsg.). (2016). *Experten aus Erfahrung. Peerarbeit in der Psychiatrie.* Köln: Psychiatrie Verlag.

Wälte, D. & Borg-Laufs, M. (Hrsg.). (2021). *Psychosoziale Beratung. Grundlagen, Diagnostik, Intervention* (2. Aufl.). Stuttgart: Kohlhammer Verlag.

Walther, C. (2017). Soziale Arbeit und Psychiatrie. In J. Bischkopf, D. Deimel, C. Walther & R.-B. Zimmermann (Hrsg.), *Soziale Arbeit in der Psychiatrie* (S. 18–37). Köln: Psychiatrie Verlag.

Walther, C. & Deimel, D. (2017). Theorie Klinischer Sozialarbeit in der Psychiatrie. In J. Bischkopf, D. Deimel, C. Walther & R.-B. Zimmermann (Hrsg.), *Soziale Arbeit in der Psychiatrie* (S. 38–57). Köln: Psychiatrie Verlag. Verfügbar unter: http://www.content-select.com/index.php?id=bib_view&ean=9783884148884

Warschburger, P. (Hrsg.). (2009). *Beratungspsychologie.* Berlin, Heidelberg: Springer.

Watzlawick, P. (1976). *Wie wirklich ist die Wirklichkeit – Wahn, Täuschung, Verstehen.* München: Piper.

Watzlawick, P., Beavin, J. H. & Jackson, D. D. (2017). *Menschliche Kommunikation. Formen, Störungen, Paradoxien* (13. Aufl.). Bern: Hogrefe. https://doi.org/10.1024/85745-000

Weiner, B. (1985). An attributional theory of achievement motivation and emotion. *Psychological Review, 92*(4), 548–573.

Weinmann, S., Bechdolf, A. & Greve, N. (Hrsg.). (2021). *Psychiatrische Krisenintervention zu Hause. Das Praxisbuch zu StäB & Co.* Köln: Psychiatrie Verlag.

WHO. (2020). *Addictive behaviours: Gaming disorder.* Zugriff am 21.12.2021. Verfügbar unter: https://www.who.int/news-room/questions-and-answers/item/addictive-behaviours-gaming-disorder

Widulle, W. (2020). *Gesprächsführung in der Sozialen Arbeit. Grundlagen und Gestaltungshilfen* (3. Aufl.). Wiesbaden: Springer VS.

Wienberg, G. & Steinhart, I. (2020). Das Funktionale Basismodell der Versorgung von Menschen mit schweren psychischen Erkrankungen – ein Update. *Psychiatrische Praxis, 47*(1), 9–15.

Willutzki, U. (2008). Ressourcendiagnostik in der Klinischen Psychologie und Psychotherapie. *Klinische Diagnostik und Evaluation 1*(2), 126–145.

Wlodarczyk, O., Metzner, F. & Pawils, S. (2017). Bundesweite Befragung zur Versorgungssituation und -hindernissen von Kindern psychisch kranker Eltern aus Sicht der Erwachsenenpsychiatrie. *Psychiatrische Praxis, 44*(7), 393–399.

Wolfersdorf, M. (2000). *Der suizidale Patient in Klinik und Praxis – Suizidalität und Suizidprävention.* Stuttgart: Wiss. Verlagsgesellschaft.

Wolkenstein, L. & Hautzinger, M. (2014). *Umgang mit bipolaren Patienten.* Köln: Psychiatrie Verlag.

Wüsten, G. (2016). Soziale Ressourcen – ein Schlüssel zur Gesundheit. *Psychotherapie im Dialog, 17*(2), 48–52.

Yalom, I. (2010). *Existentielle Psychotherapie* (5. Aufl.). Bergisch Gladbach: Edition Humanistische Psychologie.

Young, J. E., Klosko, J. S. & Weishaar, M. E. (2008). *Schematherapie. Ein praxisorientiertes Handbuch* (2. Aufl.). Paderborn: Junfermann.

Zinkler, M., Laupichler, K. & Osterfeld, M. (Hrsg.). (2016). *Prävention von Zwangsmaßnahmen. Menschenrechte und therapeutische Kulturen in der Psychiatrie.* Köln: Psychiatrie Verlag.

Zito, D. & Martin, E. (2021). *Selbstfürsorge und Schutz vor eigenen Belastungen für Soziale Berufe.* Weinheim, Basel: Beltz Juventa.

Danksagung und Bitte um Rückmeldung

Auch dieses Buch entstand nicht von allein. Ich hätte beim Schreiben nicht so viel Freude gehabt und meine Gedanken nicht in dieser Weise erweitern und sortieren können, wenn mich nicht andere Menschen dabei unterstützt hätten.

Mein Dank für kontinuierlich und oft ganz beiläufig fachliche Anregungen und neue Gedanken gilt Anne Grohn und Barbara Block. Eva Wunderer und Christiane Heigermoser, den Herausgeberinnen dieser Buchreihe, danke ich für die motivierende, kollegiale, fachlich dezidierte und engagiert-gründliche Rückmeldung zum ersten Manuskript dieses Buches. Unserem Lektor Konrad Bronberger danke ich für den abschließenden, gründlichen sowie sehr wertschätzenden Blick auf die finale Fassung des Manuskripts. Ich danke auch Steffen Schröter für seine wertvolle professionelle Unterstützung beim allerletzten Feinschliff und Satz des Manuskripts.

Außerdem danke ich dem Leben dafür, dass ich meiner Freude am „psychologisch Denken" und Schreiben nachgehen kann. Zu diesem reich gefüllten Leben gehört auch meine Familie, die nur ahnen kann, wie viel Kraft, Freude und Ausgleich sie mir schafft.

Bücher können besser werden und gedeihen mit jeder neuen Auflage weiter. Entsprechend freue ich mich über anregende Rückmeldungen, Diskussionen zur Aufbereitung der Themen sowie Hinweise auf „blinde Flecken".

Schreiben Sie mir einfach an luebeck@eh-berlin.de. *Danke!*

Dietrun Lübeck, Berlin im Juli 2022

Stichwortverzeichnis

K

L

M

N

O

P

R

S

T

V

W

Z